高等职业教育经济管理类专业适用教材

The Practice of Customer Relationship Management

客户关系管理实务

王丽静　张德南　赵　星　编著

中国轻工业出版社

图书在版编目（CIP）数据

客户关系管理实务 / 王丽静，张德南，赵星编著 .
— 北京：中国轻工业出版社，2018.3
ISBN 978-7-5184-1852-7

Ⅰ . ①客… Ⅱ . ①王… ②张… ③赵… Ⅲ . ①企业管
理—供销管理 Ⅳ . ① F274

中国版本图书馆 CIP 数据核字（2018）第 028152 号

责任编辑：李苑苑　　责任终审：劳国强　　整体设计：锋尚设计
策划编辑：刘忠波　　责任校对：吴大鹏　　责任监印：张京华

出版发行：中国轻工业出版社（北京东长安街6号，邮编：100740）
印　　刷：北京君升印刷有限公司
经　　销：各地新华书店
版　　次：2018年3月第1版第1次印刷
开　　本：889 × 1194　1/16　印张：15.5
字　　数：300千字
书　　号：ISBN 978-7-5184-1852-7　定价：39.80元
邮购电话：010-65241695
发行电话：010-85119835　传真：85113293
网　　址：http://www.chlip.com.cn
Email：club@chlip.com.cn
如发现图书残缺请与我社邮购联系调换
161387Z2X101HBW

前 言

21 世纪是服务取胜的时代，谁真正了解客户、拥有客户，谁就能赢得一切。近年来，随着市场竞争的加剧，人们越来越深刻地认识到，客户关系管理是企业成功的关键因素之一，是企业竞争优势的源泉。企业通过客户关系管理能全面有效地管理客户与企业的关系，建立起长久稳定的关系，从而实现客户与企业双方的最大价值。对企业来说，客户关系管理在很大程度上影响着其发展和对市场的拓展。

客户是企业最珍贵的资源，是企业利润的源泉，也是企业存在的价值体现。在以服务客户为中心的时代，谁能掌握客户的需求趋势、加强与客户的关系、有效发掘和管理客户资源，谁就能获得市场竞争优势，在激烈的市场竞争中立于不败之地。客户关系管理已经成为企业管理的重要组成部分。

对于市场营销、企业管理、电子商务等专业来说，学生毕业后所从事的工作都与客户关系管理密切相关，不可避免地要与客户打交道。如何与客户建立联系，如何建立和维护客户关系，如何与客户进行互动，如何进行客户数据分析等，都直接影响着企业和客户的利益和效益。“客户关系管理”是培养学生具备客户关系管理知识与技能的支撑课程之一。

同时，“客户关系管理”也是市场营销、企业管理、电子商务等专业的一门必修课程和专业核心课程。为了更好地促进这门课程的建设和教学改革，提高本课程的教学质量和效果，确保企业的用人需求和学校的人才培养密切衔接，培养学生的动手能力和职业素养，使学生毕业后能够尽快地适应相关岗位的工作，我们进行了专门的课题研究，并撰写了本教材。

本书以掌握基本概念、强化应用为重点，注重实践性和应用性，尽可能引用最新的、本土化的案例展开讨论和分析。本书介绍的六个模块内容依据企业客户关系管理岗位的实际工作内容和需要具备的职业能力而设计，主要包括认知客户关系管理、识别和开发客户资源、客户满意度和忠诚度管理、客户互动管理、客户数据处理与分析、客户关系管理系统的应用等。

本书采用案例导入、任务驱动的模式，首先提出问题，然后引入知识点，最后来解决问题。案例丰富，实用性强，紧密结合实际销售工作和客户关系管理工作的特点，具有很强的借鉴价值。本书适合作为高等职业教育市场营销、企业管理、电子商务等专业的“客户关系管理”等课程的教材，也适合作为企业的销售人员和客户关系管理人员的培训和参考用书。

在编写本书时，我们注重体现以下的特点：强调本土化和应用性；注重实践性；格式新颖统一。为了调动学生的学习积极性，开阔视野，本书适当引用了很多的相关阅读材料，以增强本书的趣味性和可读性，阐述客户关系管理的深刻内涵，使全书内容通俗易懂。

本书由北京青年政治学院的王丽静副教授、赵星讲师和华东政法大学的张德南副教授编著。具体负责的模块分工：王丽静副教授负责撰写第一、二、三、五模块；张德南副教授负责撰写第四模块；赵星讲师负责撰写第六模块。

本书在编著过程中参考和引用了有关的著作和资料，我们在此向这些作者表示由衷的感谢和深深的敬意。

由于编者水平有限，时间仓促，书中难免会有疏漏和不足之处，恳请广大读者给予批评和指正。

编著者

2017 年 10 月

目录

模块一

认知客户关系管理

任务提出

随着社会营销观念的发展，以生产为中心、以销售产品为目的的市场战略逐渐被以客户为中心、以服务为目的的市场战略所取代。而由于互联网的迅猛发展、市场的不断成熟，世界经济开始进入电子商务时代。客户是企业最珍贵的资源，是企业利润的源泉，也是企业存在的价值体现，在以服务客户为中心的时代，谁能掌握客户的需求趋势、加强与客户的关系、有效地发掘和管理客户资源，谁就能获得市场竞争优势，在激烈的市场竞争中立于不败之地。

如今，客户关系管理已成为企业管理的重要组成部分。最早提出客户关系管理概念的高德纳咨询公司（Gartner Group）认为：所谓的客户关系管理就是为企业提供全方位的管理视角，赋予企业更完善的客户交流能力，最大化客户的收益率。

那么，客户关系管理到底要管什么？怎么管？

学习目标

1. 理解客户关系对企业生存与发展的意义，树立“以客户为中心”的现代管理理念；

2. 明确客户范畴、类型以及客户关系的含义、类型；

3. 理解客户关系管理的定义及内涵；

4. 掌握客户关系管理的内容及发展目标。

相关知识点

一、客户的含义及分类

（一）客户的含义

狭义地说，在市场上有买卖，就有客户。客户无处不在。客户存在于一切的商务活动中。客户是指对企业产品或服务有特定需求的个人或组织。客户是企业经营活动得以维持的根本保证。

客户不仅包括购买企业产品或服务的个人或组织，还包括企业的内部员工、代理商、分销商，以及与企业经营有关的其他个人或组织等。具体来说，包括以下范畴：

（1）消费者：购买企业产品或服务的终端消费者，通常是指个人客户或家庭客户。

（2）组织客户：购买企业产品或服务的各类组织，它们或者将购买的产品（或服务）附加到自己的产品上，再销售给其他客户，或者直接自己使用。

（3）渠道客户：包括分销商、代理商和特许经营者等，不直接为你工作，并且无须支付报酬的个人或组织。此类客户购买你的产品是作为当地的代表或代理进行销售。

（4）内部客户：企业（或相关企业）内部的个人或业务部门，他们购买企业的产品或服务来实现自身的目标。这类客户往往最容易被忽略，而随着时间的流逝，他们将是企业获取更大盈利的潜在客户。

（二）客户的分类

客户分类的标准很多，有理论上的分类标准，也有实际应用上的分类标准；有普遍适用的分类标准，也有符合个体需求的分类标准。

1. 按客户与企业的关系不同，可分为非客户、潜在客户、目标客户、现实客户和流失客户。

非客户：那些与企业的产品或服务无关或者不可能购买企业的产品或服务的人群。

潜在客户：对企业的产品或服务有需求和欲望、并有购买动机和购买能力，但还没有产生购买行为的人群。例如，孕妇是婴幼儿产品的潜在客户，中老年人是保健品的潜在客户等。

目标客户：企业经过产品的市场定位和挑选后确定的力图开发为现实客户的人群。例如，小米手机将追求时尚、热衷于智能手机的年轻白领、大学生和手机发烧友作为企业的目标客户。

潜在客户与目标客户的区别

潜在客户是指主动“瞄上”企业、对企业的产品有潜在的需求，有可能购买但还未采取购买行动的客户；目标客户是企业主动“瞄上”的，认定其对企业的产品有需求，并有一定的购买能力，但尚未采取购买行动的客户。需要注意的是，二者是可以重叠或者部分重叠的。也就是说，如果对产品或服务有需求的潜在客户正好是企业所定位的目标客户，二者是一致的。但也会出现另一种情况，就是有一部分的潜在客户并不在企业定位的目标客户之列，或者企业所定位的目标客户实际上对产品并没有潜在的需求。

现实客户：已经购买了企业的产品或服务，并与企业已经建立起现实客户关系的人群，具体包括初次购买者、重复购买者、忠诚购买者。

流失客户：那些曾经购买过企业的产品或服务，但由于对产品失去兴趣等种种原因，不再购买本企业产品或服务的原有客户。

以上五种客户之间是可以相互转化的。如图 1–1 所示。

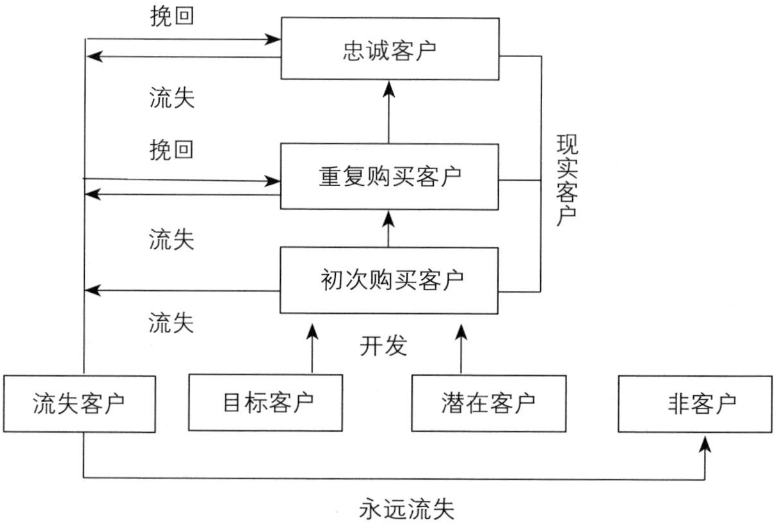

图1–1 客户流转模式

（资料来源：苏朝晖.客户关系的建立与维护[M].北京：清华大学出版社，2007）

潜在客户或目标客户一旦采取购买行为，就成了企业的现实客户，即初次购买者。如果初次购买者经常购买同一企业的产品或服务，就成了企业的重复购买者，甚至是忠诚购买者。但是，现实客户也会因为种种的原因而放弃企业的产品或服务，成为流失客户。客户流失了，如果通过企业的努力还能挽回，还是企业的现实客户；如果无法挽回，造成了彻底的流失，就成了企业的“非客户”。

2. 按客户购买的目的不同，可分为消费客户、中间客户和公利客户。

消费客户：包括消费者和组织客户，他们购买企业的产品或服务是为了消费和使用，满足自身的需要。

中间客户：是指渠道客户，包括分销商、代理商、批发商、零售商等，他们购买企业的产品或服务是为了再次销售赚取差价，不是为了消费和使用。

公利客户：是指代表公众利益，向企业提供一定的资源，然后由企业向社会公众提供相关的产品或服务，或者从企业获利中收取一定比例费用的客户，如政府、行业协会、媒体等。

3. 按照客户的重要性程度不同，可分为贵宾型客户、重要型客户、普通型客户。

一般来说，贵宾型客户和重要型客户约占客户总量的20%，而这部分客户为企业创造的利润能达到80%左右。这也是“二八定律”在客户关系管理中的体现。

4. 按照客户创造价值的能力不同，可分为灯塔型客户、跟随型客户、理性客户、逐利客户。

灯塔型客户：对新生事物和新技术非常敏感，喜欢新的尝试，对价格不敏感，是潮流的领先者。他们不仅自己率先购买，还鼓励他人购买。

跟随型客户：他们是真正的感性消费者，很在意产品带给自己的心理满足和情感特征，他们对价格不一定敏感，但十分注意品牌形象。他们往往以灯塔型客户作为自己的参照群体。

理性客户：很在意产品的性价比，对产品或服务质量、承诺和价值都比较敏感，相信自己的判断，不盲从、不依赖于某一品牌。

逐利客户：对价格十分敏感，只有价格具有明显的优势时才可能选择购买企业的产品或服务，对他人影响力低，传递的信息往往集中于价格方面。

依靠灯塔型客户做好品牌宣传

任何一个企业做品牌，至少要有一到两个灯塔型客户，这样的灯塔可以在市场上树立形象和地位，具有说服力，对创业企业尤为重要。跟随客户是什么样的？只要他看过你的广告，听过你的宣传，他就愿意消费，随大流的客户就是跟随客户。如果在你选择的行业中，这样的客户越多，你就容易成功。理性客户完全按照自己的消费理念，自己的行为方式进行消费，宣传在他们这里不起作用，但是经过长时间的培养，他们有可能成为你的忠诚客户。还有一个是逐利客户，其消费行为就是投资行为，在设计创业计划时，如果能考虑到这一点，将是锦上添花。

创业公司一般在做大的过程中，一定是要有灯塔客户的。首先把灯塔客户做好，然后通过灯塔客户去进行口碑与媒体的宣传，陆续地以灯塔客户为标杆。所有客户都能做成这样的话，公司品牌宣传就有了根基。

二、客户关系的含义及类型

（一）客户关系的含义

客户关系是指企业和客户之间建立的一种联系，这种联系表现为一种相互作用、相互影响的状态。企业与客户之间的关系，可以是一种价值链的上、下游关系，也可以是一种消费和提供消费的关系，或是一种非直接利益上的合作关系。实际上是一种买卖关系、利益关系和伙伴关系。企业与客户之间的关系犹如“鱼离不开水”的关系。客户关系是建立在利益和需求的基础上，客户关系的形成源于客户对企业的某种需求。企业拥有多少客户能反映出企业的生产和销售对市场的影响程度以及企业的市场竞争力。如果一家企业的产品在行业市场中赢得了20%以上的客户，那么可以断定这家企业在该市场中是一家比较重要的企业。

（二）客户关系的类型

美国营销学大师菲利普·科特勒将企业建立的客户关系概括为以下五

种类型。如表 1–1 所示。

表 1–1 客户关系的类型

类型	特征描述
基本型	销售人员把产品销售出去后就不再与客户接触。
被动型	销售人员把产品销售出去，同意或鼓励客户在遇到问题或有意见时与企业联系。
负责型	产品销售完成后，企业及时联系客户，检查产品是否符合客户的要求。向客户询问有关产品改进的各种建议，以及产品的缺陷与不足，以帮助企业不断改进产品，使之更加符合客户需求。
能动型	产品销售完成后，企业不断联系客户，提供有关改进产品的建议和新产品的信息。
伙伴型	企业不断地和客户共同努力，帮助客户解决问题，支持客户的成功，实现共同发展。

不同企业甚至同一企业在对待不同客户时，都有可能采用不同的客户关系类型。菲利普·科特勒认为，企业可以根据客户的数量及产品的边际利润水平，选择合适的客户关系类型。如图 1–2 所示。

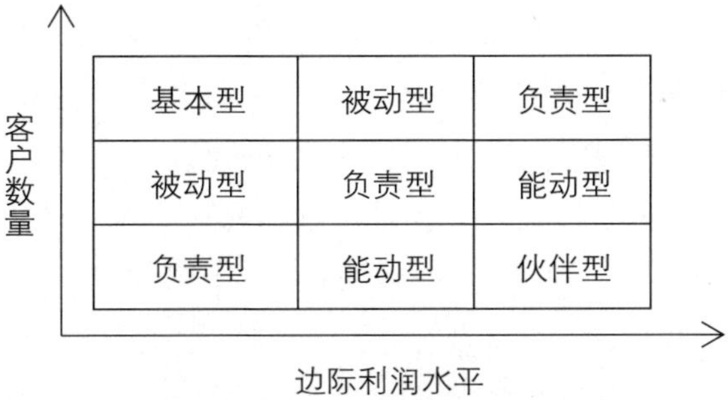

图1–2 企业选择客户关系类型的策略

当企业面对少量客户，提供的产品或服务的边际利润水平很高时，建议采用“伙伴型”的客户关系，在实现客户满意的同时，自身也获得丰厚的回报；当企业的产品或服务的边际利润水平很低，客户数量庞大时，建议企业采用“基本型”的客户关系，否则可能会因为售后服务的成本很高而影响企业的盈利水平。

总之，企业采用何种的客户关系类型，不仅取决于客户的数量及产品的边际利润水平，还要考虑产品的特性和对客户的定位。

三、客户关系管理的定义及内涵

（一）客户关系管理的定义

客户关系管理的概念最早是由全球权威的研究组织高德纳咨询公司（Gartner Group）提出来的。其定义如下："客户关系管理（Customer Relationship Management，简称 CRM）是代表增进盈利、收入和客户满意度而设计的企业范围的商业战略。"高德纳咨询公司强调客户关系管理是一种商业战略，而不是一套系统，它涉及的范围是整个企业，而不是一个部门，其战略目标是增进盈利、销售收入和提升客户满意度。

然而，关于客户关系管理的定义，理论界和企业界还有不同的观点。

卡尔松营销集团（Carlson Marketing Group）认为，客户关系管理是一种营销策略，其目的是通过培养企业的每一名员工、经销商或客户对该企业更积极的偏好，留住他们并以此提升企业的业绩，从客户价值和企业利润两方面实现客户关系价值的最大化。

世界著名的分析机构赫尔维茨集团（Hurwitz group）认为，客户关系管理既是一套原则制度，也是一套软件和技术，其核心是通过改善与销售、市场营销、客户服务与支持等领域与客户关系有关的商业流程，并且实现自动化，来缩减销售周期和销售成本、增加收入、寻找扩展业务所需的新的市场和渠道，以及提高客户的价值、满意度、盈利性和忠实度。

IBM 公司则认为：客户关系管理是企业用来管理客户关系的一套方法和技术，包括企业识别、挑选、获取、发展和保持客户的整个商业过程。企业实施客户关系管理，一是通过一系列的技术手段了解客户的需求，适时地为客户提供产品和服务；二是对客户信息进行分析和挖掘，分析客户的行为，预测客户的未来潜在需求，根据客户的需求进行一对一的个性化服务。

世界著名的统计软件提供商 SAS 公司认为，客户关系管理是企业强调技术（数据库、决策支持工具等）在收集和分析客户数据中的应用，最大化地掌握和利用客户信息，以提高客户的忠诚度，实现客户的终生挽留的一个过程。

可见，关于客户关系管理的定义，是众说纷纭，还没有一个统一的定义。结合以上的观点，本书对客户关系管理的定义总结如下：客户关系管理是指通过利用信息技术，实现市场营销、销售、服务等活动自动化，使企业能更高效地为客户提供适时的产品和服务，以提升客户的满意度和忠诚度以及增进盈利为目的的一种经营管理策略。

（二）客户关系管理的内涵

综合以上众多国外研究机构和跨国公司对客户关系管理定义的解释，以及在现实企业管理中客户关系管理的实践，可以从理念、技术和实施三个层面来理解客户关系管理的内涵。其中，理念是客户关系管理成功实施的关键，是实施客户关系管理的基础和土壤；信息系统、IT 技术、网络技术等是成功实施客户关系管理的手段和方法；客户关系管理战略的实施是决定客户关系管理成功与否、效果如何的直接因素。

图1-3　客户关系管理的内涵

课堂讨论案例

翠微大厦的顾客管理与业绩提升

翠微大厦创立于 1997 年，开业以来，企业经济效益迅速增长，已成为中国商业名牌企业和服务名牌企业。翠微大厦成功的因素有很多，但最关键的是在经营管理过程中不断地学习和创新，率先成功地应用 CRM 系统进行顾客管理。

一、以顾客为中心进行信息化管理与业务流程再造

在翠微创建之初，他们就对自身的定位和发展模式进行了广泛而深入的研究和多次调整。自称是用“两双眼睛”看市场：一双眼睛看别人的优点，吸纳别人的长处，在普遍中找出个性，以弥补自身的不足；另一双眼睛看问题，发现和总结百货商业中普遍存在的不足，寻求破解之策。他们一开始就意识到：面对国外零售企业的巨大冲击，首先应当学习国际上先进的经营理念和管理经验。有两项工作对翠微大厦的发展起到了决定性的作用。

一是确立了以顾客为中心的理念。翠微大厦的价值观念是：顾客的利益永远是翠微人思考问题的出发点。翠微大厦的经营哲学是：顾客的满意是我们存在的目的，顾客的光顾是对我们最大的鼓励，顾客的认同是对我们最好的回报。翠微大厦的服务宗旨是：全心全意投入，尽善尽美服务。翠微大厦的发展理念是：今天的服务就是明天的市场。在以顾客为中心的理念指导下，翠微大厦冲破了传统百货商业中的业务流程，进行了企业业务流程再造。业务流程再造的指导思想是：全体员工遵循以顾客为中心而不是以“领导”为中心的原则；企业的业务以流程为中心进行，而不是以一个专业职能部门为中心进行；在一张白纸上开始构建翠微理想的业务流程，包括学习和吸纳国内先进企业的管理经验；大幅度提高组织绩效；充分运用信息技术手段。

正是由于确立了以顾客为中心的理念，翠微的业务流程在实际运行当中给企业带来了效益。例如，按照翠微的理念，供应商同样是顾客，于是创造出对供应商的“一卡通”结算方式。现在来看结算货款已经不是什么问题，但在翠微开业时，拖欠供应商货款却是普遍存在的问题，而翠微在全国率先实行了“一卡通”结算，从而赢得了供应商的支持，供应商把最新、最好的商品优先供给了翠微大厦，取得了双赢的结果。

二是与北京长益科技有限公司联合设计开发了适用于大百货零售企业的计算机信息管理系统，在全国百货商业企业中率先实行了计算机全程管理，实现了计算机对人、财、物管理的无缝链接。翠微大厦是当时全国第一家实行进价核算、单品管理的零售企业，这对后来的顾客管理起到了至关重要的作用。如果不能管到单品，那么计算机信息系统所获得的只能是

大类商品的信息，这些信息是粗线条的，无法用于精细管理和科学决策，所以，能否管到单品是大百货商场信息化管理成败的关键。

二、CRM 系统的框架

翠微大厦的客户关系管理系统的框架分为以下几个部分：

1. 应用层：也就是作业层，主要功能是对 VIP 卡的管理和应用。

2. 分析层：根据管理的不同层次，结合 ERP 系统的信息，通过多维数据库提供不同的分析信息，将分析结果用于经营管理全过程，并为不同层次的顾客提供个性化服务。

3. 呼叫中心：包含短信平台、电子邮箱、固定电话或移动电话等，全方位增加与顾客的接触点，搭建顾客与企业沟通的良好平台。其主要目的是：优化服务体系，强化服务设施，培育忠诚顾客，提高服务的快速反应能力。呼叫中心的建立关系到企业业务流程重组、企业组织架构的职责定义和重新规划，以及形成以顾客为中心的各传统管理部门向新型执行部门转变的现代商业管理模式。翠微大厦的客户关系管理功能示意图，如图 1–4 所示。

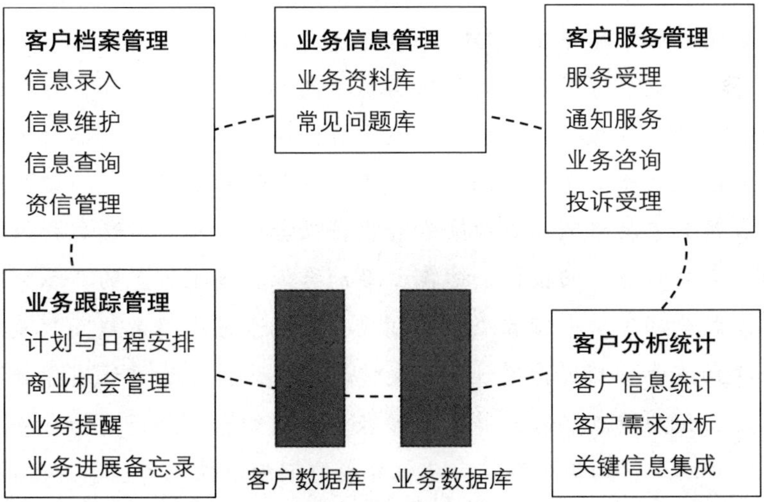

图1–4　翠微大厦的客户关系管理功能示意图

翠微大厦开业初期，先后开发了金卡、银卡、便民卡、机关购物卡、相伴卡等以促销为目的的优惠卡，还结合翠微商圈特点，开发了以教师为优惠对象的“园丁卡”、针对军人的“拥军卡”和针对出租车司机的“TAXI卡”等专用优惠卡。在开业进入市场阶段，优惠卡的开发有效地促进了经营业绩的提升。但经过近一年的实践发现：这种纯粹为了吸引客流，以优惠幅度吸引顾客的赠卡方式，对实现真正意义上的顾客管理、信息传递、信息反馈来说作用并不大。为此，企业广泛征求了顾客的意见，把以促销为主要目的的会员卡提升到以信息管理为主要目的的高度，并最终以“家园卡”、“拥军卡”为主提出顾客信息收集的新要求，实行有效的顾客信息管理。

顾客办理会员卡时，工作人员会同时把持卡人的姓名、住址、职业、年龄、收入、电子信箱、家庭人口、家庭总收入等信息记录存档，并输入计算机，设专门数据库管理，以后还对每一位持卡顾客的消费进行后台监控分析，将统计数据分类记录以供查询。数据库的建立，为营销策划提供了一个良好的渠道。

通过对顾客信息中住址、年龄、性别、职业、家庭人口、收入等相关信息的分类统计，划分出不同的顾客群体。并在一年中的特定节日，如“三八妇女节”“教师节”“建军节”“重阳节”等，或根据不同主题的策划创意向特定消费群体邮寄专类DM广告或发送电子信息。

由于商场里有许多商品对持有会员卡的顾客是不打折的，直接影响到持卡顾客刷卡的积极性，造成一些顾客在购买价值不高的商品时不刷卡，这对信息的收集十分不利，影响到信息的完整性和准确度。为了改变这种情况，大厦对不打折商品采取了积分累计的办法，年终时按积分给予一定的回报，积分越高，回报比例越高，多的可以拿到上万元的“积分返还”回报，这就调动了持卡顾客刷卡的积极性，刷卡频率越来越高。大厦还对会员一年的消费金额进行累计，把年终数据统计排名靠前的消费者按档次划分层次，视为重点顾客，并调阅顾客消费明细表，分析购物特点、购买习惯、消费水平、购买频率等，从中发现他们的个性化需求、阶段性需求，掌握规律，以便开展有针对性的营销策划。

大厦还采取上门征求意见、网上联系、发短信、电话回访、逢结婚纪念日或生日送贺卡或贺礼的方法，与会员进行感情交流，将其培养成企业的忠诚顾客。同时，把较低消费额的群体也列为重点分析对象，从他们的住址到翠微大厦的距离、交通条件、购物习惯等几项内容中分析他们的共性，对在翠微商圈范围内的持卡顾客进行普遍的消费满意度调查，根据调查结果，采取相应的营销对策。通过这一系列的努力，这部分持卡顾客的消费额上升了68%。

三、不断与消费者的需求赛跑

企业经济效益的增长主要有两个途径：一是扩大销售；二是提高商品的利润。而简单地提高毛利率会影响顾客的满意度，进而影响到销售额的提高。翠微大厦决定抓好商品的引进环节，多引进适销对路的新品、名品，以此来提高销售额。但关键问题是——什么是适销对路的商品？

大厦开业后不久，进行过一次调查。海淀区是高收入人群聚集的地区，个人所得税缴纳额占全国的2%，而海淀区缺乏为这部分人服务的高档店，在燕莎、赛特购物的顾客有近30%来自海淀区。因此，翠微大厦在对商圈中18万顾客进行调查的基础上确立了翠微大厦的发展方向，即建立适度超前的成熟名品百货名店，将目标顾客群定位于“追求生活品质的消费群体”。这部分人在满足物质需求的选购和消费行为中，更多地融进了自己的审美观念、价值取向等代表精神需求的文化消费意识，认为买商品就是买具有内涵价值的品牌。

随着人们收入的不断增长，顾客的购物需求也在不断变化着。翠微大厦提出，要在服务和管理上不断与消费者的需求赛跑。近几年来，根据计算机信息系统提供的数据，对商品结构、品牌结构进行了持续不断的调整。

翠微大厦目前有20多万会员顾客，会员消费占其销售总额的74%。这些会员每年至少可以接到我们发送的7份DM广告，还可以收到按性别、年龄、职业等区分的有针对性的个性化商品信息，利用现代信息技术，以最经济的手段向目标顾客传达信息。顾客在生日、结婚纪念日等会收到祝福贺卡。有一对部队的离休干部夫妇，两个儿女都在国外，丈夫在生日的当天收到了翠微大厦的生日贺卡，老两口激动不已，当天专程到翠微大厦表示感谢。大厦从情感维系、服务维系、商品维系三个层面上增强顾客的忠诚度，根据不同层次的会员特点，组织丰富多彩的活动，每年举办数十次消费课堂，参加人数在1万人次以上。此外还开展中秋游船会、夏令营、登山等活动。针对高端顾客事业有成、收入稳定但工作压力大、缺乏与子女沟通的特点，举办了亲子夏令营，请教育专家给父母讲青少年的培养和教育，给子女讲如何全面发展。课后，开展一系列模拟家庭生活的教育活动，以家庭为单位开展竞赛，活动结束后，每个家庭都会得到一本记录活动情况的影集、一个 DVD 光盘。整个活动由新闻媒体进行立体报道。由此产生的凝聚力和影响力超出了预期的想象。

客户关系管理是一个庞大的系统工程，精细化管理的程度往往决定着成败。翠微大厦在不断的努力和创新中，力求将客户关系管理推向一个新的台阶。

（资料来源：栾茂茹．翠微大厦的顾客管理与业绩提升．信息与电脑，2006.5）

讨论问题：翠微大厦是如何实施客户关系管理的？

从以上的案例，不难看出，客户关系管理既是一种管理理念，又是一种软件技术，同时也提供了一套业务解决方案。三者相辅相融，缺一不可。

第一个层面：客户关系管理是一种现代经营管理理念

CRM 是一种经营理念，它的核心是以客户为中心，满足顾客的需求。这一理念的主要来源是现代营销理论。通过完善的客户关怀和深入的客户分析来满足客户的个性化需求，提高客户的满意度和忠诚度，进而保证客户终身价值和企业利润增长的实现。

第二个层面：客户关系管理集合了当今最新的信息技术

在技术上，CRM 近年来在 IT 技术和互联网技术等方面取得了很大的进步，它们包括 Internet 和电子商务、多媒体技术、数据仓库和数据挖掘、专家系统和人工智能、呼叫中心等。所以 CRM 的内涵是企业利用 IT 技术和互联网技术实现对客户的整合营销。作为一个应用软件的客户关系管理（CRM），凝聚了市场营销的管理理念。市场营销、销售管理、客户关怀、客户服务和支持构成了 CRM 软件的基石。

第三个层面：客户关系管理的实施是一套完整的业务解决方案

CRM 是选择和管理有价值客户及其关系的一种商业策略，CRM 要求以客户为中心的商业哲学和企业文化来支持有效的市场营销、销售与服务流程。CRM 的实施目标就是通过全面优化企业的业务流程来降低企业成本，通过提供更快速和周到的优质服务来吸引和保持更多的客户。

CRM 是一个获取、保持和增加可获利客户的方法和过程。作为一种新型管理机制，客户关系管理运用现代信息技术挖掘和积累客户信息，有针对性地为客户提供有价值的产品和服务，发展和管理企业与客户之间伦理、情感和利益上的关系，培养客户长期的忠诚度，以实现企业的目标。

四、客户关系管理的发展动力

问题：是什么促进了客户关系管理理论与实践的发展？

第一，客户是企业利润的源泉，企业要重视客户关系的管理。

企业要实现盈利必须依赖客户，因为只有客户购买了企业的产品或服务，才能使企业的利润得以实现。因此，客户是企业利润的源泉，是企业生存和发展的基础。美国管理大师彼得·德鲁克说过，“企业的首要任务是‘创造顾客’”。沃尔玛的创始人山姆·沃尔顿也说过，“企业实际上只有一个真正的老板，那就是客户”。企业的命运建立在与客户长远利益关系的基础之上。企业好比是船，客户好比是水，水能载舟也能覆舟。因此，一个企业要想获得成功，必须重视客户关系管理这项工作，把客户关系维护好。

第二，了解客户的信息和需求，为客户提供优质的产品或服务。

只有掌握了客户的第一手资料和需求方面的信息，才能更好地为客户提供产品和服务。一般来说，现代意义上的客户关系管理起源于 20 世纪 80 年代初提出的“接触管理”（Contact Management），即专门收集整理客户与企业联系的所有信息。到 20 世纪 90 年代初期，则演变成为包括电话服务中心与支援资料分析的客户关怀（Customer Care）。经历了近二十多年的不断发展，CRM 不断演变、发展并趋向成熟，最终形成了一套完整的管理理论体系。

随着由卖方市场（产品稀缺）向买方市场（客户稀缺）的转变，企业纷纷把目光由聚焦“产品”逐渐转移到聚焦“客户”，其经营战略也从“以产品为中心”转向“以客户为中心”，开始注重客户消费体验。为了提高客户满意度和忠诚度，企业必须完整掌握客户信息，准确把握客户需求，快速响应客户的个性化需要，提供便捷的购买渠道、良好的售后服务与经常性的客户关怀等。

王永庆卖米的故事

台湾著名的企业家、台塑集团创办人，被誉为台湾的“经营之神”。

16 岁的王永庆展现了超强的营销能力，不仅挨家挨户上门推销自己的大米，而且还免费给居民掏陈米、洗米缸，照现在的话说，王永庆向嘉义县老百姓提供的是针对性极强的个性化服务，在维系客户关系上逐渐占了上风。此外，当时大米加工技术比较落后，出售的大米掺杂着米糠、沙粒和小石头，买卖双方都是见怪不怪。王永庆在每次卖米前都把米中杂物拣干净，买主得到了实惠，一来二去便成了回头客。起初王永庆的米店一天卖米不到 12 斗，后来一天能卖 100 多斗。

几年下来，米店生意越来越火，王永庆筹办了一家碾米厂，同时完成了个人资本的原始积累。从那个时候起，王永庆的命运发生了变化。

第三，客户的信息需要在企业各部门间共享，提高办公自动化水平和客户服务的效率。

在企业中，与客户发生业务联系的部门涉及销售部门、营销部门、客户服务部门等。每个部门在开展工作时都要从客户的角度进行考虑，不能“各自为战”。各部门不仅要树立客户至上的理念，还要围绕这一理念来开展工作，深入挖掘服务客户的潜力。也就是说，企业的销售部门、营销部门、客户服务部门要协同作战，共享客户信息，为客户提供高效、准确的服务，提高办公自动化水平和客户服务的效率，这是企业客户关系管理的业务需求基础。

来自企业不同业务人员的声音

我这次面对的是一个老客户，该怎样给他报价才能留住他呢？——销售人员

我怎么才能知道其他部门的同事和客户的联系情况，以防止重复地给客户发放相同的资料？——营销人员

很多客户提出的计算机故障都是由于其自身的误操作引起的，很多情况下都可以自己解决，但回答这类客户的电话占去了工程师很多的时间，这种情况能否改善？——服务人员

我从企业的两个销售人员那里得到了同一产品的不同报价，哪个才是可靠的？——客户

有三个销售员和这家客户联系过，我作为销售经理，怎么知道他们给客户承诺过什么？——销售经理

企业面临越来越大的竞争压力，只有快速、精准地满足客户的需求，提高服务客户的效率，才能提升其自身的竞争力。因此，企业需要整合和共享客户的信息，提高销售、营销、服务部门的日常业务的自动化和科学化，以便更好更快地赢得新客户和保留老客户，提高企业的运营效率以及客户的满意度和忠诚度。

第四，现代信息技术的发展，提高了企业客户关系管理的水平和效率。

计算机技术、通信技术、网络技术的飞速发展是客户关系管理的加速器，它使得企业“以客户需求为中心”的营销理念真正落到了实处。客户可以通过电话、短信、网络等各种媒介与企业进行联系，同时企业能以多种方式与客户进行互动，增进客户对企业的信任和情感。企业销售、营销、服务等部门的共享客户信息、“协同作战”等，也是建立在应用信息技术的基础上。例如，企业建设的 CRM 系统能够从不同角度提供成本、利润、风险率等信息，并对客户、产品、职能部门、地理区域等进行多维分析，使得企业的客户关系管理工作建立在大数据的智能分析基础之上。数据仓库、商业智能、知识发现等技术的发展，使得企业收集、整理、加工和利用客户信息的质量和效率大大提高。

科学技术的突飞猛进为客户关系管理的实现和功能的扩张提供了前所未有的手段，如数据挖掘、数据仓库、基于浏览器的个性化服务系统等，使企业和客户之间进行交流的渠道越来越多，除了面对面的交谈，电话联

系外，还有呼叫中心、移动通信、电子邮件、社交平台等。

五、客户关系管理的内容及作用

（一）客户关系管理的内容

客户关系管理是关于“客户关系”的管理。企业与客户之间的关系，既是买卖关系，也是利益关系，又是伙伴关系。不管从营销学的角度，还是从管理学的角度，客户关系管理都离不开“以客户为中心”的管理思想。因此，客户关系管理是“以客户为中心”的一套管理体系，是借助先进的管理理念和信息技术手段来研究如何建立客户关系、维护客户关系、挽回客户关系的一门科学。客户关系管理是以有效的选择、管理有价值的客户为出发点，通过企业一系列的营销策略、推广手段最终实现销售和二次销售甚至是多次销售，提高客户的满意度和忠诚度，以实现客户价值的扩展。

可见，客户关系管理无非是要解决以下四个方面的问题，如图1–5所示。

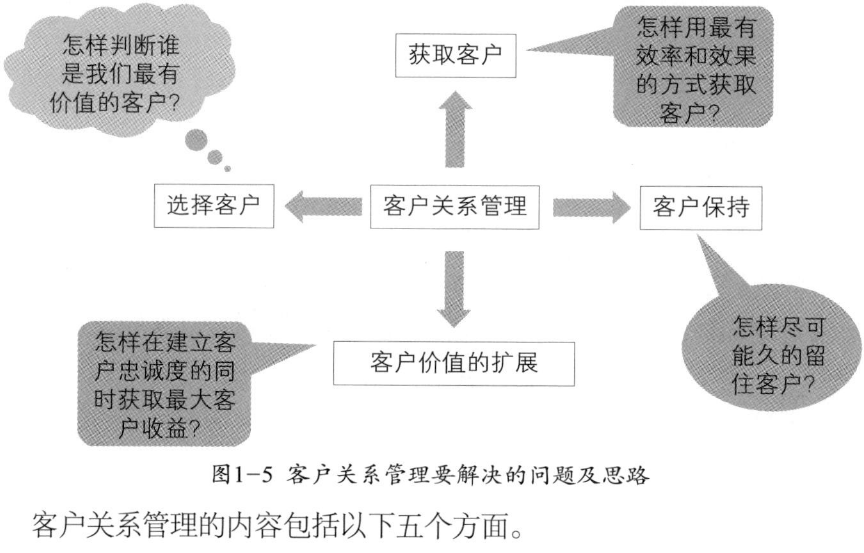

图1–5 客户关系管理要解决的问题及思路

客户关系管理的内容包括以下五个方面。

1. 如何建立客户关系

包括对客户的认识、对客户的选择、对客户的开发（将目标客户和潜在客户开发为现实客户）。

2. 如何维护客户关系

包括对客户信息的掌握、客户的分级、与客户的互动和沟通、客户满意度分析、实现客户忠诚等。

3. 如何恢复客户关系

在客户关系破裂时，如何挽回即将流失或已流失的客户。

4. 如何建设、应用 CRM 系统

包括如何应用呼叫中心、数据仓库、数据挖掘、商务智能分析、互联网、电子商务、移动设备、社交平台等现代信息技术和工具来辅助客户关系管理。

5. 如何实现客户关系管理战略

包括如何进行基于“以客户为中心”的管理理念下的销售、营销、客户服务与支持的业务流程重组、经营方式的转变和人员机构设置，以及如何实现 CRM 系统与其他的信息化管理手段（如 ERP、OA、SCM、KMS）的协同与整合。

（二）客户关系管理的作用

实施客户关系管理在提高企业管理水平和竞争力方面有以下的作用。

1. 改善客户关系

企业能通过多种渠道与客户进行互动和交流，了解和把握客户的需求，关怀和体恤客户，可以增进企业与客户的关系，增强客户对企业的信任和情感，进而提高客户的满意度、忠诚度。

2. 提高服务效率

企业通过利用现代信息技术手段整合客户信息资源，并在企业内部不同部门之间实现客户资源的共享，可以提高业务流程处理的自动化程度，为客户提供更快速周到的优质服务。

3. 开拓销售市场

通过实施客户关系管理，对客户价值进行量化评估，能够帮助企业找到价值客户，将更多的营销资源投向价值客户，挖掘客户的潜在价值，提高客户忠诚度，掌握更多的业务机会，进而拓展销售市场。

4. 形成竞争优势

一方面，良好的客户关系管理可以使企业获得强大的竞争优势，在同样的销售成本下可以保持较高的市场占有率，使企业的交易成本逐渐降低，从而获得成本上的领先优势。另一方面，企业可以从客户那里获取有关产品或服务改进方面的信息，以及竞争对手的相关信息等，从而使企业进行有效的经营决策，合理地定位和创新本企业的产品或服务，建立起自己的竞争优势。

“十年不鸣、一鸣惊人”——家乐福会员卡

家乐福进入中国十几年一直不办会员卡，让很多零售企业百思不得其解。直到2014年，家乐福终于推出了自己的会员卡，正所谓“十年不鸣、一鸣惊人”。虽然同样是办会员卡，但家乐福的会员卡有些“与众不同”。

首先，家乐福的会员卡有三张，一张主卡两张副卡，分别写着家，乐，福三个字，方便一家人人手一个，通用积分。其中，“家”字卡是主卡，当然只有主卡能享受到红利。

其次，家乐福的会员卡只有拇指大小，并送有挂绳，目的是方便会员随身携带。在家乐福的收银台，你会发现使用会员卡的顾客，多数都是将会员卡套在钥匙扣上，因为顾客进出门都要用钥匙。家乐福牢牢把握住了顾客的这一生活特点，

再有，家乐福的会员卡是真能给顾客带去实惠。家乐福的会员卡不是以积分为主，而是为会员制定了丰富的会员特价商品，每档DM都有50支以上的会员特价商品，价格极其惊爆，某些单品的价格甚至低于其他超市的进价，让会员一年到头都尝到实实在在的会员特价带来的巨大优惠。

最后，我们把家乐福的会员卡特点串起来看，三张卡，一家人都可以用，主卡基本上是在家庭主妇那里——家庭主妇的购买频率最勤（来客数）、购买量最大（客品数）、购买金额最多（客单价）——家庭主妇对价格最敏感、最爱捡便宜、对特价的力度最在意、惊爆的会员特价怎么能不在意——会员卡挂在钥匙扣上，方便！

（资料来源：联商论坛 http://www.linkshop.com.cn/club/dispbbs.）

六、客户关系管理的目标及实现策略

企业的最终目标是实现利润最大化，客户关系管理作为企业管理手段之一，就是要站在客户关系的角度配合企业完成这个目标。

众所周知，企业 80% 的利润来自 20% 的忠诚客户。忠诚的客户每增加 5%，企业的利润就可以增加 25% ~ 90%。可见，企业的大部分利润来源于忠诚客户的重复购买行为，企业的客户关系管理的终极目标就是通过实施客户关系管理的策略来培养客户的忠诚度，使其不断地重复购买，为企业创造更多的利润。

换句话说，客户关系管理的目标就是将“头回客”变成“回头客”，再变成“忠诚客”，赢得更多的客户、使客户更长久地留下、提升客户的购买水平。具体来说，体现在以下三个维度。

（一）“更多”——带动客户关系数量的增长

客户关系管理的目标首先是带动客户关系数量的增长，这是提高企业产品销量和利润的基础。实现“更多”的途径有三个：挖掘和获取新客户、赢返流失客户、识别新的细分市场。

1. 挖掘和获取新客户

对于大多数企业而言，获取新客户是企业扩大客户基础规模、实现企业成长和盈利的一种重要手段。虽然赢得一个新客户的成本要远远地高于留住一个老客户，但由于企业不能保证不发生客户流失。因此，企业在挽留老客户的同时，应当发展新客户，以起到稳定和巩固客户基础的作用。

2. 赢返流失客户

赢返流失客户，是指恢复和重建与已流失的客户之间的关系，主要针对那些曾经是企业客户、但因某种原因而终止与企业关系的客户。对于已流失的客户，企业首先要做出辨别，该赢返哪些客户？其次是依据客户的历史数据，分析其行为特征和购买偏好，同时了解客户流失的原因，对症下药，及时挽回流失客户。

3. 识别新的细分市场

企业通过识别进入新的细分市场，获取更多的客户，来扩大客户规模。

例如，联想依据地理因素，针对新兴市场，将市场细分为农村和城市，东部和西部，响应国家家电下乡的口号，向农村推出了经济型的电脑，把产品第一时间推向市场，满足客户需求。

（二）"更久"——延长客户关系的生命周期

"更久"，顾名思义，就是企业要与客户建立更加长久的客户关系，通过一定的策略获得客户的忠诚和客户挽留，来延长客户关系生命周期。

1. 客户忠诚

忠诚的客户能为企业带来丰厚的利润，具有很高的客户价值。真正的客户忠诚包括行为和态度两个层面，它意味着客户对自己偏爱的产品或服务具有强烈的在未来持续购买的愿望，并且付诸行动进行重复购买。这类客户不会因为外部环境变化或竞争对手的营销活动而改变购买行为。

2. 客户挽留

越来越多的研究表明，"挽留一个现有客户比吸收一个新客户更经济"。美国的一位学者通过对美国信用卡业务的研究发现，"客户挽留率每增加5%，可带来公司利润60%的增长"。可见，有些客户是值得挽留的。企业要时时关注客户的动态，经常与客户进行互动，了解客户的满意度，采取措施留住有价值的客户。

（三）"更深"——促进客户关系的质量提高

"更深"是指客户关系的质量有所提高，意味着客户更加忠诚，为企业创造的利润更大，客户关系更加牢固和长久。其实现手段有交叉销售、追加销售与购买升级。

1. 交叉销售

交叉销售是指借助客户关系管理来发现现有客户的多种需求，并为满足他们的需求而销售多种不同产品或服务的一种新兴销售方式。交叉销售是努力增加客户使用同一家公司的产品或服务的销售方法。事实证明，客户往往会倾向于从同一企业购买越来越多种类的产品。交叉销售是一种培养稳固的客户关系的重要工具。

2. 追加销售与购买升级

追加销售与购买升级强调的是客户消费行为的升级，客户由购买低盈利性产品转向购买更高盈利性产品的现象。其特点是向客户提供的新产品或服务是建立在客户现行消费的产品或服务的基础之上的。追加销售与购买升级更强调客户购买价值的提升。

以上三个维度是相互关联、相互促进的关系。客户关系管理是一种复杂的管理，涵盖销售、营销、客户支持与服务、数据库及支撑平台等各个方面。客户关系管理的研究与应用，对于加强企业竞争力，提高企业运作效率，增加企业经济效益有重大意义。企业在进行客户关系管理时，应充分考虑各种因素，实现客户关系在这三个方向上的协调发展。

小结

本模块主要介绍了客户的定义、范畴、分类；客户关系的内涵、类型；客户关系管理的内涵、内容；客户关系管理要实现的目标以及实现目标的策略等。

客户是指对企业产品或服务有特定需求的个人或组织。客户是企业经营活动得以维持的根本保证。

美国营销学大师菲利普·科特勒将企业建立的客户关系概括为以下五种类型：基本型、被动型、负责型、能动型、伙伴型。

客户关系，既是买卖关系，也是利益关系，又是伙伴关系。

客户关系管理是指通过利用信息技术，实现市场营销、销售、服务等活动自动化，使企业能更高效地为客户提供适时的产品和服务，以提升客户的满意度和忠诚度以及增进盈利为目的的一种经营管理策略。

客户关系管理是一种现代经营管理理念；客户关系管理集合了当今最新的信息技术；客户关系管理的实施是一套完整的业务解决方案。

客户是企业利润的源泉；了解客户的信息和需求，为客户提供优质的产品或服务；企业的销售部门、营销部门、客户服务部门需要协同作战，共享客户信息，为客户提供高效、准确的服务，提高办公自动化水平和客户服务的效率；现代信息技术的发展；推动了客户关系管理的发展。

客户关系管理的内容包括：如何建立客户关系；如何维护客户关系；如何恢复客户关系；如何建设、应用 CRM 系统；如何实现客户关系管理战略等五个方面。

客户关系管理的作用：改善客户关系；提高服务效率；开拓销售市场；形成竞争优势。

客户关系管理的目标体现在以下三个维度：“更多”——带动客户关系数量的增长；“更久”——延长客户关系的生命周期；“更深”——促进客户关系的质量提高。

思考题

一、名词解释

客户；客户关系；客户关系管理

二、判断题

1. 只有大企业才需要实施客户关系管理。（　　）
2. 客户就是企业的最终消费者。（　　）
3. 客户不一定在企业之外。（　　）
4. 如果企业的客户很少，且边际利润很高，宜采用伙伴型的客户关系。（　　）
5. 信息技术对于客户关系管理理念的实现具有重要作用。（　　）
6. 所谓客户关系管理，就是购买一套 CRM 软件来管理客户资料。（　　）
7. 客户关系管理的内容就是指企业与客户如何建立、发展和维护客户关系。（　　）
8. 客户关系管理的目标仅仅就是实现客户数量的不断增长。（　　）
9. 交叉销售是指客户由购买低盈利性产品转向购买更高盈利性产品。（　　）
10. 有效的客户关系管理能够促进企业的盈利。（　　）

三、简答题

1. 简述客户的范畴。
2. 客户关系的类型都有哪些？
3. 怎样理解客户关系管理的内涵？

4. 客户关系管理的内容都包括哪些？

5. 客户关系管理对于企业的发展有哪些作用？

6. 如何实现客户关系管理的目标？

四、案例分析题

万科地产“非软件化”的客户关系管理

万科堪称中国房地产业客户关系管理的成功典范。为了突破传统的客户关系管理的局限性，万科将员工关系管理和合作伙伴关系管理导入了企业的客户关系管理范畴。

1. 万科地产的客户服务体系

（1）客户服务理念。万科树立了“以客户为中心”的经营管理思想，万科的客户服务理念——“建筑无限生活”“客户是万科存在的全部理由”“衡量我们成功与否的最重要的标准，是我们让客户满意的程度”等等，这些已成为万科企业核心价值观的重要组成部分。万科的服务理念体现在细节中。例如，2003 年面对突如其来的 SARS，万科各地公司分别针对客户制订了全方位 SARS 应急方案，通过告示栏、宣传资料、网上多种渠道对业主进行广泛的 SARS 预防普及教育，并且对所管理的物业定期进行彻底地消毒和严密的门禁管理。在销售现场，万科针对 SARS 采取了大量的防护措施，加强对售楼中心的现场消毒、清洗接待桌、加强通风……甚至细致到屋顶、死角、模型，此外还摆放了多种花卉绿植，以此打消看房人对购房环境的顾虑。深圳公司为客户准备了单人、双人、多人等游览专业自行车，让大家沐浴着阳光和海风，享受自行车自驾游的惬意。在这个非常时期，万科用实际行动证明了对业主和客户的关怀。

（2）客户服务中心。在 2003 年 9 月以前，万科的客户服务中心只是万科物业的一个职能部门，与万科地产不发生直接联系。如果客户有问题，必须经过物业公司后再与上一级的万科地产沟通，由此造成了客户服务效率的低下。为了缩短客户与万科地产的距离，提高客服务质量，万科把客户服务中心从物业公司剥离出来，并入万科地产。客户服务中心直接接受万科地产的领导之后，部门职能得到进一步完善，客户与万科的距离被缩短。万科地产高层领导每天都会看万科的 4 个公开网站和客户服务中心呈报的资料，看的就是客户的投诉。

2. 销售管理系统

深圳万科地产于1999年初引入了明源企业版售楼管理系统，同时在万科四季花城、金色家园、温馨家园三个现场售楼部中使用，并通过ISDN通信线路将三个现场售楼部和深圳地产总部组成了广域网网络，以实现现场售楼部和公司总部的实时数据交换，使公司各与售楼业务相关的工作人员（包括销售部、财务部、按揭组、管理层等）全部可以通过明源企业版售楼管理系统进行实时的数据录入、修改、查询和统计分析工作。

3. 会员管理信息系统——万客会

万科地产率先建立了自己的会员俱乐部——“万客会”，倡导在“让万科理解客户、让客户了解万科”的基础上建立理性、对等、双赢的供求交流方式。

当年成立万客会的时候，只要年满18周岁，无论性别国籍，在有效填写一张包含姓名、性别、年龄、工作单位、教育程度等内容的个人资料表格后即可入会。万客会的服务内容包括提前获得万科地产推出的楼盘资料和最新销售信息、在购置万科房产时可以享受会员优惠、参加各类由“万客会”组织的联谊活动和社会活动、定期收到会刊等，而得到这一切的服务都是免费的。

万科认为，CRM是以客户为核心的市场策略，要真正能够一对一地了解到消费者的行为习惯、居住模式、审美倾向，这一切仅仅通过技术是不可能实现的，它必须通过传统的人与人之间的交往来实现。实际上，“万客会”已经成为一个天然的实验室。通过万客会这个平台，了解客户最为关心的信息，为地产项目的开发起到了相当有价值的参考作用。

4. 万科的员工管理

为了保持领跑者地位，万科自身需要致力于成为学习型组织，这就要求万科人要不断去学习、汲取和突破。万科提倡员工能为公司长期服务，但必然以与公司共同成长为前提。

万科作为一家跨地域经营的企业，外派或分公司之间的职员交流调换是不可避免的，所以在新职员参加万科的志愿表格上有一条：同意或不接受外派的选择回答。万科并不排斥不接受外派的职员，只是注明其提拔培训的机会小于接受外派的职员。对于外派的中层（已婚、有家小的特点），万科的人力资源政策有明确规定：（1）鼓励配偶一起到外派的城市，并协助找工作；（2）对于暂时没有工作的给以经济补贴；（3）对调动的经理给以搬家安置费。对于不愿意随先生 / 女士外调的家属，万科尊重家属的意见，尽可能做出双方合适的安排。

万科特别注重倾听员工的声音。在万科掌门人王石的力促下，万科在企业内部设置了名为“董事长 online”的 BBS 平台，王石把这种信息交流平台称为“信息扁平化”，把这种信息控制与运作模式称为“BBS 管理”。在王石及其他企业高层在论坛上的亲力亲为下，“董事长 online”成了一个非常成功的员工投诉和提出合理化建议的平台。

5. 提升客户忠诚度的具体措施

“衡量我们成功与否的最重要的标准，是我们让客户满意的程度。”这句话，是万科核心价值观的重要组成部分。万科充分认识到了客户满意度、忠诚度的重要性，万科是如何提升客户忠诚度的呢？

（1）了解客户需求，是提升客户忠诚度的第一步。2002 年底万科委托盖洛普调查公司对万科所在城市的 42000 多位客户进行了一次满意度调查。调查结果显示，老业主的整体满意度为 78%，新业主的整体满意度为 77%，这同 2001 年 9 月中国质量协会在全国 15 个城市开展的“百万用户评住宅”活动的调查结果——消费者对住宅的综合满意度为 45.5% 相比要高出许多。万科进行客户满意度的调查，更为重要的是为了了解客户存在哪些方面的不满意，哪些因素影响客户的满意度，从而据此改善产品与服务。

（2）坚持透明原则，提供全面准确的信息。客户变为忠诚客户或非忠诚客户的过程，其实就是客户将他实际得到的和他所付出的东西进行比较的过程。只有当客户认为他的实际所得达到或超越了他的付出的时候，他才会感到满意。只有长期感到满意的客户，才可能变为忠诚。当向客户传递信息的时候，不管是信息遗漏还是无意中的“误导”，从长远来看，就埋下了一个引发争议、增加交易成本的重大隐患。为保证和帮助客户做出正确的购买决定，万科坚持透明原则，加强与客户的沟通，将客户应该知道的信息尽可能全面、完整地传递给客户。万科充分认识到误解的代价，意识到一言一行的后果，从而以谨慎、负责的态度，向客户传递这些信息。

（3）点滴积累，不断进步。为了进一步挖掘造成业主忠诚与不忠诚的潜在驱动因素和情感因素，万科曾在定量分析报告的基础上，又委托调查公司进行了基于深度访谈的定性研究。通过引导客户回忆从认知万科到购买万科产品的全过程，对忠诚客户和非忠诚客户在不同阶段的感受特征进行对比分析，得出了初步结论。即：无论非忠诚客户还是忠诚客户，都不会在一夜之间发生突变，而是存在着一个逐步演变的过程。

（4）应对投诉的策略。如何面对和解决客户投诉是影响客户满意度和忠诚度的重要一环。为了更好地解决客户投诉问题，万科在网站上设立了“投诉万科”的论坛。万科认为：“投诉有可能会暂时令部分想买房的人犹豫，但最终它会改进我们的工作，从而使我们赢得更多的客户。”万科提供的数据是，99%的客户投诉都能得到妥善处理。当然，一些特殊的问题会有一个处理的过程。但客户服务中心的工作要求是：24 小时内必须对客户有直接的反馈。当许多开发商头疼于用户的投诉时，万科每年收到 3 万多条客户投诉，但万科也发现，投诉越多的客户其忠诚度也越高。万科每年提取 5000 多条客户意见进行改变，于是有了今天，在细节上日臻完美的产品。

对于客户投诉，万科认为：“作为一个规范经营、信守承诺的上市公司，万科尊重自己的客户，亦从不回避客户提出的问题，希望在客户的促进下努力改进自身的不足。客户可以通过多种方式提出问题，亦有多种渠道沟通解决；沟通不成，还可以通过法律手段维护自己的权益。万科无意将消费者告上法庭。但当有人侵犯万科的名誉与权益时，他首先是一个侵权者而非消费者。”

王石也在多种场合阐明了万科对待客户投诉的态度：“胜诉不是万科的目的。最终被迫采取这一方式，只是希望表明我们通过合理合法途径解决问题的立场和诚意。作为一个心态开放的企业，长期以来，任何来自公司内部、外部的批评都是鞭策我们进步的动力。对于万科而言，解决问题的根本之道，除了做得更好，我们别无选择”。

（资料来源：中国房商网，http://www.ccmw.net，2008）

讨论题：

1. 在本例中，万科地产是如何认识CRM的作用的？他们具体做了哪些基本工作？

2. CRM的应用对于万科地产销售业绩与客户满意度的提高产生了哪些积极影响？

3. 从上述万科地产CRM应用的案例中，你能得到哪些启示？

五、实践题

由学生自己查找企业客户关系管理的案例，并介绍该企业的实际做法。要求：课后分组进行（2～4人一组），通过集体讨论分析，对该企业的实际做法进行梳理和总结，并以PPT的形式进行展示汇报。

模块二

识别与开发客户资源

任务一　客户关系价值分析

任务提出

假设有一家 A 图形设计公司与一家 H 软件供应商已经有五年的客户关系了。五年来，H 软件公司能从 A 图形设计公司中获得的直接和间接利润，以及客户开发成本等相关数据如表 2–1、图 2–1、图 2–2 所示。

表 2–1 H 软件公司从 A 图形设计公司获取的利润总额

	第一年	第二年	第三年	第四年	第五年
基本产品和服务销售收入	800	0	0	0	0
新产品和服务销售收入	0	500 250	500 200	250 250	3,000 200
获得客户及服务的成本	850	100	100	100	100
被推荐客户：来自于新的忠实客户的销售收入	0	800	750 800	700 750 800 800	500 700 750 750
利润（元）	－50	1,450	2,150	3,450	5,800
利润总额	12800元				

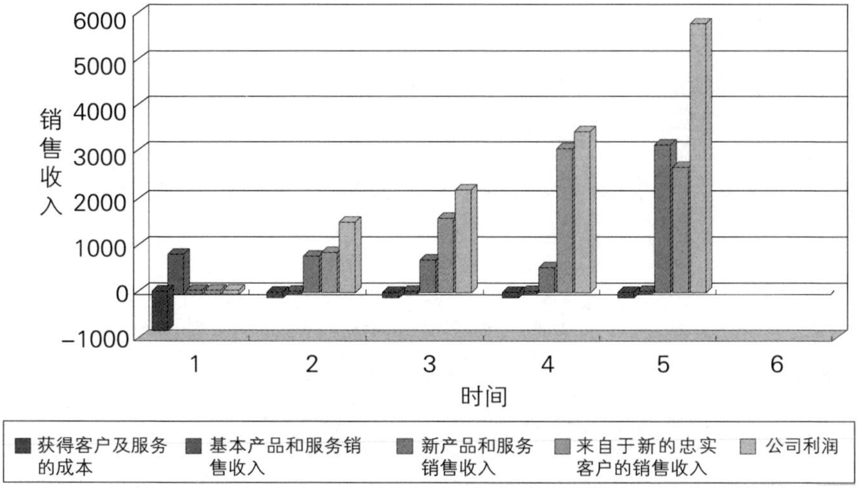

图2-1 一个持续五年的客户创造的价值

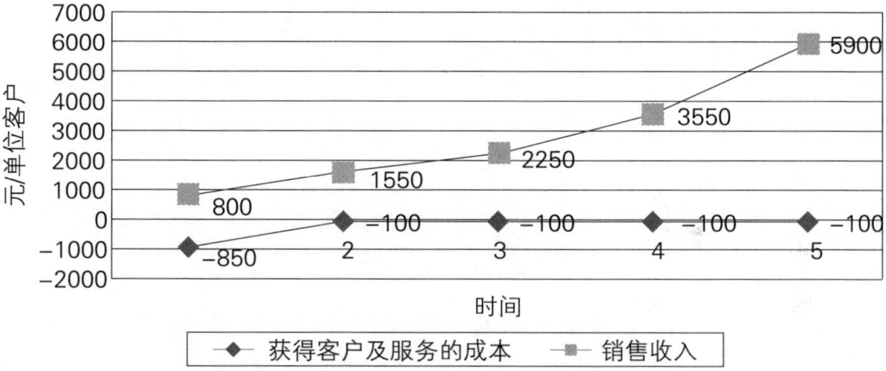

图2-2 销售收入与客户开发成本比较

问题：通过以上数据，能得出什么结论？客户的价值体现在哪些方面？企业如何进行客户价值分析？

学习目标

1. 了解客户关系的生命周期；
2. 理解客户的让渡价值；
3. 掌握客户的终生价值和客户价值细分矩阵；
4. 会简单地计算客户的终生价值。

相关知识点

客户关系是由企业与客户之间所建立的关系。因此，客户关系的价值要从两个角度来考虑：一是企业为客户创造的价值；二是客户为企业创造的价值。由以上案例可以看出，客户留得越久，客户关系存续的时间越长，客户为企业创造的价值越多。

客户购买和消费的绝不是产品，而是价值。——彼得·德鲁克

营销并不只是向客户兜售产品或者服务，而是一门真正为客户创造价值的艺术。——菲利普·科特勒

一、客户关系生命周期

客户关系生命周期是指从企业与客户建立业务联系开始到客户与企业业务关系完全终止的全过程。客户关系如同其他的关系一样，其生命周期可分为考察期、形成期、稳定期、退化期4个阶段。在不同的阶段，客户关系表现出不同的特征。

第一阶段，考察期——客户关系的探索和试验阶段。在这一阶段，双方都不甚了解，主要的特征是相互考察和测试，尤其是买方，会尝试性地下一些小订单，来考察企业的产品或服务的质量，企业也要考察客户的信誉、诚意和购买潜力等。

第二阶段，形成期——客户关系的快速发展阶段。客户关系能进入这一阶段，表明在考察期双方相互满意，并建立了一定的相互信任和交互依赖关系，客户的订单量会增加。

第三阶段，稳定期——客户关系发展的最高阶段。在这一阶段，双方建立了比较“亲密”的客户关系，彼此非常信任，客户的订单量持续增加，以至于达到最大的订单量。双方或含蓄或明确地对持续长期合作关系作了保证。

第四阶段，退化期——客户关系水平逆转的阶段。客户关系也会发生退化。但退化并不总是发生在第四阶段，实际上，在任何一个阶段关系都可能退化。引起关系退化的原因很多，如客户对产品或服务的质量不满意、客户的需求发生变化、企业的市场定位进行了调整等。

在不同的阶段，客户的购买量、交易额、利润等变量也会发生变化，具有不同的特点。如表 2-2 所示。

表 2-2 客户关系生命周期不同阶段各变量的特点

变量	考察期	形成期	稳定期	退化期
交易量	总体很小	快速增长	最大并持续稳定	开始下降
价格	较低价格	可能有上升趋势	继续上升，取决于公司增值能力	开始下降
成本	最高	明显降低	继续降低至一个低限	回升但低于考察期
间接效益	没有	后期有间接效益，并有扩大趋势	明显，并继续扩大	缩小
交易额	很小	快速上升	稳定在一个高水平上	开始下降
利润	很小甚至负利润	快速上升	继续上升，后期减缓，稳定在一个高水平上	开始下降

由表 2-2 可以看出，客户利润的变化趋势，在考察期总体很小甚至负利润，且上升缓慢，形成期快速增长，稳定期继续增长但增速减慢，退化期快速下降。因此，整个客户关系的利润曲线呈倒“U”型。如图 2-3 所示。横轴表示时间，纵轴表示利润。

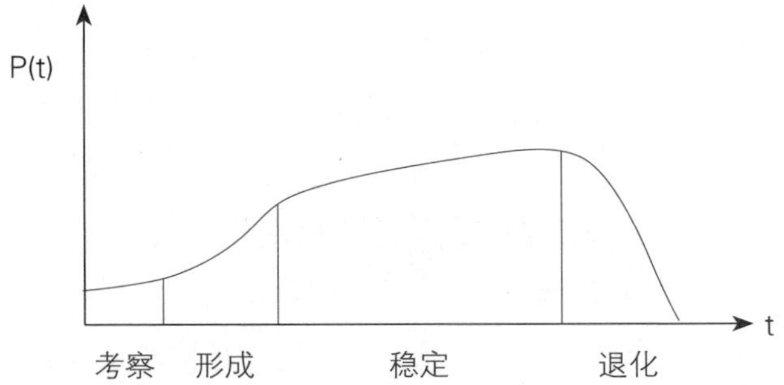

图2-3 客户关系生命曲线图

二、客户让渡价值

客户让渡价值是指企业提供的、客户能感受到的实际价值。

客户让渡价值 = 整体客户价值 − 整体客户成本

整体客户价值是指顾客购买某一产品与服务所期望获得的一组利益。

它包括产品价值、服务价值、人员价值、形象价值等。整体客户成本是指顾客为购买某一产品所耗费的时间、精神、体力及支付的货币成本等。如图 2-4 所示。

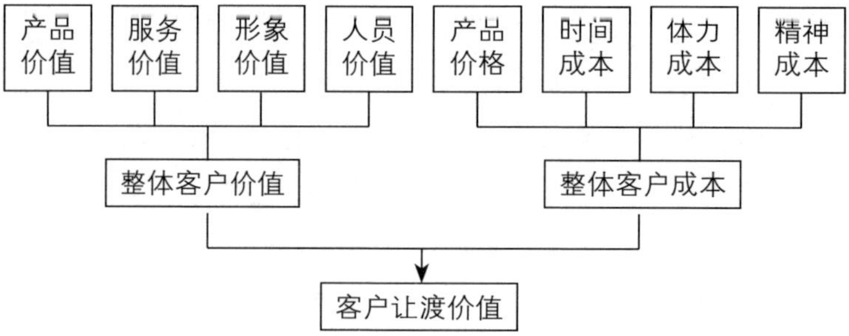

图2-4 客户让渡价值的构成

产品价值是由产品的质量、功能、规格、样式等因素所产生的价值。产品价值是客户需求的核心内容之一，产品价值的高低也是客户选择产品或服务所考虑的首要因素。服务价值是指企业向客户提供满意服务所产生的价值。人员价值是指企业员工的经营观念、知识水平、业务能力、工作效率与质量、经营作风以及应变能力等所产生的价值。员工的文化素质、专业度、业务能力、服务水平等，决定着企业为客户提供的产品与服务的质量，也决定着产品价值和服务价值的大小。形象价值是指企业及其产品在社会公众中形成的总体形象所产生的价值。形象价值是企业各种内在要素质量的反映。形象价值与产品价值、服务价值、人员价值密切相关，在很大程度上是上述三方面价值综合作用的反映和结果。

要实现最大程度的客户让渡价值，仅仅创造价值还是远远不够的，与此同时，还应该设法降低客户购买的总成本。客户总成本不仅包括货币成本，还包括时间成本、精力成本、体力成本等非货币成本。通常情况下，客户购买产品或服务首先要考虑货币成本的高低，货币成本是构成整体客户成本的主要因素。除此之外，客户在购买产品或服务时所耗费的时间、精神和体力也将成为影响其购买决策的重要因素。企业要想创造最大的让渡价值，使顾客能完全满意，就必须解决如何帮助客户降低非货币成本的问题。

例如，在顾客购买手机的过程中，顾客获得的总价值 = 手机 + 售货员的热情服务（介绍、调试）+ 售货员的业务能力（是否在最短的时间内讲清楚手机的功能和使用说明，让顾客明白）+ 售货员的形象（他的外表、举止言谈是否让顾客感到舒服满意），顾客付出的总成本 = 购买手机付的钱 + 购买手机花费的时间 + 挑选手机花费的精力（包括对手机质量和售后服务的担忧等）+ 消耗的体力。最终顾客的整体感受是购买过程中获得的总价值与付出的总成本相比较的结果。所说的“物美价廉”“性价比”等指标衡量的就是客户让渡价值的大小。企业想要让顾客买到心仪的产品或服务，以及获得良好的消费体验，实际上就是在追求客户让渡价值的最大化。

聚场网的盈利模式

聚场网创建于 2015 年，是一个整合、提供亲友聚会场地的 O2O 服务平台，该平台整合了线下聚会场地和线上网络资源，用户通过手机、电脑等设备搜索周边聚会场地，以低廉的价格实现在线预定，享受和亲友聚会的美好时光。聚场网还免费代用户进行砍价、比价、预约、看场地等，只要用户提出聚会需求，聚场网将用最短的时间为其匹配出聚会场地和方案。

聚场网提供的是“二加四”的聚会类型。“二”是咖啡馆和茶馆，“四”是桌游吧、轰趴馆、密室逃脱和撕名牌。有的班级活跃，那么他们需要一个有舞池的咖啡厅，既可以聊天又可以动起来；有的班级安静，那么有格调的茶馆是好选择。

聚场网的目标受众群体为大学生和企业白领。聚场网的盈利模式有两个：一是向场地方收取佣金或平台入驻费，这也是最传统的盈利模式；二是广告植入，分为线上和线下两种，线上的广告推广费，线下可在每个聚会处放置广告商的展台或易拉宝，这也是聚场网特有的盈利模式。

（资料来源：王梦影 . 聚场网：找个地方，来场美丽聚会 . 中国青年报，2015−6−22）

客户让渡价值概念的提出为企业的经营管理提供了一种全面的分析思路。企业在生产经营过程中创造良好的整体客户价值只是企业取得竞争优势、成功经营的前提，一个企业不仅要着力于创造价值，还必须关注消费者在购买产品或服务中所倾注的全部成本。由于客户在购买产品或服务时，总是希望将有关成本，包括货币、时间、体力和精神等降到最低限度，而同时又希望从中获得更多实际利益，这实际上就是在追求客户让渡价值的最大化。总之，充分认识客户让渡价值的含义，对于企业如何在市场经营中全面设计与评价自己产品的价值、使客户获得最大程度的满意、进而提高企业竞争力具有重要的意义。

课堂讨论案例

假定 A 公司为了工作需要计划购买一套办公设备，目前有两家供应商可以选择：B 公司和 C 公司。在同两家供应商几次洽谈之后，基本情况和 A 公司的大体印象如下：

1. B、C 两家公司的销售人员都十分详尽地介绍了他们的产品，相比较而言，B 公司的员工给人感觉更加专业、知识更丰富一些，而且耐心、诚恳度、责任心等方面也表现得更好。

2. 在设备的性能可靠性、耐用性等方面，B 公司的产品比 C 公司的产品具有一定的优势；

3. B 公司在服务的提供上（送货服务、技术培训、维修保养、保证期限等）所做的承诺比 C 公司略占优势。

讨论问题：A 公司一定会选择 B 公司的设备吗？

三、客户终生价值

企业不仅要关注客户的单次购买创造的价值，还要关注客户在整个生命周期内所创造的价值总和。客户终生价值（Customer Lifetime Value）是指企业与客户在整个交易关系维持的生命周期里，减去吸引客户、销售以及服务成本并考虑资金的时间价值，企业能从客户那里获得的所有收益之和。

客户的终生价值到底有多少？

通用汽车公司曾经估计每一位忠实顾客的终生价值在 40 万美元左右，这一价值包括了顾客将购买的汽车和相关服务，以及来自汽车贷款融资的收入。但只会购买一辆通用汽车的一般顾客，他的终生价值就少得多。

对于航空公司来说，每两个月就至少有一次长途往返飞行的商务旅客，终其一生可以为航空公司带来超过 10 万美元的收入，而不固定乘坐航班的顾客所带来的利润则几乎为零。

可口可乐公司预测一位忠诚客户 50 年能给公司带来的收益是 1.1 万美元，万宝路公司预测一个忠实的烟民 30 年能给公司带来的收益是 2.5 万美元，AT&T 公司预测一个忠实的客户 30 年能给公司带来的收益是 7.2 万美元。

客户关系生命周期的长短、客户平均每年为企业创造利润的多少、资金的时间价值等因素，影响着客户终生价值的大小。从导入案例可以看出，客户为企业创造的价值，包括直接价值和间接价值。如图 2−5 所示。

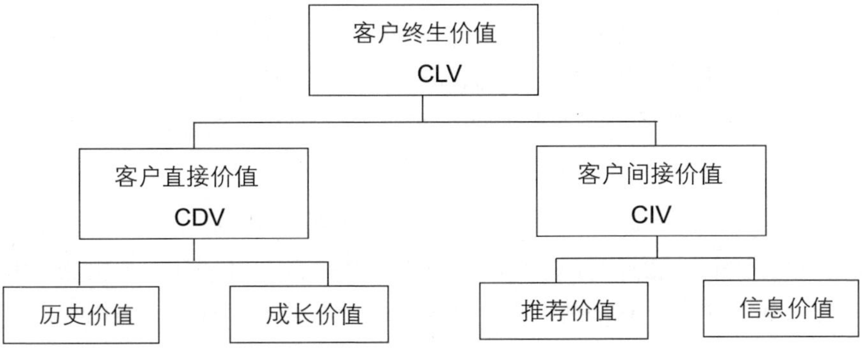

图2−5 客户终生价值的构成

客户终生价值是指客户在整个生命周期内可能为企业带来的收益总和。一般来说，包括历史价值（到目前为止已经实现了的客户价值）、成长价值（交叉销售、追加销售、购买升级等将来会增加的客户价值）、推荐价值（客户免费宣传，或向他人推荐产品和服务等，从而可能增加的客户价值）、信息价值（因与客户密切的互动而获得宝贵的知识、建议创造的价值）等。

例如，某企业销售人员开发到一个年龄 30 岁左右的潜在客户，他单次购买可以为企业创造的平均利润为 100 元。假设客户的购买周期是一个月 2 次，他可能会在以后的 20 年都需要这项产品，不考虑资金的时间价值的话，那么这位客户的终生客户价值是：$100 \times 12 \times 2 \times 20 = 48000$ 元。

从其定义可以看出，客户终生价值的大小，主要受客户生命周期的长短、客户所创造的利润的大小，以及贴现率（资金的时间价值）等因素的影响。客户终生价值的意义在于表达忠诚客户对企业生存与发展的重要而长远的影响，企业不仅要重视客户的眼前价值，还要竭尽所能提高客户的忠诚度，进而提高客户的终生价值。

四、客户价值细分矩阵

（一）客户细分的含义

客户细分（Customer Segmentation），是企业在明确的战略、业务模式和特定的市场中，根据客户的属性、行为、需求、偏好以及价值等因素对于客户进行分类，并提供有针对性的产品、服务和营销模式的过程。①

不同的客户有不同的需求，为企业创造的价值也不同。通过客户细分，企业可以更准确地识别不同客户群体对企业产品或服务的需求，可以判断哪些客户是更有价值的客户，可以针对不同价值的客户合理投入企业的营销资源进行客户关系的维护和升级，可以有效地开展营销活动，以实现吸引客户、保持客户和留住客户的管理目的。

例如，联想集团按照产品营销（分销）业务模式，将客户分为渠道客户和终端客户两种。渠道客户又分为分销商、代理商、经销商、专卖店；终端客户又分为商用客户和消费客户（个人或家庭客户）。其中，商用客户又分为订单客户、商机客户、线索客户和一次性客户。订单客户再细分为直接的指名大客户、间接（渠道）的指名大客户、区域大客户。如图 2–6 所示。

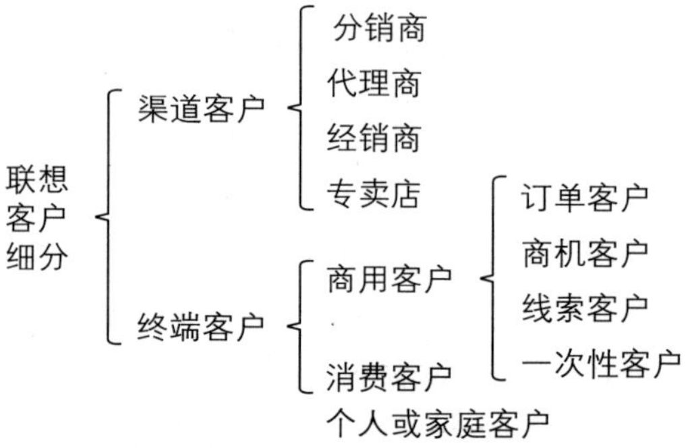

图2–6 联想集团的客户细分模型

---

① 叶强 卢涛 闫相斌等 . 客户关系管理中的动态客户细分方法研究 [J]. 管理科学学报，2006.9（2）

客户细分的方式有很多，如按人口统计指标（年龄、性别、家庭人数、收入、行业、教育程度等）、地域、信用度、性格、价值取向等进行客户细分。近年来，RFM 模型在客户行为分析和客户细分中得到了广泛的应用。RFM 模型是衡量客户价值和客户创利能力的重要工具和手段。该模型通过客户的最近购买行为（Recency）、购买的总体频率（Frequency）以及购买金额（Monetary）等三项指标来描述客户的价值状况。

例如，在通信行业中，可以依据这样一些变量：话费量、使用行为特征、付款记录、信用记录、维护行为、注册行为等来衡量客户的价值表现。万科集团对客户进行全生命周期的细分，主要是通过家庭生命周期、价值观、支付能力等三个纬度将客户分为 5 个大类，11 个小类。如表 2–3 所示。

表 2–3 万科集团的客户细分模型

价值纬度	家庭生命周期纬度	细分指标	详细描述
社会新锐	青年之家	业主年龄、是否与父母（老人）同住	年龄25-44岁的青年或青年伴侣（无孩子、无父母）
	青年持家		年龄25-34岁或者已经结婚的青年+父母（老人）
望子成龙	小太阳	孩子年龄、是否与父母（老人）同住	0-11岁小孩+业主
	后小太阳		12-17岁小孩+业主
	三代孩子		老人+业主+18岁以下孩子
	中年之家	业主和子女年龄	中年夫妇+18-24岁的孩子
健康养老	老人1代	有老人家庭的直系代数	（准）空巢中年或老年
	老人2代		老人+中年夫妻
	老人3代		老人+中年夫妻+18岁以上孩子
富贵之家	富贵之家	家庭年收入	收入（包括教育、职务等资源）远高于其他家庭的家庭
经济务实	务实之家	家庭年收入	收入（包括教育、职务等资源）远低于其他家庭的家庭

（二）客户价值细分矩阵

顾名思义，客户价值细分矩阵，即按照客户价值的大小，主要是依据客户当前价值和客户增值潜力两个维度，由低到高进行组合细分，将客户分为四类不同的客户，细分结果形成一个矩阵，故称为客户价值细分矩阵。如图 2–7 所示。

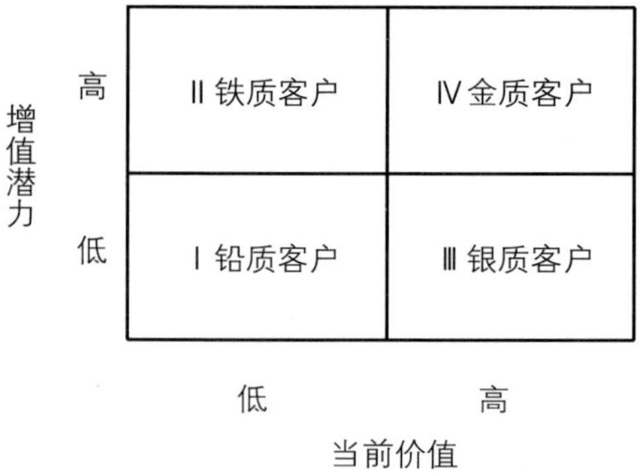

图2-7 客户价值细分矩阵

客户当前价值是指如果客户当前的购买行为模式不发生变化，将来可能会给企业创造的利润总和的现值。一般来说，客户当前价值等于最近一个时间单元（月/季度/年）的客户利润乘以预期的客户生命周期长度，再乘以折现率。

客户增值潜力是指如果公司通过有效的交叉销售或增强与客户的关系，促进客户增量购买、交叉购买、口碑宣传和推荐新客户等，从而可能获得的未来增益。主要表现为客户的成长价值和推荐价值。

如图2-7所示，不同类型的客户具有不同的当前价值和增值潜力，企业需采取不同的管理策略。

Ⅰ类客户——“铅质客户”，当前价值和增值潜力都很低，甚至是负利润，针对此类客户，宜采取维持策略，不宜投入较多的资源。

Ⅱ类客户——“铁质客户”，当前价值较低，未来增值潜力较大，针对此类客户，需投入较多的营销资源，精心培育。例如，向客户提供高质量的产品、有价值的信息、优质的服务甚至个性化解决方案，增强客户的满意度，赢得客户的高度信任，促进客户增量购买、交叉购买和推荐新客户。

Ⅲ类客户——“银质客户”，当前价值很高，未来增值潜力很低，属于忠诚度很高的客户，针对此类客户，需提供更加优质的服务，延长客户的生命周期长度。

Ⅳ类客户——“金质客户”，当前价值很高，未来增值潜力巨大，是企业利润的基石，企业要继续为客户提供更加优质的服务，增加营销费用的投入，使其主动追加购买数量、交叉购买和推荐新客户，长期保持双赢关系。

任务二　如何识别客户

任务提出

上海一位出租车司机的生意经

上海一位出租车司机在谈到自己的运营心得时说："做出租车司机，也要用科学的方法——要懂得统计。我做过精确的计算，我每天开 17 个小时的车，每小时成本 34.5 元……"

这 34.5 元是怎么算出来的？原来，出租车司机每天要交 380 元的份子钱，油费大概 210 元左右。一天按 17 个小时计算的话，平均每小时固定成本 22 元，油费平均每小时 12.5 元，加起来就是 34.5 元。以前很多司机都是按公里计算，比如每公里成本 0.3 元等等。

在这位司机看来，成本是不能按照公里算的，只能按时间算。出租车计价器有一个检查功能，可以看到一天的详细记录。他通过做数据分析得出，每次载客之间的空驶时间平均为 7 分钟。如果一单生意，只是起步价 10 元，大概要开 10 分钟的话，也就是说，这单 10 元的生意要花 17 分钟的成本，就是 9.8 元，根本不赚钱。

一次，在人民广场，三个人同时在前面向他的出租车招手。一个年轻女孩，拿着小包，刚买完东西；还有一对青年男女，一看就是逛街的；第三个是个里面穿绒衬衫的，外面羽绒服的男子，拿着笔记本包。3 秒钟后，他毫不犹豫地停在这个男子面前。男子上车后，忍不住问道："为什么您毫不犹豫地停到我面前？"

这位司机回答说："中午的时候，还有十几分钟就 13 : 00 了。那个女孩子是中午溜出来买东西的，估计公司很近；那对男女是游客，也没拿什么东西，估计不会去很远；你是出去办事的，拿着笔记本包，一看就是公务，而且这个时候出去，估计应该不会近。”男子点了点头：“你说对了，去宝山。”

从这个案例不难看出，不管生意大小，是经营一家公司还是个体运营，都要面对客户和依赖客户，经营者才有收益可得。既然要依赖客户，首先就要准确地识别和选择客户。那么，如何识别客户？

学习目标

1. 了解客户关系管理 IDIC 模型；
2. 理解识别客户的重要性和含义；
3. 掌握识别客户的途径和方法。

相关知识点

一、客户关系管理IDIC模型

IDIC 模型由美国营销大师唐·佩珀斯与玛莎·罗杰斯提出。其主要内容包括：识别客户（Identify）、对客户进行差异分析（Differentiate）、与客户保持互动（Interactive）、调整产品或服务以满足每个客户的需要（Customize）。

唐·佩珀斯和玛莎·罗杰斯博士是“客户一对一”思想的代名词。他们在 1993 年出版的经典畅销之作《一对一的未来（The One to One Future）》掀起了客户关系管理革命，并改变了商业竞争的格局，是公认的以客户为导向的商业战略的权威人士。

在 IDIC 模型中，识别客户的价值和需求是关键的第一步；其次是以价值和需求来区分客户，对客户进行差异分析；然后与客户保持充分的互动，全面了解客户，挖掘客户的需求和潜力；最后依据客户的不同价值和需求，为其提供不同的产品和服务。

二、识别客户的含义

客户识别就是在确定好目标市场的情况下，通过一系列技术手段，根据大量客户的个性特征、需求信息、购买记录等可得数据，找出谁是企业的潜在客户、客户的需求是什么、哪类客户最有价值等，并把这些客户作为企业客户关系管理的实施对象，从而为企业成功实施 CRM 提供保障。

客户识别就是设法获取客户的有关信息和数据资料，从中了解客户的需求，判断其价值的大小，明确谁是潜在客户，哪些客户最有价值，哪些客户是企业服务的重点。具体来说，客户识别，主要是识别潜在客户、识别有价值的客户、识别客户的需求、识别客户的购买动机等。

客户的需求往往是多方面的、不确定的，需要去分析和引导。识别客户的需求是指通过买卖双方的互动与沟通，对客户购买产品的欲望、用途、功能、款式等进行逐步发掘，将客户心里模糊的认识以精确的方式描述并展示出来的过程。总的来说，客户需求结构包括功能需求、形式需求、外延需求、价格需求四个板块，其中前两项是客户对产品质量的感知，外延需求是客户对服务质量的感知，价格需求是客户对产品或服务价值的感知。如图 2-8 所示。

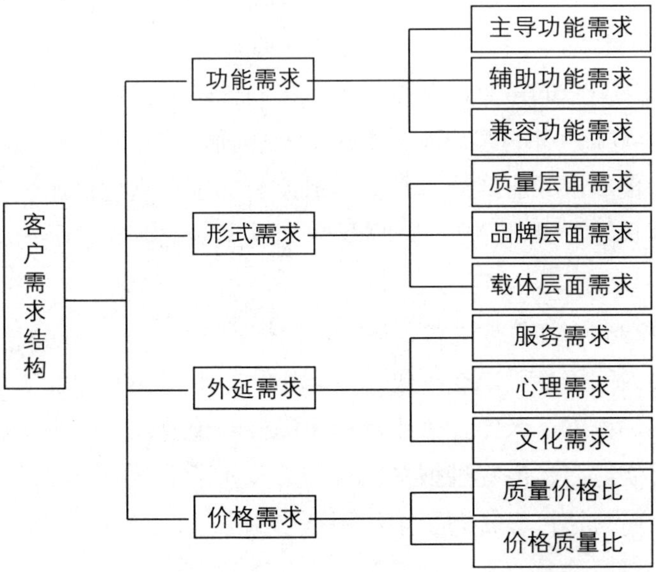

图2-8 客户需求结构图

客户购买动机是客户需求产生的基础，客户所提出来的各种异议或要求是客户购买动机的具体体现。客户的购买动机类型有生理性购买动机、心理性购买动机和社会性购买动机。

生理性购买动机是引起客户购买行为的基本动机，以人们基本的生理本能需要为基础，是由人们的生理本能产生的购买动机。心理性购买动机是由人们的心理方面的需要而产生的购买动机，包括理智型购买动机、感情型购买动机和偏爱型购买动机。社会性购买动机是指人们受社会环境因素影响而产生的购买动机，如经济性购买动机、文化性购买动机、社会地位性购买动机等。

三、为什么要进行客户识别

企业之所以要对目标客户进行识别选择，是基于以下几个方面的原因。

1. 不是所有的购买者都是企业的目标客户

企业需要识别目标市场。企业的产品或服务都有自身的市场定位，为特定的目标客户群体提供所需要的产品或服务，所以市场中只有一部分客户能成为企业产品或服务的实际购买者，其余则是非客户。企业如能准确地识别选择自己的客户，就可以降低服务成本，减少营销资源的浪费。

2. 不是所有的购买者都能给企业带来收益

由于客户需求的差异性和本身的不同特性，不是每个客户都能给企业带来同样的收益。有的客户购买力小，又擅长讨价还价；有的客户虽然购买量较多，但要求的服务成本很高；甚至有的客户支付信用较差，给企业带来经营的风险，等等。因此，要区别对待不同的客户，因为他们创造的价值不同。

3. 正确选择客户是成功开发客户的前提

面对庞大的市场，只有经过认真识别，找准目标客户，才有可能成功地开发客户。例如，天津一家生产汽车配件的企业，开始将目标客户锁定在大型汽车制造厂，但经过很多的努力，投入了很多的资源进行开发，都没有成功，后来把目标转向了中小型汽车制造厂，双方一拍即合，建立了长期稳定的客户关系。

4. 目标客户的选择有助于企业的准确定位

企业不可能为市场上的所有客户提供产品或服务，除非是提供必需品的垄断行业。由于企业所提供产品或服务本身的差异化，以及面向不同的目标市场，所以企业都有清晰的市场定位。否则就会造成企业定位的混乱，导致客户对企业形象模糊不清。例如，五星级酒店在为高端客户提供高档服务的同时，也为低端的客户提供廉价的服务，就会导致高端客户对五星级酒店的服务产生怀疑。

四、识别客户需求的方法

如何识别客户的需求，锁定目标客户，进而成功开发客户和实现客户升级？企业既要识别客户的当前需求，又要识别客户的未来需求，为企业的营销决策提供依据。

1. 观察法

观察法是一种常用的了解客户信息、识别客户需求的方法。对于个人客户来说，企业销售人员首先要注意观察客户的穿着佩戴、言行举止等细节。一般来说，穿衣打扮比较时尚的人，尤其是一些年轻人，可以介绍价格高一点，时尚一些的产品；如果客户穿着打扮一般，这部分人大多数会注重实用性，可以介绍性价比高一些的产品。

有一些客户，不管销售人员如何推销自己的产品，他们都有自己的原则性，这时一定要注意客户看重的细节，譬如是看重质量还是价格抑或是品牌，只有了解其真正的需求之后，再推销自己的产品，才能更大程度地将产品销售出去。

2. 询问法

询问法是在获取客户信息或销售过程中百分之百会用到的一种方法。通过主动询问、追问、深度访问以及座谈等方式，了解客户的信息和需求。例如，“您好！欢迎光临！请问您想买点什么？”“您想看看什么价位的衣服呢？我帮您推荐！”“贵公司原来使用的是哪个品牌和型号的打印机？”

3. 体验法

不管是提供产品还是服务，都可以通过潜在客户（或目标客户）的亲身体验，来获取客户的需求信息，既有利于销售，又能促进产品或服务的改进和升级。例如，培训机构通过课程试听体验，来识别客户的需求，采取有针对性的营销策略，赢得客户的信任和购买意愿。小米公司每推出一款新手机，都邀请发烧友试用，以此来了解用户的需求，促进新产品的研发和改进。

4. 数据分析法

客户数据库提供了丰富的客户相关数据，包括客户的基本信息、购买频率、购买金额等，企业可以通过分析客户数据，了解客户的当前需求，挖掘客户的未来需求。数据挖掘方法有关联分析、聚类分析、分类分析等。例如，亚马逊为单个顾客提供个性化的图书推荐，根据顾客过去的购买记录，运用协过滤技术，筛选出可能感兴趣的图书推荐给顾客。

5. 研究竞争对手法

研究竞争对手的营销策略，可以获得在价格、产品定位等方面有价值的信息。研究客户为什么青睐于竞争对手的产品或服务，从而了解客户消费的行为和特点，获得客户需求方面的信息。虽然通过研究竞争对手，可以了解客户的需求，但在制定营销策略等方面一定要与竞争对手具有差异化，具有独特性，不是简单的模仿和复制。

6. 忠诚客户类比法

要识别目标客户，企业可以进行类比，通过分析现有忠诚客户具有的共同特征，来寻找最合适的目标客户，即以最忠诚的客户为标准来识别和选择目标客户，给目标客户“画像”。对企业来说，最理想的客户具有什么特征，根据以往重复购买客户的购买频率、购买金额、购买品类等数据，可以提炼出有价值的信息。

任务三　如何开发客户

任务提出

百度让销售业绩在一年内增长了200%

江西本草天工科技有限责任公司是中药固体制剂制造技术国家工程研究中心的法人单位，强大的研发实力让它在行业内非常知名。

公司的研发与销售负责人王少军介绍说，“我们是一个以研发为主的单位，而且所处的行业非常特殊，在中药及植物提纯、高纯度植物单体等专业领域很有优势。这种背景决定了我们的客户多是在大学院校的研发机构、制药厂采购部等单位工作的人，这个人群具有相当的专业知识，而且学历较高，研究生、教授比比皆是。他们在信息的采集上对网络的依赖非常强。正是看到这个现象，因此我们才决定在网络营销上增加投入、多下功夫。”

2005年4月，公司开始在百度做推广之后，几天之内电话咨询量就多了起来，而且客户范围之广，大大超乎王少军的意料，“原来我们只知道百度是国内中文搜索的第一，没有想到它在整个华人地区都有相当大的用户群。”短短半年之内，通过邮件往来、实地考察以及细致的商务谈判，公司成功地发展了美国和韩国等国外市场的总代理商。“这些都是百度牵的线！”

让王少军记忆最深刻的是一家瑞士机构从百度上找到江西本草天工科技，让王少军顺利地从这个国外客户手中拿下了16万元的单子。百度推广真正让王少军体会到了和国际客户“零距离”的感觉，而且效率之高、见效之快使其成为销售人员爱不释手的有力工具。

在百度上做推广的一个月后，就来了一个台湾单子，这让王少军有点意外。“这个直接打电话找上门来的台湾客户，开始我们以为是朋友介绍来的。后来一问之下，竟是从百度上搜索到我们的，真是没有想到。”虽然这第一笔外汇销售收入仅仅是几千美元，但在王少军心里分量不浅。“这说明百度的知名度和覆盖率名不虚传，不得不让人刮目相看。”

作为一个研发为主要职能的单位，销售并非是其长项。“我们做销售的人员只有三四个，而且多数都采用的直销或是邮寄资料等。如今，我们的销售额比使用百度推广前成长了200%，现在销售部70%的业务来自百度，因此可以说是百度发掘出了企业的销售潜力。”

（资料来源：http://d.baidu.com/shifen/case/con_010.html）

从以上的案例可以看出，通过百度推广，公司拓展了客户的范围，突破了地域的限制，销售业绩大幅地增长，这都得益于公司准确地进行了目标客户的定位，并根据目标客户的特点选择了恰当的推广渠道。企业通过何种途径或渠道寻找目标客户，以及如何说服客户，是成功开发客户的关键所在。

学习目标

1. 了解寻找目标客户的途径；
2. 掌握开发客户的技巧和方法；
3. 初步具备开发客户的能力；
4. 掌握处理客户异议的原则和方法。

相关知识点

开发客户就是将企业的目标客户（或潜在客户）变为现实客户的过程。对于企业来说，不可避免地会面临着一定数量客户的流失，为了使企业继续盈利，就不得不开发新客户，来弥补流失客户的缺口，同时扩大企业的客户队伍，实现企业的可持续发展。

开发新客户三部曲：主动出击寻找目标客户；通过策略吸引目标客户；想方设法说服目标客户。

一、寻找目标客户

主动出击寻找目标客户是开发客户的关键环节。首先要找到目标客户，才有被开发成功的可能。寻找目标客户的常用方法如下。

1. 逐户访问法

逐户访问法，又被称为“地毯式寻找法”，指销售人员在所选择的目标客户群的活动区域内，对目标客户进行挨家挨户地访问，然后进行说服的方法。一般来说，销售人员成功开发客户的数量与走访的人数成正比，要想获得更多的客户，就得访问更多数量的人。

2. 会议寻找法

会议寻找法是指销售人员到目标客户出席的各种会议中，如订货会、展销会和博览会等，捕捉机会与目标客户建立联系，从中寻找开发客户机会的方法。例如，生产厂家通过参加产品订货会寻找目标客户的做法。

3. 特定场所寻找法

物以类聚、人以群分，每个人都有自己的小圈子和自己特定的活动场所。销售人员如果能够进入目标客户的社交圈子，能有机会与目标客户接触，开发工作就前进了一步，成功的可能性也大了一些。例如，一些培训机构的销售人员将节假日到书店看书的中小学生作为目标客户进行访问，获得联系方式等信息，进而推销培训机构的培训课程。

4. 人际关系网寻找法

这种方法是指销售人员将自己的亲戚、朋友列出清单，然后一一拜访，寻找目标客户的方法。每个人都有自己的关系网，如同学、同乡、同事等，可以依靠关系网进行客户开发。这也是销售人员常用的、非常有效的一种方法。

5. 介绍寻找法

介绍寻找法是指企业通过老客户的介绍来寻找目标客户的一种方法。此方法成功率很高，因为只有产品或服务有质量保证，才可能为企业推荐新客户。另外，老客户的介绍，容易赢得新客户的信任。通常，老客户介绍新客户时，企业都会给予老客户一定的奖励或优惠，激励老客户介绍更多的新客户。

6. 资料查询法

资料查询法是指通过查询目标客户的资料来寻找目标客户的方法。可供查询的资料，如电话号码簿——记录了公司或机构的名称、地址和电话号码；团体会员名册——如刊物订阅者的名册、协会会员名册、股份公司的股东名册、行业的公司名册、工业企业名录等；证照核发机构——如企业经营许可证、烟酒专卖证、驾驶执照等；税收名册——有助于确定一定财力范围的人员名单，可向他们推销汽车、楼房一类的高档品；报纸、杂志登载的信息——如新公司的成立、新商业的开业、新工程的修建等，往往需要多种产品，他们都可能会成为企业的客户。

7. “中心开花”法

“中心开花”法是指在某一特定的目标客户群中选择有影响的人物或组织，并使其成为自己的客户，借助其强大的影响力，刺激目标客户的购买欲望，将其转化为现实客户。例如，明星代言就是该方法的典型应用。

8. 电话寻找法

电话寻找法是指打电话给目标客户的形式来寻找客户的方法。当然，首先要获得目标客户的有效联系电话，可通过查询电话号码黄页、媒体公开的信息渠道、亲戚朋友等途径获得。

9. 信函寻找法

信函寻找法是指以邮寄信函、发送电子邮件等方式来寻找客户的方法。例如，向目标客户寄送邮购产品目录、宣传单、插页等，向他们介绍公司的产品或者服务以及订购和联系方式。

10. 网络寻找法

网络寻找法即借助互联网宣传、介绍自己的产品从而寻找客户的方法。企业通过专业网站、电子商务网站、自身网站，以及社交媒体（如微信、微博、博客）等途径宣传自己的产品或服务，扩大知名度，吸引目标客户购买。

11. 短信寻找法

短信寻找法是指通过短信发送产品及促销信息来寻找目标客户的方

法。这种方法方便、快捷；价格低廉，不受地域限制；发送的信息只要不删除，可以一直保存；如果感兴趣，可以进一步交流；以短信的形式问候客户，可以增进与客户的感情。但也有缺点，人们对短信的信任度很低；客户对垃圾短信很反感，不愿意进行回复，信息反馈效果很差。

12. 从竞争对手那里“挖”客户

“挖”竞争对手的客户是指企业运用各种竞争手段，如通过创新的产品、免费的培训和优惠的价格等方式，从竞争对手那里抢夺目标客户的方法。当竞争对手的产品、服务明显不能满足目标客户的需求时，此法最合适采用。

二、吸引目标客户

企业确定了产品或服务的目标市场定位，接下来就要通过营销手段，依靠企业自身的产品或服务、价格、渠道和促销等策略，吸引目标客户和潜在客户产生购买欲望，并付诸行动，最终成为现实客户。

1. 适当的产品或服务

企业提供给客户的产品或服务，要确实能满足客户的实际需要，体现产品或服务的价值所在。不仅包括产品或服务的功能、质量、特色、品牌，还包括外观、包装、附加服务、承诺与保证等。

（1）产品或服务的功能。功能是吸引客户的最基本的立足点，对于同类的产品或服务来说，功能越强的产品或服务对客户的吸引力就越大。功能包括：主导功能、辅助功能和兼容功能。客户购买的主要是产品或服务的主导功能，但同时也会考虑辅助功能和兼容功能。

（2）产品或服务的质量。质量在吸引客户上起着重要的作用，人们之所以购买名牌产品或服务，主要看重的就是产品或服务过硬的质量，能够让人买得放心，用得舒心。

（3）产品或服务特色。企业要想在激烈的市场竞争中脱颖而出，其产品或服务就要具有足够的特色来吸引客户的眼球，赢得客户的青睐。例如，在芝加哥斯泰特大街三个街区的短短距离内，就有美国最大的女鞋零售商——爱迪生兄弟企业的三家不同定位的连锁店，虽然它们相互靠近，却不影响彼此的生意。如钱德勒连锁店专卖高价鞋，贝克连锁店专卖中等价格的鞋，勃特连锁店专卖廉价鞋，瓦尔德派尔连锁店专卖时装鞋，各有各的特色。这就是为什么它们同处一地，却相互不影响的原因。

（4）产品或服务的品牌。品牌对于客户的吸引力在于它是一种承诺，是一份保证，是一种信任。品牌，是广大消费者对一个企业及其产品过硬的产品质量、良好的产品形象、完善的售后服务等所形成的一种评价和认知，是企业经营和管理者投入巨大的人力、物力甚至几代人长期辛勤耕耘建立起来的与消费者之间的一种信任。品牌是能给拥有者带来溢价、产生增值的一种无形的资产。

（5）产品或服务的包装。有特色、有创意的包装，往往也能促进客户的购买。据英国某调查公司的市场调查结果显示，去超市购物的女性，由于受包装精美等因素的吸引而购买物品的数量会超过原计划购买数量的 45%。美国杜邦公司研究发现，63% 的消费者是根据产品的包装来选择产品的。

（6）产品的附加服务。附加服务是指伴随着产品的出售，而提供给客户的各种服务，如产品介绍、送货、安装、调试、维修、技术培训、产品保证等。企业向客户提供的附加服务越完备，产品的附加价值越大，客户从中获得的收益越大，越能吸引客户购买。

附加价值的体现

IBM 公司曾经发生过这样一件事：一位客户住在小镇的一个小岛上，一天计算机出现了故障，呼叫中心咨询后判断必须由维修人员现场解决，但当地没有服务网点，公司决定派工程师乘飞机到当地城市再坐出租车到小镇，然后乘坐快艇到小岛进行维修。碰巧当天下暴雨，工程师深夜两点才赶到小岛。为了不打扰客户，工程师露宿于小岛，第二天一早上门并很快排除了故障。这件事情不久后就得到了积极的市场响应，那就是小镇上几乎所有准备购买计算机的人都选择了或表示将选择 IBM——这就是优质服务的魅力！

（资料来源：苏朝晖. 客户关系管理理念、技术与策略 [M]. 机械工业出版社，2016）

（7）承诺与保障。企业对自己的产品或服务所提出的承诺与保障，可以大大地降低客户购买的心理压力，引起客户的好感和兴趣，从而促进客户放心购买和消费。例如，肯德基有两条服务标准：“客户在任何一家KFC付款后必须在2分钟内上餐”，“炸鸡在15分钟内没有售出，就不允许再出售”。

2. 适当的产品或服务价格

客户购买产品或服务时一般都对价格有一定的心理预期，当市场价格高于期望价格时，就会有更多的客户放弃购买，或者减少购买量。4C理论中，其中一个“C”是指“Cost”，意指消费者可接受的价格。企业对自身所提供的产品或服务要进行合理定价，不管采取什么定价策略，关键是客户能够接受，“接受即是合理的”。企业的定价策略一般有以下几种。

（1）折扣定价：企业用折扣价格、数量折扣或价格折让等方式，来吸引客户购买。例如，商家提出购买3件以上打8折；购买手机以旧换新享受价格折让等，都属于折扣定价策略。

（2）高价策略：利用有些客户以价格高低来判断产品质量，认为“高价代表高质量”的心理，尤其是某种产品或服务能彰显客户的身份和地位时，往往会采取高价策略。例如，高级酒店、高档服装、高端香水、豪华汽车等。

（3）心理定价：每一件产品或服务都能满足消费者某一方面的需求，其价值与消费者的心理感受有着很大的关系。心理定价，即利用消费者心理因素，有意识地将产品或服务的价格定得高些或低些，以满足消费者物质的或精神的等多方面需求，通过消费者对企业产品或服务的偏爱或忠诚，扩大市场销售，获得最大效益。

例如，一些商家以吉利数字6、8、9等来定价，迎合客户图吉利、一帆风顺、幸福圆满等美好的愿望；利用整数来定价，目的是给客户造成一种产品质量也没有零头的感觉；利用零头来定价，如79.59元，是在利用人的求廉心理，在价格上不进位，保留零头，给人以便宜或认真核算，作风严谨的感觉，等等。

（4）差别定价：按照时间、客户、数量的不同进行差别定价。例如，按照消费的不同时间（如季节、时期、日期、钟点）来制订不同的价格，从而达到吸引客户，刺激消费的目的；按照不同的客户差别定价，如学生半价、老顾客优惠价等；按照购买的批量差别定价，如公园年票折合成的单次票价要远远低于当天票价，足球赛套票价格要低于单场票价格等。

（5）招徕定价：利用部分客户求廉的心理，将某些产品的价格定得较低以吸引客户，而客户在采购了廉价产品后，还往往会选购其他正常价格的产品，从而促进商品的销售。超市或大型卖场常常采用这种定价策略。

（6）组合定价：先为一个产品的销售定低价，以此来吸引客户购买，然后通过客户以相对高价或者正常价格购买同系列的其他“互补”产品来获利。这种定价方法主要用在同一个系列的产品上。例如，美容院对初次惠顾的客户实行很低的体验价格，而以后的护理费用或所用的护肤品价格则较高。

（7）关联定价：指企业对其关联企业的客户的消费实行优惠价，当然，这种优惠是相互的。实际上，就是关联合作企业相互为客户提供优惠，互相带动销售。例如，上海新世界商厦与邻近的金门大酒店签订了联合促销协议，凡在金门大酒店住宿、用餐的游客可享受新世界商厦的购物优惠；在新世界商厦购物满 800 元以上，可在金门大酒店享受 8 折以下的住宿、用餐折扣。

（8）结果定价：有时，企业可以根据产品或者服务的使用效果或者服务效果进行定价，这有利于吸引客户放心地购买或消费。例如，婚姻介绍所推出的“拿到结婚证再交手续费”“广告后，产品销售额增长不低于 10%，全价收费”等。

3. 适当的分销渠道

通过适当的渠道，使客户很方便地购买到企业的产品或服务，即所谓购买的便利性。俗话说的“一步差三市”，即开店的地址差一步就有可能差三成的买卖，说的就是商家的选址是否考虑了客户购买的便利性问题。现代企业的分销渠道不仅包括线下的实体店销售，还包括线上的网络销售。美国易捷（Easy Jet）90% 的座位是通过互联网销售出去的。面对新的商业模式，互联网是最经济的分销渠道之一。企业要开辟多种分销渠道，为客户提供轻松愉快的购物体验。

4. 适当的产品或服务促销

适当的促销是指企业利用适当的信息载体，将企业及其产品或服务的信息传递给目标客户，并与目标客户进行沟通的传播活动，旨在引起客户注意，刺激客户的购买欲望，并使之付诸实际购买行动。通常有以下几种促销策略。

（1）广告：广告可以大范围地传播企业产品或服务方面的信息，提高产品或服务的知名度，吸引客户，并激发客户购买的欲望。广告的形式多样，传播范围广，宣传效果好。常见的广告形式有：电视广告、广播广告、报纸广告、杂志广告、DM 广告、户外广告、车身广告、POP 广告、礼品广告、网络广告、电梯广告、手机短信广告等。

几种常见的广告形式

DM 广告

DM 是英文 Direct Mail Advertising 的缩写，直译为“直接邮寄广告”，即通过邮寄、赠送等形式，将宣传品送到消费者手中、家里或公司所在地。DM 广告除了采用邮寄投递以外，还可以借助于其他媒介，如传真、杂志、电子邮件及直销网络、柜台散发、专人送达、来函索取等。

DM 与其他媒介的最大区别在于：DM 可以直接将广告信息传送给真正的受众，而其他广告媒体形式只能将广告信息笼统地传递给所有受众，而不管受众是否是广告信息的真正受众。

POP 广告

POP 是英文 Point of Purchase Advertising 的缩写，意为“购买点广告”，简称 POP 广告。广义的 POP 广告，指凡是在商业空间、购买场所、零售商店的周围、内部以及在商品陈设的地方所设置的广告物，都属于 POP 广告。如商店的牌匾、店面的装潢和橱窗，店外悬挂的充气广告、条幅，商店内部的装饰、陈设、招贴广告、服务指示，店内发放的广告刊物，进行的广告表演，以及广播、录像电子广告牌广告等。狭义的 POP 广告，仅指在购买场所和零售店内部设置的展销专柜以及在商品周围悬挂、摆放与陈设的可以促进商品销售的广告媒体。

网络广告

网络广告，顾名思义，就是投放在网络中的广告。网络广告主要有以下 8 种形式：

1. 图标广告：以网站或者公司、产品的图标形式，让浏览者可以有选择性地点击广告，简洁明了。

2. 弹出广告：在浏览者访问网站内容时强行弹出形式的广告，此类广告一般会被浏览器拦截，起不到实际效果。

3. 文字广告：可以随意显示在网页的任意位置，首页友情链接也是一种合作交换性的文字广告形式。

4. 导航广告：默认地出现在网页菜单导航中，网站的栏目导航处在同一位置，提高网站访客的点击率，一般这种广告都是以合作商的形式推广。

5. 赞助广告：一般以网站合作的方式提供，主要有内容赞助、活动赞助、友情赞助三种方式。通过一些事件、节日、活动等形式进行广告营销。

6. 横幅式广告：也叫旗帜广告，以 GIF、JPG、SWF 等格式文件，放在网页配合 JAVA 脚本语言，使其交互性增强，达到好的表现力效果，一般广告会在网站主页的头部，是网站中最重要、最有效的宣传手段。

7. 竖式旗帜：在网页的左右两侧，也是网站中有效果的宣传位置，可以是使用动态的图像文件，也可以使用静态图形，吸引浏览者 。

8. 按钮广告：通过一些图像的按钮形式，放在网页中，通过访客的点击进入广告内容。

（2）公共关系：指企业采用各种交际技巧、公关宣传、公关赞助等形式来强化与社会沟通的一种活动，其目的是为了树立或维护企业的良好形象，建立或改善企业与社会公众的关系，并且控制和纠正对企业不利的舆论，引导其朝着有利于企业的方向发展。与广告相比，公共关系更客观、更可信，影响更深远。公共关系的应用种类很多，如服务性公关、交际性公关、社会性公关、宣传性公关、营销性公关等。

例如，美国玩具商为了创造我国儿童市场对变形金刚玩具的需求，先向我国的电视台赠送了星球大战儿童系列电视片，当小朋友对“变形金刚”产生了强烈兴趣后，便及时将产品投放到市场上，结果销路畅通。

（3）销售促进：指企业利用短期诱因，刺激客户购买，主要手段有免费试用、免费服务、赠送礼品、优惠券、会员制、客户俱乐部等。例如，很多商家在客户消费以后会赠送一些优惠券或代金券，以吸引客户再次消费。

三、说服目标客户

（一）说服目标客户的策略

1. 深层挖掘客户的需求

要想销售成功，首先要了解客户的真正需求，才能为客户推荐适合的产品或服务。一般通过询问的方式，逐步了解客户的显性需求和挖掘客户的潜在需求。下面这个例子充分地展示了挖掘客户需求以及一次成功的销售过程应该有的步骤。

一次完美的销售过程

摊主：“老太太买点什么水果？”

老太太：“买李子。”

摊主：“您买什么样的李子？”

老太太：“要买酸李子。”

摊主很好奇，又接着问：“别人都买又甜又大的李子，您为什么要买酸李子？”

老太太：“我儿媳妇怀孕了，想吃酸的。”

摊主马上说：“老太太，您对儿媳妇真好！都说酸儿辣女，您儿媳妇一定能给您生个大胖孙子。前几个月，这附近也有两家怀孕的，总上我这来买水果，结果都生了儿子！您要多少？”

“来二斤吧！”老太太听了摊主的话，乐得合不拢嘴。

摊主一边称李子，一边向老太太介绍其他水果：“橘子不仅酸，还含有多种维生素，特别有营养，对孕妇和胎儿都有好处。您要是再给儿媳妇买点儿橘子，她一准儿高兴。”

“是吗？那我就再来两斤橘子。”

“您儿媳妇摊上您这样的婆婆，真是福分！”摊主开始给老太太称橘子，嘴也不闲着，“我天天都在这摆摊儿，水果都是当天从批发市场批回来的，保证新鲜，您儿媳妇要是吃好了，欢迎您再来。”

“行，以后我就来你这买水果。”老太太被摊主夸得高兴，一边付账一边应着。

可见，一次完美的销售过程应该包括以下六个步骤：

第一步：探寻客户基本需求；

第二步：通过纵深提问挖掘需求背后的原因；

第三步：激发客户需求，满足客户的心理；

第四步：引导客户消费，适当运用交叉销售技巧；

第五步：针对客户需求，抛出消费解决方案；

第六步：成交之后与客户建立关系和信任度，使其再次购买。

2. 重视客户，热情服务

作为销售人员，在没有了解需求之前，要热情接待每一个潜在客户或目标客户，是否能促成销售，一定程度上也取决于销售人员的销售能力。其次，每一个人都有被尊重、被重视的心理需求，如果销售人员能足够尊重客户，给予热情的接待和服务，客户被感动的可能性非常大。客户一旦被感动，“无需求”也会变成“有需求”，“少需求”也会变成“多需求”。因此，销售人员一定要了解人性的特点和需求。

乔·吉拉德的推销艺术

一天，一位中年妇女走进了乔·吉拉德的汽车展销室。她说自己很想买一辆白色的福特车，但是福特车行的老板让她过一个小时之后再去，所以先到这边来瞧一瞧。“夫人，欢迎您来看我的车。”吉拉德微笑着说。夫人兴奋地倾诉：“今天是我55岁的生日，想买一辆白色的福特车送给自己作为生日礼物。”“夫人，祝您生日快乐！”吉拉德热情地祝贺。随后，他轻声地向身边的助手交代了几句。

吉拉德领着夫人从一辆辆新车面前慢慢走过，边看边介绍。在来到一辆雪佛莱车前时，他说：“夫人，您对白色情有独钟，瞧这辆双门式轿车，也是白色的。”就在这时，助手走了进来，把一束玫瑰花交给了吉拉德。他把这束漂亮的花送给夫人，再次对她的生日表示祝贺。那位夫人感动得热泪盈眶，非常激动地说：“先生，太感谢您了，已经很久没有人送花给我了。刚才那位福特车行的老板看到我开着一辆旧车，一定以为我买不起新车，所以在我提出要看一看车时，他就推辞说需要出去收一笔钱，我只好上您这儿来等他。现在想一想，也不一定非要买福特车不可。”后来，这位妇女就在吉拉德那儿买了一辆白色的雪佛莱轿车。

3. 利益具体化、现实化

不管客户购买什么产品或服务，实际上购买的是价值，实际获得的利益。要么是产品的特别功效，要么是优质的服务，要么是良好的使用体验，要么是较低的价格。总之，物美价廉固然受客户的欢迎，但大多数时候都不能两全其美，这就要求销售人员能充分展示产品或服务的优势所在，让客户感受到所获得的实际利益，从而打动客户。一般来说，产品的品质越好，带给客户的利益越大，客户的购买欲望就越强烈。

例如，以销售高价电热毯为例，销售人员可以这样向客户介绍产品：“这个电热毯虽然在价格上略高于其他电热毯，但它具有自动调节温度的功能，所以不用担心温度过高或偏低。而且它有两个开关，分别设置在两边，这样，您不用起身就可以从任意一边开关电源。它的重量仅有 1.5 千克，搬运或存放都很方便。值得一提的是，它的面料可以水洗，在清洁上不用另外花干洗费。”通过销售人员的介绍，电热毯带给客户的好处变得真实可感，非常具体，此时客户对价格的敏感度就会降低，从而激发客户的购买欲望。

总之，销售人员可以通过突出产品的优势，致力于谈论产品能够带给客户的利益，强调物有所值、物超所值，使客户感受到购买产品后的具体价值所在，最终令客户信服，采取购买行动。

4. 为客户提供体验

让客户体验也是一种销售技巧。通过体验，增强客户的感官刺激，让客户进一步了解产品或服务的功效、质量、优势等。例如，通过试吃、试听、试穿、试用、试驾等体验方式，让客户有一个良好的体验过程，来刺激客户的购买欲望。

但不是所有的产品或服务都适合客户体验，需要有一定的前提条件：产品本身具有一定的吸引力，客户感兴趣；适合客户亲自体验，不具有一些危险性或者体验过程容易操作；产品必须是有形的实物或服务，无形的东西无法体验；产品或服务本身必须质地优良，不会在体验的过程中出现瑕疵或体验感觉很差，否则会适得其反。总之，要确保客户体验以后能产生购买的欲望，这样才是成功的客户体验。

5. 依据客户的心理

客户的消费行为会受到各种心理因素的影响，如从众心理、好奇心理、求廉心理、虚荣心理、求新求变心理等。销售人员要了解客户的心理特点，依据客户的心理，来说服目标客户。

一次，一位一只脚大、一只脚小的女士来买鞋子，试了很多双，都不合脚，于是她开始抱怨鞋店的鞋子有问题。这时售货员对她说："太太，您的一只脚比另一只要小巧一些，我想可能是这个原因导致您穿上鞋子后感到不舒服。"听到售货员这样说，这位女士不再挑剔，心平气和地买走了这双鞋。人都是爱面子的，有虚荣心的，这位销售员顾及到了顾客的面子和自尊心，巧妙地化解了顾客的疑虑，感动了顾客。

可见，销售员如果能够利用好客户的各种心理，那么它就是促成交易的催化剂；如果忽视客户的心理特点，那么无形中就给销售增添了难度。

"不准偷看"

泰国曼谷有家酒吧，虽然酒很好喝，但顾客很少，生意非常冷清。为了改变这种局面，老板让人在门口放上一个巨型酒桶，桶壁上写着醒目的四个大字"不准偷看"。过往的行人十分好奇，偏要看个究竟，哪知道只要把头探进桶里，便有一股清新甘醇的酒香扑鼻而来，同时看到桶里写的几个大字：“本店美酒与众不同，请您享用。”不少人被美酒勾起了酒瘾，忍不住进店喝上几杯。就这样，这家酒吧的生意越来越红火。

6. 利用第三方证明

利用第三方证明的方法是指销售人员在向客户推销产品时会出示国家权威机构的检测报告、已使用该产品的客户名单、老客户的推荐信，或者新闻媒体的相关报道等资料，来证明产品或服务的质量，赢得客户的信赖，以达到说服客户的目的。

一位芝加哥的工业销售经理，曾经让他的推销员带上散乱放置的推荐信。成交时，推销员拿出一封推荐信，递给潜在顾客，让他看一看。他只要一放下，他就再递给他另一封，然后递给他第三封。不一会儿，推荐信在潜在顾客的桌子上就堆成了山。结果证明：信越多，越好。没有一个潜在顾客会见到桌子上堆满了满意顾客写的推荐信而无动于衷的。

实践证明，利用第三方证明来说服目标客户的方法是一种非常有效的方法。

7. “富兰克林式”销售法

采用“富兰克林式”销售法，就是要求销售人员向客户说明，如果买了产品，能够得到的好处是什么，如果不买产品，蒙受的损失将是什么。这样，客户在权衡利弊得失后，就会做出选择。例如，日产汽车公司的首席推销员奥成良治，整整想了100条客户买他的汽车能够得到的好处，以及说明客户不买他的汽车会蒙受的损失。

（二）不同类型客户的说服策略

由于客户的学识、修养、个性、习惯、兴趣及信仰的不同，自然对产品或服务的需求以及购买的决策过程也会不同。销售人员应针对不同类型的客户采取不同的说服策略。表2–4列出了常见的十种不同类型客户的主要特点，以及相应的说服策略。

表 2-4 不同类型客户的特点及其说服策略

客户类型	客户特点	说服策略
客观理智型	考虑周详，决策谨慎，客观理性	规规矩矩、不卑不亢、坦诚细心地向他们介绍产品的情况，耐心解答疑点，并尽可能提供有关证据
个性冲动型	情绪不稳定，易激动，且反复无常，对自己决策易反悔	对待这类客户一开始就应该大力强调所推销产品的特色，促进其尽快购买，但是要注意把握对方的情绪变动，要有足够的耐心，不能着急，要顺其自然
思想顽固型	具有特别的消费偏好，对新产品往往不会轻易接受	对待这类客户不要试图在短时间内改变他，否则容易引起对方强烈抵触情绪和逆反心理，要善于利用权威、有力的资料和数据来说服对方
争强好斗型	比较专横，征服欲强，喜欢将自己的想法强加于别人	对待这类客户要做好被他步步紧逼的心理准备，切不可意气用事，贪图一时痛快与之争斗，相反以柔克刚，必要时丢点面子，适当做些让步也许会使事情好办得多
优柔寡断型	缺乏决策能力，没主见，胆小懦弱	应以忠实的态度，主动、热情、耐心介绍产品并解答提出的问题，要让这类客户觉得你是可信赖的人，然后帮助他们做出决策
孤芳自赏型	喜欢表现自己，不喜欢听别人劝说，任性且嫉妒心较重	在维护其自尊的前提下向其客观地介绍情况；要讲他感兴趣的话题，为他提供发表高见的机会，不轻易反驳他；销售人员不能表现太突出，不要给对方造成对他极力劝说的印象

续表

客户类型	客户特点	说服策略
盛气凌人型	摆出一副趾高气扬的样子，不通情达理，表现高傲，自以为是	不卑不亢，用低姿态充当他的听众，给予附和，表现出诚恳、羡慕及钦佩，并提出一些问题向对方请教，让其畅谈以满足发表欲。如仍然遭到拒绝，可用激将法，寻找突破口，但也不要言辞激烈，以免刺激对方，引发冲突
生性多疑型	不相信别人，无论是对产品还是销售人员都会疑心重重	要充满信心，以端正外表与谨慎态度说明产品特点和客户将获得的实惠，某些专业数据、专家评论对建立这类客户的信心有帮助，但切记不要轻易在价格上让步，否则会使对方对你的产品产生疑虑
沉默寡言型	性格比较内向，对外界事物表现冷淡	对待这类客户应主动向其介绍情况，态度要热情、亲切，要设法了解其对产品的真正需要，注意投其所好，耐心引导
斤斤计较型	精打细算，精明能干，讨价还价，爱贪便宜且不知足	应避免与其计较，一方面要强调产品的优惠和好处，可以事先提高一些价格，让客户有讨价还价的余地；另一方面可先赠予小礼物，让客户觉得占了便宜，一旦客户有了兴趣，接下来就容易成交了

（三）关注客户表现出的购买信号

购买信号，是指客户在推销洽谈过程中所表现出来的各种成交意向。多数情况下，客户不会主动表示购买，但如果他们有了购买欲望，通常会不自觉地流露出购买意图，并且通过表情、语言或行为显示出来，这种表明其可能采取购买行动的信息，就是客户的购买信号。尽管购买信号不一定会导致购买行为，但销售人员可以把购买信号的出现，当作促使交易达成的有利机会，再接再厉，争取最终说服客户。

购买信号的表现形式是复杂多样的，一般可以把它分为表情信号、语言信号和行为信号。

表情信号是客户的心理在面部表情中的反映。如目光对商品的关注，面带微笑、表情认真都是判断成交时机的重要依据。

语言信号是客户在言语中所流露出来的意向。如赞赏商品的性能、质量，故意压价，挑剔产品的款式，具体询问有关交货的时间、地点及售后服务等，都是成交的前兆。

行为信号是指客户在举止行为上所表露出来的购买意向。如不断用手触摸商品并不住点头，拍拍推销员的手臂或肩膀，做出身体自然放松的姿势等均是有意成交的表现。

销售人员要善于捕捉客户表现出来的各种购买信号，及时辨别，把握机会。

1. 交易条件对比

当销售人员将产品的有关细节以及各种交易条件说明以后，客户显示出认真的神情，并将所提出的交易条件与竞争对手的条件相比较时，此时销售人员就可以询问客户的购买意向了。

2. 产品的利益与其支付能力比较

客户以种种理由要求降低价格，这是非常有利的信号，说明此时客户已经将产品的利益与其支付能力在进行比较。要求价格上的优惠是每一位有购买欲望的客户的一种本能反应，此时销售人员不能轻易让步，而是要判断客户是否确定想买而又存在支付上的困难，如果不是这样，过于积极的让步或许会让客户产生疑虑。此时销售人员可以反问对方要多少，然后根据数量来考虑价格与折扣，这样会给客户留下很认真又灵活的印象，从而觉得自己有希望得到价格上的优惠，提高客户的满意度。

3. 客户要求详细说明

当客户要求详细说明使用时的要求、注意事项以及产品的维修等售后服务时，此时销售人员除了耐心详细地说明外，还要诱导对方提问，以打消客户的顾虑，使其迅速做出决定。有时客户会就已经解释过的某些问题反复询问，这时千万不能急躁，而要耐心地回答。

4. 客户主动出示自己有关这种产品的信息和资料

当客户主动出示自己有关这种产品的信息和资料时，这说明客户潜意识中已经接受了这种产品，已经有了销售的基础，此时可以鼓励客户提问，向客户充分地展示产品和耐心回答客户提出的问题。

5. 客户对目前正在使用的其他厂家的产品不满

这是销售成交的好机会，但销售人员不能过分附和客户，批评其他厂家及其产品，只要适时地强调自己产品的优点即可。

6. 客户对推销员的接待态度明显好转，接待档次明显提高

这说明客户已经信任销售人员，并愿意听取建议，这时就可以提出交易条件，询问客户的购买意向了。

7. 客户的反常行为

当客户感到犹豫不决时，往往会通过不同的行为表现出来，销售人员要善于发现、捕捉客户不自然的甚至是反常的行为。比如，客户忽然变换一种坐姿；下意识地举起茶杯或下意识地摆弄钢笔、手表等；眼睛盯着产品的说明书、样品或者长时间沉默不语；身体靠近销售人员；询问同伴的意见；等等。

8. 客户主动介绍

当客户主动将销售人员或产品介绍给负责人与其他主管人员时，此时销售人员可能会觉得有一点挫折感，但同时说明销售工作又进了一步，越来越接近有购买决策权的领导者，成功率也会大大增加，销售人员切不可气馁，要继续努力进行新一轮的说服。

一旦客户表现出以上的购买信号和具体的行为，销售人员首先要能捕捉到这些信号，然后做出分析判断，根据不同的购买信号，把握机会，争取主动，积极耐心地介绍产品或服务的优势，解答客户提出的问题，赢得客户的信任，获得成功的交易机会。

四、客户异议处理

客户在购买的过程中，由于种种原因，不可能痛痛快快地就做出购买

决策，总是会存在些疑问、顾虑，或者希望价格上能有一些优惠。总之，客户会存在这样或那样的异议，这是非常正常的现象。关键在于销售人员如何处理客户的异议，处理得好，交易达成的概率就高，处理得不好，有可能本来有购买的欲望，最后与成交失之交臂。

（一）客户异议的含义

客户的异议是指客户针对销售人员及其在销售中的各种活动所作出的一种反应，一般表现在对销售介绍和销售示范所提出的质疑、否定或不同意见与不同看法。客户在购买的过程中，总是会针对产品质量、售后服务、支付方式等方面提出一些问题或质疑，或者拒绝推销等，这是很正常的现象。例如，销售人员要去拜访客户，客户却说没时间；销售人员询问客户需求时，客户却说不需要；销售人员介绍产品时，客户却心不在焉等，这些都称为客户异议。

对于销售人员来说，一定要认清并理解客户异议的内涵，正确地对待和处理客户的异议。

（1）客户异议是对销售行为的必然反应。“销售是从客户的拒绝开始的。”拒绝通常是客户提出的第一个异议，这是客户的一种正常的反应。对于销售人员来说，不能轻言放弃，而是要坚持不懈，感动客户，说服客户，促进成交。

（2）客户异议既是成交障碍，也是成交信号。因为客户存在异议，导致不能顺利成交。但从另一个角度来看，那些提出异议的客户实际上是对产品感兴趣的人，客户希望获得更多的有关产品或服务方面的信息，正所谓“嫌货才是买货人”，对于这一点，销售人员必须认识清楚。其实，最难应付的是没有异议的客户，以及那些保持沉默、不愿交流的客户。

（3）客户异议是企业获取市场、产品和客户信息的源泉。通过客户提出的异议，销售人员不仅可以了解客户的潜在需求，还能获得有关产品或服务质量等方面的信息，帮助企业改进产品或服务。例如，客户认为产品价格过高，款式不好，功能不全，看似是客户在挑剔产品，实际上可能是产品本身确实存在着问题，缺乏优势和竞争力。可见，客户异议能够直接向销售者提供更有价值的信息，销售人员通过对这些信息的搜集，可以很快地反馈给生产者，促进产品的改良和优化。

（二）客户异议的类型

1. 按客户异议的内容分类

（1）需求异议：销售人员向客户推销或介绍某产品，客户以自己没有这种产品需求而提出异议。一般来说，客户提出此异议的原因有两个：一是客户真的不需要；二是客户需要，只是没决定购买。

（2）价格异议：价格是决定客户是否购买的重要因素之一。讨价还价是客户的购买习惯，客户总是希望能买到性价比高的产品或服务。大多数情况下，客户首先对价格提出异议，此时销售人员可以用产品质量、款式、服务等优势来消除客户的这种异议。

（3）产品异议：客户对产品质量提出质疑，是客户异议中较难攻克的一种。一般表现为客户对产品的材质或功能不了解，对产品的质量不信任，对产品的使用周期存在疑虑等。当客户很关心产品的质量时，说明客户对产品是很感兴趣的，销售人员要抓住时机，详细介绍产品的有关事项，赢得客户的信任。

（4）购买时间的异议：客户提出此异议多数情况下是一种借口，客户可能没有考虑好，属于犹豫型的客户，或者还存在其他方面的顾虑，尽量要让客户说明原因，了解客户的真实异议。

（5）销售人员异议：销售人员的专业度、服务的水平等因素直接影响着客户的购买意愿。如果销售人员在销售过程中，不注意销售礼仪，对产品的介绍不细致，对工作不专注，与其他销售人员闲聊等，都会给客户留下不专业、不敬业的印象，导致客户失去购买的信心。

（6）服务异议：客户关于购买前后一系列服务的具体方式、内容、时间等方面提出异议。例如，在产品的售后服务方面，客户希望能够得到更多的保障或维修服务，销售人员可根据企业或行业的规定向客户解释清楚，让客户放心购买。

（7）支付能力异议：客户关于支付方式、支付的期限等方面会提出自己的要求，比如分期付款、转账支付等，销售人员要尽量满足客户的支付要求。即便是客户真的没有支付能力，销售人员也要真诚对待，不可嘲笑或看轻客户。

除此之外，客户还可能提出其他方面的异议，有时会超出销售人员的意料，销售人员要随机应变，识破真假，了解客户的真正异议所在，逐个攻克，促成交易。

2. 按客户异议的性质分类

（1）真异议：指客户如实提出来的异议。例如，客户认为目前没有需要，或对你的产品不满意，或对你的产品持有偏见等，此时客户提出的是真实的异议。对于客户提出的“真异议”，销售人员要认真对待，视具体情形考虑是立刻处理还是延后处理。

（2）假异议：顾名思义，指客户提出来的虚假的异议。一般可分为两种，一种是指客户随意找出一个理由拒绝销售人员，目的是不想和销售人员有过多的接触和交谈；另外一种是客户提出很多异议，但这些异议并不是他们真正在意的地方，以此来掩盖其真实的异议。

（3）隐藏的异议：指客户提出的异议中隐藏着真实的需求和异议，销售人员要能够辨别真假异议。例如，客户提出，“这件衣服做工不是太精细！”“这个做工已经很好了！”“再优惠点吧！”其实是客户希望降价，通过提出其他的异议来创造对自己有利的降价条件。

（三）客户异议产生的原因

客户产生异议是一种必然的反应，主要源于以下三方面的原因。如表2-5所示。

表 2-5 客户异议产生的原因

类型	原因
客户方面的原因	未认识和发现自己的真实需求、缺乏支付能力、有比较固定的采购关系、对产品不了解、购买经验与成见、消费习惯、购买决策程序、客户需求的多样性、其他偶然因素
销售人员方面的原因	无法赢得客户的好感、使用过多的专业术语、内容陈述夸大不实、沟通方式不当、产品展示失败、姿态过高、推销服务质量不高、推销信息不足等
企业方面的原因	产品质量和功能不能满足客户的需求、产品定价过高、销售信誉不佳、售后服务不完善等

（四）处理客户异议的基本原则

1. 事前做好充分准备

在以往的销售过程中，销售人员关于客户会存在哪些异议，提出哪些问题，一般都能有所了解，企业可以收集记录下来，整理成册，对销售人员进行培训，使销售人员事前做好充分的准备，知道如何应对客户的异议。

收集客户的异议，编制客户异议处理手册的一般程序如下：

（1）由销售人员将每天遇到的客户异议写下来；

（2）做分类统计，依照出现的频率进行排序，出现频率最高的异议排在最前面；

（3）以集体讨论的方式编制适当的应答语，并编写整理成文；

（4）要求销售人员自学或安排集体培训；

（5）由有经验的销售人员扮演客户，大家轮流练习标准应答语；

（6）对在练习中发现的问题和不足，通过讨论进行修改和完善；

（7）修改后再练习，最后定稿备用，印制成册。

2. 选择适当的处理时机

销售人员对客户异议进行处理的时机有以下四种情况：

（1）在客户异议尚未提出时解答。其好处是避免销售人员因纠正客户的看法或反驳客户的意见而引起客户不快。客户通常会有什么异议，销售人员可以事先有所预料，客户异议的发生具有一定的规律性，对于有关产品或服务质量、性能、保修期限、优惠折扣等方面的事项，销售人员可以在客户提出异议之前就予以解释，争取主动权。

（2）在异议提出后立即回答。当客户提出的异议是属于他关心的重要事项时；当销售人员必须处理后才能继续进行后续销售的说明时；当销售人员处理异议后，客户能立刻下单时，需要立即回答客户的异议。一方面，能促使客户立刻购买；另一方面也表示对客户的尊重，给客户留下专业和敬业的印象。

（3）过一段时间再延期回答。面对以下状况，销售人员最好延后处理客户异议。当客户在还没有完全了解产品的特性和利益前，就提出价格问题时，销售人员最好将这个异议延后处理；当客户提出销售人员权限外或确实不确定的事情时，销售人员要承认自己无法立即回答，但保证迅速为客户提供解答；当异议显然站不住脚、不攻自破，能够被证明时，可以延期回答。

（4）不回答。遇到一些无法回答的奇谈怪论，容易造成争论的话题、废话、戏言、发难等，或者客户提出的异议与销售活动无关时，销售人员可以予以忽略，或者一笑了之。

3. 不要与客户争辩

不管客户如何批评，销售人员永远不要与客户争辩，争辩是销售的第一大忌，与客户争辩，失败的永远是销售人员。实际上，客户提出的各种异议是对销售人员的考验，销售人员处理得好，能满足客户的要求，就能促使交易成功；反之，如果销售人员沉不住气，缺乏耐心，与客户争辩，最终影响的是销售业绩。总之，“占争辩的便宜越多，吃销售的亏越大”。

4. 尊重客户的想法

客户的想法和意见无论对还是错、深刻还是幼稚，销售人员都不能表现出轻视的样子，说话语气不能生硬或显得比客户知道得多。销售人员要尊重客户的意见和想法，要允许客户提出各种异议，要站在客户的角度思考问题。另外，销售人员也要了解客户的心理和需求，客户购买的不仅仅是产品或服务，客户还希望在整个销售的过程中被重视、被尊重。

（五）处理客户异议的主要方法

1. 忽视法

当客户提出的异议和眼前的交易扯不上直接关系时，销售人员可以选择笑而不答的策略。有些异议没有明显的动机，或者只是客户想发表一下自己的高见，对销售没有任何影响，销售人员没有必要去解释，可采用忽略法引开话题。

例如，一个销售人员去拜访服装店的经销商，老板一见到销售人员就开始抱怨说：“哎呀！你们这个广告为什么不找某某明星拍呢？如果你们找比较有名的明星的话，我早就向你进货了。”这个销售人员只是面带微笑说：“您说得对”。然后就接着向经销商介绍自己的产品了。这就是忽视法。假设销售人员说：“现在我们的广告明星也很不错呀！”结果可想而知，不但说服客户费时，而且可能会引起不必要的麻烦。

2. 补偿法

当客户提出的异议确实很有道理时，强力否认事实是不明智的举动，销售人员应该承认并欣然接受，并设法从其他的角度安抚客户，修正客户的期望，从而让客户取得心理上的平衡，消除顾虑和异议。

例如，销售人员可以这样安慰客户，“虽然价格高点，但产品质量有保证，售后服务也好，让您买得放心！”再如，客户抱怨：“衣服的款式不错，就是料子不太好。”销售人员微笑着回应：“价格也很实惠啊！”

3. 太极法

太极法取自太极拳中的“借力使力”。在销售过程中运用“太极法”来处理客户的异议，就是设法将客户的异议转化为说服客户购买的理由，陈述能给客户带来的利益，引起客户的注意。有时客户提出的异议只是一个借口，运用太极法，还能够辨别客户异议的真假。

例如，客户：“我收入少，没有钱买保险。”保险业务员：“正因为你收入少，才更需要购买保险，以便从中获得更多的保障。”客户：“我这种身材穿什么都不好看。”销售人员：“就是因为你身材不好才更需要加以设计，来修饰你的身材。”客户：“我的小孩连学校的课本都没兴趣，怎么可能会看这种课外读物呢？”销售人员：“我们这套读本就是为激发小朋友的学习兴趣而特别编写的。”这就是太极法的应用。

4. 询问法

在销售的过程中，客户会提出各种各样的异议，有真异议，也有假异议。销售人员可以通过询问法，试图找到客户真正的异议点，同时化解客户的反对意见，消除客户的担忧和疑虑。针对客户的异议，销售人员可以采用以下三种询问方式来判断客户异议的真假。

（1）假设法。假设客户提出的问题已经解决了，客户会不会购买。如果客户决定购买，那么这个问题就是真问题；如果再提出别的理由拒绝，那么这个问题就是假问题。例如，“你们的售后服务不好！”“如果我们的售后服务能令您满意的话，您是不是就决定购买了呢？”

（2）反问法。例如，针对同一个异议，“你们的售后服务不好！”销售人员可以反问：“您觉得什么样的售后服务能让您满意呢？”如果客户能提出具体的要求，那么这个问题就是真问题，说明客户针对售后服务有自己的想法和要求。

（3）转化法。销售人员可以试图将客户提出的问题转化成卖点，类似于前面所阐述的太极法。

5. 直接反驳法

当客户对企业的服务、诚信有所怀疑或当客户引用的资料不正确时，销售人员应该直接更正客户的观点或想法，否则会直接影响到交易的达成。一般来说，当别人反驳自己的意见时，都会感到不舒服。销售人员在表达自己的观点时，一定要注意语气、语调和措辞，面带微笑，用事实或证据进行解释，不要给客户造成过大的心理压力。

例如，客户："你们这个房屋的公共设施占总面积太大了。"销售人员："您可能有所误解，我们这次推出来的花园房公共设施只占总面积的18%，一般大厦占的是19%以上，应该说我们的公共设施占比不高。"

6. "是的……如果"法

前面提到了直接反驳法，只有在客户对企业或产品及服务有比较深的误解时，才会使用这种方法。毕竟这种方法会让客户感到不快，甚至对销售没有任何帮助。因此，不到万不得已的情况，销售人员最好不要开门见山地直接提出反对的意见，可以利用"是的……如果"的表达方式，与客户达成共识。

例如，客户："这个金额太大了，不是我们马上能够支付的。"销售人员："是的，我想大多数人跟您都是一样的，不容易立刻支付，如果我们能够看到您的收入状况，在您发年终奖金时，多支付一些，其余配合您每个月的收入，采用分期付款的方式应该没有问题吧！"

7. 第三方证明法

在介绍说服客户的策略时，曾谈到这种方法，同样可以利用这种方法来消除客户的异议。当客户针对产品性能或技术指标提出异议时，可以采用第三方证明法，向客户提供国家权威机构的检测报告、已使用该产品的客户名单，或者邀请客户到工厂实地考察等方式，赢得客户的理解和信任。

总之，在销售过程中，客户存在异议或者拒绝是非常正常的一种反应，关键在于销售人员要了解客户的心理和需求，处理好客户的问题和异议，变客户的拒绝为接受，提高成交的几率。

任务四　客户分级及其管理

任务提出

储户不满 VIP 客户插队，状告银行但最终败诉

CCTV 于 2007 年 5 月 13 日报道，因不满 VIP 客户插队办理业务侵犯了小户的利益，福州市民李先生把银行告了，这在当时是全国首例。2008 年 5 月 12 日该案一审判决，市民输了。“实在没想到是这样的结果！”老李说，宣判后他表示很难理解，一个简单的民事案件，这样的宣判结果，为什么让他足足等了一年多。

宣判结果出来后，引起各方争议，银行嫌贫爱富，使普通客户尊严受损，一时间，骂声四起……有网友说：恭喜银行，贺喜银行，今后可以把“为有钱人提供更优质的服务，让穷人排队去吧”坚持到底了。

原来，2007 年 4 月 7 日，福州市民李先生来到中国农业银行福州仓山支行三高路分理处，准备领取 1 万元的 1 年期定期存款。由于办理业务的人很多，营业窗口排起了长队。李先生排队等候了 20 多分钟后仍未轮到办理业务。这时候，一个客户径直走到营业窗口，要求办理业务。为了维护自己和其他排队人员的权益，李先生当即提醒这名客户要排队，对方未予理睬。银行保安随即走过来解释说，这名客户是贵宾，可优先办理。原来营业窗口贴有“VIP 客户、西联汇款优先办理”的告示。

李先生认为，银行张贴告示并优先办理 VIP 客户业务，侵害了普通客户的人格尊严，遂向法院提起诉讼，要求法院确定该告示无效、银行赔礼道歉。储户不满 VIP 插队状告银行，这个受到很多人关注的案子，一年多以后一审结果出来了：储户败诉！福州大学法学教授叶知年表示，银行允许 VIP 客户在普通窗口插队，这样做法不妥，但上升到法律层面，却不能认定银行违法，因此，这样的结果在意料之中。

（资料来源：客户世界网站，http://www.ccmw.net，2008）

问题：你赞同银行的做法吗？为什么？

从以上案例不难看出，银行张贴“VIP 客户优先办理”的告示，体现的就是客户分级管理思想。企业为什么要对客户进行分级管理？如何进行分级管理？正是本任务要解决的问题。

学习目标

1. 了解客户分级管理的必要性；
2. 理解客户分级的含义及原则；
3. 掌握客户分级管理的方法。

相关知识点

一、什么是客户分级

客户分级，是指企业依据客户在一定的周期内为企业创造的不同价值和不同的重要程度，将客户区分为不同的层级，其目的是为企业营销资源的分配提供依据。针对不同的客户等级，投入不同的营销资源和服务。只有区别对待客户，才能有效地管理客户关系，提高客户关系管理的效率和效果。

京东的会员分级、激励体系

京东的会员级别共分为 5 个等级，分别为：注册会员、铜牌会员、银牌会员、金牌会员、钻石会员。会员级别的升降均由系统自动处理，无须申请。会员的等级由成长值决定， 成长值由会员通过登录、购物、评价、晒单获得。累积的成长值总额决定会员级别。会员购物获取的成长值，可通过小白信用加速，小白信用越高，加速系数越大。

成长值是会员升级的重要依据。会员可以从平时的登录、购物、购物天数和购物的评价以及晒单来获取不同的成长值。

1. 登录：每天登录一次可以获得 5 个成长值。

2. 购物：订单完成后获得成长值（购物成长值 = 结算金额 × 加速系数）。

3. 购物天数：一个月内有三天进行购物，且订单已完成的次月可以获取 100 成长值。

4. 评价：购物完成后，对产品进行评价，评价审核成功后可以获得 20 个成长值。

5. 晒单：前 10 名评价 20 元以上商品（虚拟商品除外）的会员，审核成功后获得 20 个成长值。

不同的会员等级拥有不同的特权。例如，京东银牌、金牌和钻石会员有机会得到生日礼包。每月金牌和钻石会员有机会获得专享礼包。专享礼包每月 1 日到 15 日在会员俱乐部首页中的【我的礼包】里进行领取，礼包中的优惠券有效期截至当月 15 日。

二、为什么要进行客户分级

企业只有对客户进行分级管理，才能强化与高价值客户的关系，降低为低价值客户服务的成本，也才能在更好地实现所有客户利益最大化的同时，实现企业利润的最大化。

1. 不同的客户带来的价值不同，应区别对待

美国学者雷奇汉的研究结果显示，企业从 10% 最重要的客户那里获得的利润，往往比企业从 10% 最次要的客户那里获得的利润多 5 ~ 10 倍，甚至更多。根据二八定律，企业 80% 的收益总是来自于 20% 的高贡献度的客户，即少量的客户为企业创造了大量的利润。以上的数据均表明，每个客户为企业带来的价值是不同的，企业应区别对待。

2. 企业应该根据客户的不同价值，来分配不同的资源

由于不同的客户带来的价值不同，企业投入的营销资源和提供的服务也应该有所区别。这是由企业资源的有限性决定的。

例如，IBM公司最开始的服务宗旨是“令所有客户满意”，他们坚信任何一个客户都有可能成为IBM大宗产品和IBM主机的购买者，所以即便是小客户，他们也提供专家销售力量且上门服务，即便是盈利能力差的客户他们也为其免费修理旧机器，为此公司赢得了很高的美誉度。

但是，后来他们意识到，这是以牺牲利润为代价的。在短期内产生极佳效果的“令所有客户满意”的策略在长期来看并不可行。于是，20世纪90年代后，IBM公司果断地决定，要区别对待不同层级的客户，以便降低服务小客户的成本，并开始向非盈利客户适当地收取维修费，这些措施实行一年以后，使公司的整体利润大幅上涨。

3. 不同价值的客户有不同的需求，企业应该分别满足

一方面，由于客户为企业带来的价值不同，客户的需求和期望也会不同；另一方面，客户本身多样化和个性化的需求，决定了企业要为客户提供具有差异化的产品或服务。例如，为企业创造主要利润，为企业带来较大价值的关键客户期望得到有别于普通客户的待遇，获得更贴心的产品或服务以及更优惠的条件等。如航空公司将客舱分为头等舱、公务舱、经济舱，每种客舱对应的客户都有不同的需求。航空公司通过不同的营销组合，如机票价格的差异、服务差异来区别对待不同客舱的乘客。

4. 客户分级是有效进行客户沟通、实现客户满意的前提

具有不同价值的客户，本身的需求和期望值不同，企业投入的营销资源和提供的服务也有所差别，这是企业有效地与客户进行沟通和实现客户满意的前提。有效的客户关系管理，应当根据不同的客户，采取不同的沟通策略，实施不同的满意策略。

花旗银行依据不同的客户类别，提供不同的服务方式，如为大众市场提供各种低成本的电子银行，为高收入阶层则提供多种私人银行业务。

美国电话电报公司（AT&T）利用高科技手段，将不同层次的客户分配给各个彼此独立的服务中心，提供不同的服务，并收取不同的费用。当客户呼叫客户服务中心时，客户服务中心能迅速甄别出客户类型，根据客户给企业带来的价值不同，系统自动地将客户呼叫转接到不同的服务中心。

三、客户分级管理的原则

客户分级管理，就是根据客户对于企业的贡献率等多个指标进行衡量与分级，根据销售信息进行统计分析，了解和挖掘客户的需求，有针对性地为客户提供所需要的产品或服务，实现高效的营销资源配置，促进销售，维持良好的客户关系，提高客户的满意度和忠诚度。

企业不可能对所有的客户投入同等程度的营销资源和提供同等程度的服务。客户分级管理的原则：第一，依据客户的不同需求，提供不同的服务；第二，依据客户对企业利润的不同贡献率，提供不同的服务；第三，依据客户成交可能性的大小，提供不同的服务；第四，依据客户的信用状况、发展前景等其他情况的不同，提供不同的服务。

例如，对高端的客户，就必须配备高端的服务人员，提供更高级的服务。经济型酒店里，一个服务员可以服务几十个客户，但是总统套房则需要一个团队去服务；对大企业的顾问式销售服务比店面的柜台零售服务复杂很多；银行大客户部的服务人员的服务对象比营业厅里的临柜人员少很多。

四、“客户金字塔”模型

企业根据客户所创造的利润和价值的大小，对客户进行分级。一般将客户分为重要客户、主要客户、普通客户和小客户，将这四类客户按照利润和价值由小到大的顺序“垒”起来，在数量上形成一个金字塔，故称其为“客户金字塔”模型。如图 2-9 所示。

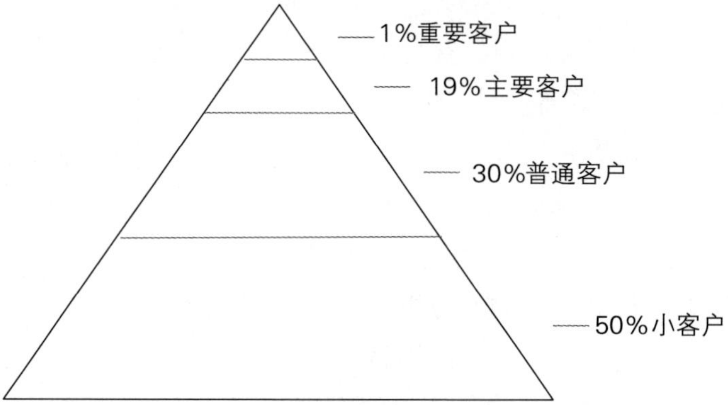

图2-9 客户金字塔模型

四类客户所占的比例及其特点，如表 2-6 所示。

表 2-6 四类客户的占比和特点一览表

客户类型	所占比例	客户特点
重要客户	1%	非常忠诚；创造绝大部分和长期的利润；对价格不敏感；乐意使用新产品；给企业介绍新客户；业务总量不断增大；增值潜力大
主要客户	19%	对产品或服务的需求量较大；对价格的敏感度比较高；没有重要客户忠诚；能够积极为企业介绍新客户；增值潜力不大
普通客户	30%	客户数量较大；但购买力、忠诚度、能够带来的价值远比不上重要客户和主要客户，不值得企业特殊对待
小客户	50%	购买量不多；忠诚度很低；偶尔购买；要求苛刻；微利或几乎不能给企业带来盈利；有时是问题客户

五、不同级别客户的管理方法

客户分级管理的目的是为企业营销资源的分配提供依据，针对不同级别的客户，提供不同的服务，区别对待客户，降低成本，提高客户关系管理的水平。

1. 关键客户管理法

关键客户是指企业的重要客户和主要客户，关键客户所创造的利润约占企业的总利润的 80%。关键客户管理的成功与否，决定着企业的总体经营业绩。关键客户管理的目标是提高关键客户的忠诚度，在保持良好客户关系的基础上，进一步提高关键客户给企业带来的价值。

为了提高关键客户管理的水平，增强关键客户的增值潜力，使关键客户更满意、更忠诚，企业要做到以下几点。

（1）成立为关键客户服务的专门机构

为关键客户设立专门的服务机构，配备专门的客户经理或服务经理，可以为关键客户提供贴心的个性化服务；能为高层提供准确的关键客户信息，根据关键客户的不同要求设计不同产品；利用客户数据库分析关键客户的交易历史，了解其产品需求和采购情况，及时与关键客户就市场趋势、合理存量进行商讨；关心关键客户的利益得失，把服务做到前面；关注关键客户动态，并强化跟踪管理，对出现衰退和困难的关键客户进行深入分析，必要时伸出援手；等等。

英国巴克莱银行为其重要的个人客户（收入或金融资产 5 万英镑以上）设立了要客经理，为特大户（收入或金融资产 25 万英镑以上）设立了私人银行部。该银行在全英设立了 42 个与分行并行的要客中心，700 多名要客经理，每人配一名助理，每个要客经理大约负责为 300 名要客提供全面的服务。

（2）集中优势资源服务于关键客户

除了为关键客户优先安排生产、提供令其满意的产品外，企业要主动提供售前、售中、售后的全程、全面、高档次的服务，包括专门定制的服务，以及针对性、个性化、一对一、精细化的服务，甚至可以邀请关键客户参与企业产品或服务的研发、决策，从而更好地满足关键客户的需要。企业还要增加关键客户的财务利益，为他们提供优惠的价格和折扣，提供灵活的支付条件和安全便利的支付方式，并且适当放宽付款时间限制，允许一定时间的赊账，实行 VIP 制，创建 VIP 客户服务通道等。

例如，在机场的贵宾候机室里让贵宾找到“贵族”的感觉，优先免费使用时尚的业务等，都会使得关键客户感到自己的与众不同，产生优越感，感受到与其身份和地位相称的“特别关心”，让关键客户尽享荣耀，满足其成功人士的心理。

（3）通过沟通和感情交流，密切双方的关系

企业应利用一切机会加强与关键客户的沟通与交流，让关键客户感受到双方之间不仅是一种买卖关系，更是一种合作关系、伙伴关系。企业的营销或销售部门的高级经理能有目的、有计划地拜访关键客户；经常性地征求关键客户的意见；及时、有效地处理关键客户的投诉或者抱怨；充分利用包括网络在内的各种手段与关键客户建立快速、双向的沟通渠道；增进与关键客户的感情交流；等等。

2. 普通客户管理法

从普通客户给企业创造的利润和价值来看，对于普通客户的管理，主

要强调提升级别和控制成本两个方面。

（1）针对有升级潜力的普通客户，努力培养其成为关键客户。企业可根据普通客户的需要扩充相关的产品线，或者为普通客户提供“一条龙”服务，以充分满足他们的潜在需求，这样就可以增加普通客户的购买量，提升他们的层次。另外，企业还要加强与普通客户的互动与沟通，激励普通客户的购买，提供良好的服务，增强客户的满意度和忠诚度，进而增加普通客户的购买量，实现升级。

（2）针对没有升级潜力的普通客户，减少服务，降低成本。企业可以采取“维持”策略，在人力、财力、物力等限制条件下，不增加投入，甚至减少促销力度，要求普通客户以现款支付甚至提前预付等方式，来降低交易成本。

3. 小客户管理法

对于小客户，企业要准确判断，合理对待，能升级的不断努力，不能升级的适当淘汰。

（1）认真判断小客户有无升级的可能。小客户也可能是优质客户。如果认定小客户有升级的可能，企业应加强对他们的培养，帮助其成长，挖掘其潜力，可通过客户回访、邮寄赠品等方式，吸引小客户增加购买，与这类小客户建立特殊的关系。

（2）确定是不是非淘汰不可。虽然一些小客户给企业带来的利润很少，甚至根本没有利润，但是他们为企业形成规模优势和降低成本方面功不可没。因此，保持一定数量的低价值客户是企业保住市场份额、保持成本优势、遏制竞争对手的重要手段。

（3）有理有节地淘汰部分小客户。不能盲目淘汰小客户，要慎重对待。一般来讲，可以考虑采取提高价格或降低成本两种基本方法。

在提高价格方面，可以采取：第一，向小客户收取以前属于免费服务的费用；第二，提高无利润产品或服务的价格，或者取消这些无利润的产品或服务；第三，向小客户推销高利润的产品，使其变成有利可图的客户。

在降低成本方面，首先，可以适当限制为小客户提供的服务和范围，压缩、减少为小客户服务的时间；其次，可以运用更经济、更省钱的方式提供服务，如从原来面对面的直接销售方式转为电话销售或由经销商销售，这样不仅保证了销售收入，也减少了成本，提高了利润水平。

（4）坚决淘汰劣质客户

劣质客户购买量少，要求多，信用较差，对企业来说存在着一定的经营风险。企业可以适时终止与没有价值、负价值或者前景不好的客户的关系，这样才能节省有限的资源去寻找和服务于更优质的新老客户。

总之，企业针对不同级别的客户采取分级管理和差异化的激励措施，可以使关键客户享受到企业提供的特殊待遇；可以刺激和鞭策有潜力的客户不断升级，以争取享受更高级别客户所拥有的“优待”；还可以让不带来利润的客户要么成为产生利润的客户，要么选择离去。这样，就可以使企业在客户管理整体成本不变的情况下，产生可观的利润增长。

小结

本模块主要介绍了客户关系生命周期、客户让渡价值、客户终生价值、客户价值细分矩阵、如何识别客户、如何开发客户、客户异议处理、客户分级管理等内容。

客户关系生命周期是指从企业与客户建立业务联系开始到客户与企业业务关系完全终止的全过程，包括考察期、形成期、稳定期、退化期4个阶段。

客户让渡价值是指企业提供的，客户感受得到的实际价值。客户让渡价值＝整体客户价值－整体客户成本。整体客户价值是指顾客购买某一产品与服务所期望获得的一组利益。它包括产品价值、服务价值、人员价值、形象价值等。整体客户成本是指顾客为购买某一产品所耗费的时间、精神、体力及支付的货币成本等。

客户终生价值（Customer Lifetime Value）是指企业与客户在整个交易关系维持的生命周期里，减去吸引客户、销售以及服务成本并考虑资金的时间价值，企业能从客户那里获得的所有收益之和。

客户价值细分矩阵，即按照客户价值的大小，主要是依据客户当前价值和客户增值潜力两个维度，由低到高进行组合细分，将客户分为铅质客户、铁质客户、银质客户、金质客户等。

客户识别就是在确定好目标市场的情况下，通过一系列技术手段，根据大量客户的个性特征、需求信息、购买记录等可得数据，找出谁是企业的潜在客户，客户的需求是什么，哪类客户最有价值等，并把这些客户作为企业客户关系管理的实施对象，从而为企业成功实施 CRM 提供保障。

开发客户就是将企业的目标客户（或潜在客户）变为现实客户的过程。开发新客户三部曲：主动出击寻找目标客户；通过策略吸引目标客户；想方设法说服目标客户。

客户的异议是指客户针对销售人员及其在销售中的各种活动所作出的一种反应，一般表现在对销售介绍和销售示范所提出的质疑、否定或不同意见与不同看法。

处理客户异议的基本原则：事前做好充分准备；选择适当的处理时机；不要与客户争辩；尊重客户的想法；等等。

处理客户异议的主要方法有忽视法、补偿法、太极法、询问法、直接反驳法、第三方证明法等。

客户分级管理，就是根据客户对于企业的贡献率等多个指标进行衡量与分级，根据销售信息进行统计分析，了解和挖掘客户的需求，有针对性地为客户提供所需要的产品或服务，实现高效的营销资源配置，促进销售，维持良好的客户关系，提高客户的满意度和忠诚度。

企业根据客户所创造的利润和价值的大小，对客户进行分级。一般将客户分为重要客户、主要客户、普通客户和小客户，将这四类客户按照利润和价值由小到大的顺序“垒”起来，在数量上形成一个金字塔，故称其为“客户金字塔”模型。

思考题

一、名词解释

客户让渡价值；客户终生价值；客户异议；客户分级；客户金字塔模型

二、判断题

1. 客户关系在生命周期的任何一个阶段都可能发生退化。　（　　）

2. 服务价值是指企业员工的经营观念、知识水平、业务能力、工作效

率与质量、经营作风以及应变能力等所产生的价值。（ ）

3. 所有的购买者都是企业的目标客户。（ ）

4. 正确识别客户是成功开发客户的前提。（ ）

5. 一些商家以吉利数字6、8、9等来定价，迎合客户图吉利、一帆风顺、幸福圆满等美好的愿望，这是一种心理定价策略。（ ）

6. 大客户一定是“优质客户”。（ ）

7. 小客户也可能是“优质客户”，所以不能盲目淘汰。（ ）

8. 只要热情对待客户，就一定能开发成功客户。（ ）

9. 对待客户异议，一定不要采用直接反驳法。（ ）

10. 客户的所有异议在客户提出后都要立即进行处理。（ ）

三、简答题

1. 客户关系生命周期包括哪几个阶段？每个阶段都有什么特点？
2. 如何衡量客户的让渡价值？
3. 企业为什么要重视客户终生价值？
4. 识别目标客户的方法有哪些？
5. 寻找目标客户的途径有哪些？
6. 如何说服目标客户？
7. 如何处理客户的异议？
8. 为什么要对客户进行分级？一般将客户分为哪些级别？
9. 对于不同级别的客户，企业如何进行分类管理？

四、案例分析题

美国西南航空公司对目标客户的选择

西南航空公司以机票价格低廉著称，它的竞争对手不怀好意地说：“乘西南航空公司航班的旅客应该感到羞耻。”西南航空公司总裁在电视上回应说：“我认为乘客根本没有必要理会这种污蔑，因为每坐一次西南航空的航班，你的包里就又省下一笔钱。如果你对我们的服务感到不满，那么非常抱歉地告诉你，你不是我们服务的目标客户；如果你认为我们的服务令你感到不满的话，你可以乘坐别的航空公司的飞机。当你觉得需要我们服务时，欢迎你再次乘坐西南航空的班机。”

西南航空公司在成立初期，将目标客户定位在对航空票价敏感的低端市场上，飞机上不设商务舱和头等舱，而且对航空服务进行了一系列的简化。乘客到了机场的候客厅后，也不给安排座位，乘客要像坐公共汽车那样去排队。上了飞机后自己找座位，如果乘客到得早，可能找到一个好座位，如果乘客到得晚，就很可能坐在厕所边。飞机上也不供应餐饮，乘客一坐下，直到飞机降落，一路上嘻嘻哈哈、闹哄哄的。因此，中产阶级、官员、大亨很少愿意乘坐西南航空公司的航班。

1968 年，西南航空公司成立。当时的大航空公司更热衷于跨洋长途飞行，对短程空运业务则不屑一顾。而国内日趋频繁的商务旅行与美国过于广阔的疆土使短程运输业变得有利可图。1967 年，克莱尔律师与罗林・金在餐桌上发现了这个机会。他们以 56 万美元建立起西南航空公司，开始在大航空公司夹缝中生存。成立后，只经营达拉斯、休斯敦和圣安东尼奥三个城市间的短程航运业务。在 20 世纪 70 年代，西南航空公司只将精力集中于得克萨斯州之内的短途航班上。它提供的航班不但票价低廉，而且班次频率高，乘客几乎每个小时都可以搭上一架西南航空公司的班机。这使得西南航空公司在得克萨斯市场上占据了主导地位。

尽管大型航空公司对西南航空公司进行了激烈的反击，但西南航空公司的经营成本远远低于其他大型航空公司。不论如何扩展业务范围，西南航空公司都坚守两条标准；短航线、低价格。1987 年，西南航空公司在休斯敦——达拉斯航线上的单程票价为 57 美元，而其他航空公司的票价为 79 美元。为了维持运营的低成本，西南航空公司采取了多方面的措施。

在机型上，该公司全部采用节省燃油的 737 型。这不仅节约了油钱，还使公司在人员培训、维修保养、零部件购买上，都只执行一个标准，大大节省了培训费、维护费。同时，由于员工的努力，西南航空公司创下了世界航空界最短的航班轮转时间。当别的竞争对手需用 1 小时才能完成乘客登机、离机及机舱清理工作时，西南航空公司的飞机只需要 15 分钟。

在为顾客服务上，西南航空公司针对航程短的特点，只在航班上为顾客提供花生米和饮料，而不提供用餐服务。一般航空公司的登机卡都是纸的，上面标有座位号，而西南航空公司的登机卡是塑料的，可以反复使用。

这既节约了顾客的时间，又可节省成本。

西南航空公司没有计算机联网的订票系统，也不负责将乘客托运的行李转机。对于大公司的长途航班来说，这是令顾客无法忍受的，但这恰恰是西南航空公司的优势与精明所在。正如一位大型航空公司的经理所说："它（西南航空公司）就像一只地板缝里的蟑螂，你无法踩死它。"

到 1993 年，西南航空公司的航线已涉及 15 个州的 34 座城市，拥有 141 架客机，这些客机全部是省油的波音 737，每架飞机每天要飞 11 个起落。由于飞行起落频率高、精心选择的航线客流量大，所以西南航空公司的经营成本和票价依然是美国最低的，其航班的平均票价仅为 58 美元。 而当西南航空公司进入加利福尼亚州后，几家大型航空公司不约而同地退出了洛杉矶—旧金山航线，因为它们无法与西南航空公司 59 美元的单程票展开价格竞争。

在西南航空公司的发展过程中，克莱尔一直坚持稳健的发展战略。对于实际弱小的中小企业来说，四处出击、乱铺摊子的"游击战"是无法取得战略性胜利的。克莱尔主张集中力量，稳扎稳打，看准一个市场后就全力投入进去，直至彻底占领该市场。公司上层拒绝了开通高利润的欧洲航线的邀请，坚定不移地坚守短途航线，以避免与大航空公司兵刃相见。克莱尔对开通航线的城市也有着严格的标准。对每天低于 10 个航班客运量的城市，西南航空公司不会开辟航班。

（资料来源：周贺来 . 客户关系管理实用教程 [M]. 北京：机械工业出版社，2009）

讨论题：

1. 西南航空公司选择了哪些群体作为公司的目标客户？

2. 西南航空公司总裁对其他航空公司的污蔑采取了什么态度？

3. 西南航空公司的经营秘诀和优势体现在哪些方面？

五、情景模拟题

由学生两人一组，分别扮演客户和销售人员，再现生活中真实的销售场景或实例，让学生在模拟的过程中去体会销售人员是如何说服客户和如何处理客户的异议的。要求对销售的过程进行分析，总结出说服客户和处理客户异议所用到的方法。

模 块 三

客户满意度和忠诚度管理

任务一 客户满意度管理

任务提出

据美国汽车业的一项调查显示，1 个满意的顾客，会引发 8 笔潜在的生意，其中至少有 1 笔成交；1 个不满意的顾客，会影响 25 个人的购买意愿。可见，让客户满意，提高客户的满意度是企业要考虑的首要课题，也是企业赢得回头客和客户忠诚的基础。

那么，什么是客户满意？如何让客户感到满意？

学习目标

1. 理解客户满意的含义、内容和级度；
2. 了解客户满意度的衡量指标；
3. 掌握客户满意度调查的方法、内容及计算方法；
4. 了解提升客户满意度的途径。

相关知识点

一、客户满意分析

（一）客户满意的含义

菲利普·科特勒说：“满意是指一个人通过对一个产品的可感知效果与他的期望值相比较后，所形成的愉悦的感觉状态”。客户满意是客户的一种心理感受。具体来说，客户满意是指客户在消费产品或接受服务的过程中所形成的愉悦感或状态。这种愉悦感或状态是客户的实际感知与心理预期比较的结果。如果客户的体验超过了客户的期望，客户会感觉“物超所值”，就会感到很满意；如果客户的体验达不到客户的期望，客户会感到失望、失落，就会产生不满的情绪。

客户在消费前对企业的产品或服务都会有一定的心理预期，或者是买到性价比高的产品，或者是接受了热情周到的服务，或者是开心快乐的游玩体验等。然而，客户在实际消费的过程中，体验或感受又是如何呢？是否达到了期望值？有一位修自行车的师傅，他的生意十分火爆。他受欢迎的秘诀是：每次修完车之后都会把车擦得干干净净，就像新车一样。客户的期望是将车修好，没想到师傅还提供了附加服务，为顾客创造了附加价值，这远远超出了客户的期望，所以客户很满意，一传十，十传百，师傅的生意越做越红火。

可见，要想让客户感到满意，一方面要满足客户对消费结果的期望，另一方面要让客户在消费的过程中拥有良好的感受与体验。用公式表示如下：

客户满意度 = 客户体验 − 客户期望

客户满意度是指客户对企业的产品或服务的满意程度。客户满意模型如图 3−1 所示。

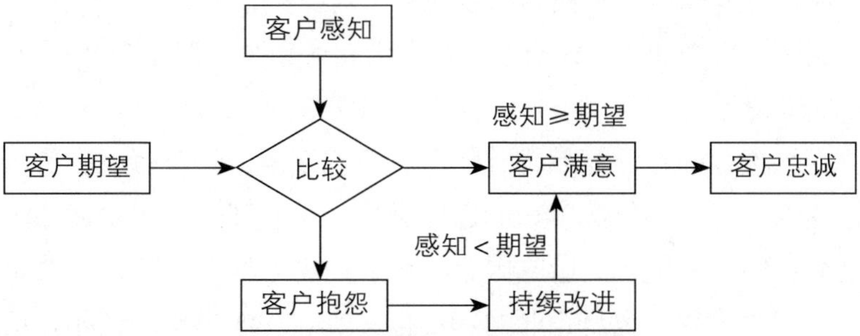

图3−1　客户满意模型

（二）客户满意的意义

1. 客户满意是企业战胜竞争对手的重要手段

企业提供良好的产品或服务，最大限度地使客户满意，是企业在激烈的市场竞争中独占市场、赢得优势的制胜法宝。只有让客户满意，他们才可能持续购买，成为忠实客户，企业才能更好地生存和发展。正如著名企业家福特所说："最有效、最能满足客户需求的企业，才是最后的生存者。"

2. 客户满意是企业取得长期成功的必要条件

企业保持客户的长期满意有助于长久客户关系的建立，并最终提高企业的长期盈利能力。因此，对于企业来说，取得最高程度的客户满意度是企业营销的最终目标。客户满意与企业盈利之间具有明显的正相关性。一位满意的客户会无偿地向其亲朋好友宣传企业的产品或服务，降低企业开发新客户的成本，并且有助于企业树立良好的形象。

3. 客户满意是实现客户忠诚的基础

菲利普·科特勒认为，留住客户的关键是客户满意。只有让客户满意，他们才可能成为忠实的客户，也只有持续让客户满意，客户的忠诚度才能进一步得到提高。正常情况下，客户没有理由让自己继续接受不满意的产品或服务。客户满意是形成客户忠诚的基础，是保持老客户的最佳办法之一。

二、客户满意的内容

客户满意的内容可以从横向和纵向两个层面来分析。

横向层面包括企业理念满意、企业行为满意和企业视觉满意三大层次。

1. 企业理念满意

企业理念满意即企业的精神、使命、经营宗旨、经营哲理和价值观念等带给企业内部客户和外部客户的心理满足。企业理念满意是客户满意的灵魂，是客户满意最主要的影响因素。令客户满意的企业经营理念是企业全部行为的指导思想，也是企业的基本精神所在。沃尔玛的创始人沃尔顿曾说过："我们都是为客户工作，在我们的组织之外有一个大老板，那就是客户"。

2. 企业行为满意

企业行为满意是客户对企业“行动”的满意，是理念满意诉诸计划的行为方式，是客户满意战略的具体执行和运作。企业行为满意就是建立一套系统完善的行为运行系统，这套系统被全体员工认同和掌握，且在系统中每个员工都是公平和公正的。系统运行的结果将是带给客户最大程度的满意，且能保证最佳经济效益和社会效益。在企业行为满意实施过程中，要做到了解和认识客户，从客户的角度出发，全面为顾客服务。只有全面掌握了客户的心理需求和需求倾向，才能及时准确地促进令客户满意的产品或服务的诞生。

在沃尔玛的超市中贴着这样的标语：“我们争取做到，每件商品都保证让您满意！”客户在这里购买的任何商品，如果觉得不满意，可以在一个月内退货，商店返还全部货款。走进沃尔玛的任何一家店，店员会立刻出现在客户的面前，笑脸相迎，客户便可亲身感受到沃尔玛员工热情周到的服务。

3. 企业视觉满意

企业视觉满意是客户满意直观可见的外在形象，是客户认识企业的快速化、简单化的途径，也是企业强化公众印象的集中化、模式化的手段。企业是否拥有一套视觉满意系统，将直接影响到客户对企业的感受和体验，进而影响客户的满意程度。一些商场或购物中心，之所以装潢考究，布置温馨典雅，目的是为客户营造一个舒适、愉悦的购物环境，这在一定程度上能增加客户的视觉满意程度，使客户感到心情舒畅、愉悦，增强客户的购买欲望。

纵向层面包括物质满意、精神满意和社会满意三个层次。

1. 物质满意

物质满意是客户在对企业提供的产品或服务消费过程中所产生的满意。物质满意层次的支持者是产品的使用价值，如功能、质量、设计、包装等，它是客户满意中最基础的层次，是由产品或服务本身给客户所带来的满意程度。

2. 精神满意

精神满意是客户在对企业提供的产品或服务形式和外延层的消费过程中产生的满意，也就是由产品或服务的延伸而带来的一种精神层面的满意。精神满意层次的支持者是产品的外观、色彩、装潢、品位和服务等。

3. 社会满意

社会满意是客户在对企业提供的产品的消费过程中，所体验到的企业对社会利益的维护程度。社会满意层次的支持者是产品的道德价值、政治价值和生态价值。产品的道德价值是指在产品的消费过程中，不会产生与社会道德相抵触的现象；产品的政治价值是指在产品的消费过程中不会导致政治动荡、社会不安；产品的生态价值是指在产品的消费过程中不会破坏生态平衡。有些企业在生产产品时采用环保的材料就是产品生态价值的体现。

私人酒店房卡

环保是当今时代非常关注的话题之一，绿色环保也是酒店的发展趋势之一。绿地国际酒店管理集团积极推出的环保项目之一——私人酒店房卡，包括酒店通用的磁条卡和感应卡。客人入住集团酒店（当然其他酒店同意，也可以用），可以出示相应私人房卡请酒店前台帮助设置，即可使用。这既可以让客人的房卡与众不同，也可以节省酒店的用卡量。

三、客户满意的级度

客户满意的级度是指客户在消费相应的产品或服务之后所产生的满足状态的等级程度。心理学家认为，情感体验可以按梯级理论划分成若干层次，相应地可以将客户满意程度分成七个级度或五个级度。

七个级度为：很不满意、不满意、不太满意、一般、较满意、满意和很满意。

五个级度为：很不满意、不满意、一般、满意和很满意。

1. 很不满意

表现：愤慨、恼怒、投诉、反宣传

描述：很不满意状态是指客户在消费了某种产品或服务之后感到愤慨、恼羞成怒、难以容忍，不仅企图找机会投诉，还会利用一切机会进行反宣传，以发泄心中的不快。

2. 不满意

表现：气愤、烦恼

描述：不满意状态是指客户在购买或消费某种产品或服务后所产生的气愤、烦恼状态。在这种状态下，客户尚可勉强忍受，希望通过一定方式进行弥补，在适当的时候，也会进行反宣传，提醒自己的亲朋好友不要去购买同样的产品或服务。

3. 不太满意

表现：抱怨、遗憾

不太满意状态是指客户在购买或消费某种产品或服务后所产生的抱怨、遗憾状态。在这种状态下，客户虽心存不满，但想到现实就这个样子，会劝自己别要求过高了，接受现实。

4. 一般

表现：无明显正、负情绪

一般状态是指客户在消费某种产品或服务过程中所形成的没有明显情绪的状态。既说不上好，也说不上差，还算过得去。

5. 较满意

表现：好感、肯定、赞许

较满意状态是指客户在消费某种产品或服务时所形成的好感、肯定和赞许状态。在这种状态下，客户内心还算满意，比上不足，比下有余。

6. 满意

表现：称心、赞扬、愉快

满意状态是指客户在消费了某种产品或服务时产生的称心、赞扬和愉快状态。在这种状态下，顾客不仅对自己的选择予以肯定，还会乐于向亲朋推荐，自己的期望与现实基本相符，找不出大的遗憾所在。

7. 很满意

表现：激动、满足、感谢

很满意状态是指客户在消费某种产品或服务之后形成的激动、满足、感谢状态。在这种状态下，客户的期望不仅完全达到，没有任何遗憾，可能还大大超出了自己的期望。这时客户不仅为自己的选择而自豪，还会利用一切机会向亲朋宣传、介绍推荐，希望他人都来消费。

超越顾客的期望——一个价值百万美元的法则

在美国有一家百货公司，名字叫诺斯通。这家百货公司的营业员人均收入是同行业营业员的7倍以上，而且收入还在不断上升。这是为什么？原来诺斯通公司鼓励所有一线员工为顾客提供超过顾客期望的特殊服务。

公司的管理制度出奇的简单，只有一句话："在任何时候，请发挥自己最佳的判断力。"就这样的一句话，为所有的一线员工能够为顾客提供超值服务留下了巨大的发挥空间。下面列举几个事例。

事例一

一位顾客准备到西雅图机场乘飞机，不小心把机票落在诺斯通女士服饰部的柜台上。一发现这张机票，诺斯通售货员马上给机场打电话，请机场员工帮忙找到这位顾客，并为他重办一张机票。听到机场员工说不行，该售货员立即打车到机场找到了这位顾客，并把票给了他。

事例二

有一位男士给诺斯通写了一封信，说他在诺斯通买了一套衣服，但是很不合适，希望诺斯通帮忙解决一下。卖那套西服的售货员知道后，马上请了一个专业的裁缝一起来到这个客户的办公室，仔细为客户量好尺寸，3天后，给客户送来一套崭新的衣服，而这一切全部是免费的。

事例三

这是一个不可思议的故事，但的确是真的。诺斯通的一个售货员很高兴地收回一副汽车轮胎，并且给顾客退了全额货款，可是要知道，诺斯通从来不卖汽车轮胎，售货员之所以这样做，只是因为诺斯通曾从北方商业公司（该公司出售轮胎）收购了3家店面装修成自己的店。顾客在北方商业公司买了轮胎，却没想到拿到诺斯通退货时，诺斯通居然同意了。

以上3个例子，表面上看诺斯通的员工在做亏本的事，然而正是因为这种行为大大超越了客户的期望，最终赢得了客户的信赖和忠诚。这种做法比花大量的广告费拼命宣传企业形象要经济得多，更聪明得多。

四、客户满意度的衡量指标

客户满意度是衡量客户满意程度的量化指标，由该指标可以直接了解企业或产品在客户心目中的满意级度。一般来说，现代企业常用的衡量客户满意度的指标主要有以下七个：

1. 对产品的美誉度

美誉度是客户对某企业或品牌的褒扬程度。一般来说，对企业持褒扬态度的客户，对该企业提供的产品或服务的满意度是非常高的，会主动宣传该企业的产品或服务，或者推荐他人购买。

2. 对品牌的指名度

指名度是指客户指名购买某企业产品或服务的程度。如果客户对某种产品或服务非常满意时，他们就会在消费过程中放弃其他选择，而指名购买、非此不买。

3. 消费后的回头率

回头率是指客户购买了该企业的产品或服务之后再次购买，或如果可能愿意再次购买或介绍他人购买的比例。

4. 消费后的投诉率

投诉率是指客户在购买了某企业提供的产品或服务之后产生投诉的比例。投诉率是衡量客户满意度的重要指标之一。客户投诉通常是客户不满意的具体表现，而且是客户很不满意的情况下所作出的一种反应。

5. 单次交易的购买额

购买额是指客户购买某企业的产品或服务的金额的多少。通常情况下，客户购买的金额越大，购买量越多，说明客户对该企业的产品或服务的满意程度越高；反之，说明客户对该企业的产品或服务的满意程度越低，有时候是不得不购买。

6. 对价格变化的敏感度

一般来说，客户对某企业的产品或服务的价格越不敏感，说明客户对该企业的产品或服务的满意程度越高；反之，说明客户对该企业的产品或服务的满意程度越低。

7. 向其他人员的推荐率

客户是否愿意主动推荐或介绍他人购买，也可以反映客户满意度的高低。一般来说，愿意主动介绍他人购买的客户，其满意度相对来说是比较高的。

五、客户满意度调查与计算

（一）客户满意度调查的目的

客户满意度调查的目的是帮助企业了解客户的需求，以及客户对企业的产品或服务的评价，找出影响客户满意度的关键因素，并有针对性地改进企业的产品或服务质量，提高企业的盈利能力。

1. 了解客户满意的程度

通过调查，了解客户对企业的产品或服务的满意程度。企业一定要采取有效的方法进行调查，避免不真实的客户满意度调查，否则调查得来的结果对企业帮助不大。

2. 找出影响客户满意度的关键因素

通过调查，可以了解到客户对哪些方面满意？对哪些方面不满？为什么会感到满意？为什么会感到不满？一方面，使企业发现影响客户满意度的主要因素；另一方面，为今后完善企业的满意度评价体系提供依据，使持续跟进的满意度研究成为可能，进一步提高企业客户满意度调查工作的水平。

3. 改进企业的产品与服务

通过调查，使企业发现产品或服务中的缺陷，根据客户的意见和建议找到解决问题的办法；发现提升产品或服务的潜在机会；将有限的资源集中到客户最看重的属性方面，确保营销资源的正确投入；预测客户未来的需求，开拓研发新产品、新业务的思路；等等。

（二）客户满意度调查的方法

客户满意度调查是一种市场调查，但又不完全等同于一般的市场调查。

常用的客户满意度调查方法有问卷调查法、访谈法、神秘顾客法、设立投诉与意见箱法、观察法等。下面介绍四种主要的调查方法。

1. 问卷调查法

问卷调查是企业进行客户满意度调查最常用的一种量化的调查方法。采用问卷调查客户的满意度，有两个关键的问题要考虑，一是问卷或调查表的设计；二是通过什么方式进行调查。

问卷或调查表的设计，关键是调查内容的设计。一般来说，包括如下的调查内容。如表 3–1 所示。

表 3-1　客户满意度调查的内容

调查项目	具体内容
基本项目	客户基本情况、购买的产品或服务的类型、购买的频率、渠道和时间等
总体满意度	客户对企业总体的满意度评价
产品指标	产品的性能、价格、质量、包装等
服务指标	服务承诺、服务内容、响应时间、服务人员态度等
沟通与客户关怀指标	沟通渠道、主动服务等
与竞争对手比较	与竞争对手在产品、服务等方面的比较
客户再次购买和向他人推荐的问题	从中分析客户忠诚度
问题与建议	让客户没有限制地提出问题及宝贵意见

采用问卷调查，企业一般通过电话调查、网络调查、当面调查、邮寄调查等方式进行调查。

（1）电话调查。很多企业通过呼叫中心进行电话调查。考虑到客户的耐心程度，调查问卷设计的内容不宜过多，要选择关键性的问题进行调查。虽然电话调查相对来说成本比较高，但增加了与客户情感上的交流，从形式上看更容易让客户获得愉悦感。尤其是在接受服务或购买产品之后进行调查，不仅客户印象比较深刻，让客户感到被重视，还能及时解决一些问题。有部分企业是通过第三方进行电话调查，对于访问员的业务知识就需要有一定的培训，或者有很好的流程来及时协助电话调查过程中客户提出的问题。

（2）网络调查。随着技术的不断进步，很多企业通过网站在线调查，来了解客户对产品或服务的期望，提升企业对产品改进的洞察力。有些企业采用在发票、说明书上标注相关网址，同时鼓励客户上网参与客户满意度调查，提供改善其产品或服务的建议。网络调查不仅成本低，不受时空的限制，客户在时间选择上比较自由，更容易思考。通过网络调查，企业不仅能够更好地和客户沟通，同时也是一个很好的宣传和推广自己的方式。

（3）当面调查。当面调查是由企业委派的调查员直接与客户进行面对面沟通，通过事先设计好的问卷对客户进行满意度的调查。这种调查方式相对来说成本比较高，同时对调查员的素质要求也比较高，调查实施的周期也比较长。因此在比较大型的客户满意度调查中，一般较少采用这种调查方式。

（4）邮寄调查。邮寄调查也是收集客户满意度相关信息的一种方法。该方法是将事先设计好的调查问卷或者直接邮寄给客户，或者随产品说明书等一起邮寄给客户，对客户的使用情况及满意程度进行调查。这种方法的调查空间范围广，实施费用低，而且调查对象的填写不受干扰。但因为需要客户将填好的问卷回寄给企业，所以问卷回收率非常低，回收期较长，时效性也比较差。

除此之外，企业还会通过短信调查、电子邮件调查、社交软件调查等方式对客户的满意度进行测评。但不管运用哪种方法进行调查，企业一定要选择适合的方法，并实施到位，这样才能获得有价值的信息。

2. 客户访谈法

访谈的形式可以是集体座谈，也可以是单独访谈。通过邀请或拜访客户进行座谈或访谈，企业能够倾听到客户对品牌、质量、服务和业务流程等方面的看法和感受，同时了解客户的需求和期望。企业尤其要重视关键客户的流失情况，通过与关键客户的深入访谈，了解客户流失的真正原因，对症下药，一方面想办法留住客户；另一方面要减少今后的客户流失。虽然访谈这种方法需要耗费大量的时间，也会受到时空的限制，但通过必要的、高效的访谈，有助于企业获得宝贵的意见和建议，对于企业产品或服务的改进起到推动的作用。

3. 神秘顾客法

神秘顾客暗访是一种非常有效的客户满意度调查方法。企业聘请一些人员装作潜在购买者，在佯装购物的过程中，通过观察、询问、体验等方式，考察店面的经营状况、营业人员的素质等，对事先设定的满意度指标进行评价。麦当劳公司被称作是使用神秘顾客调查成功的典范。麦当劳公司聘请神秘顾客从普通顾客的角度来考核麦当劳餐厅的食品品质、清洁度以及服务素质的整体表现。麦当劳公司表示，神秘顾客项目帮助麦当劳管理者和餐厅经理设立了对表现杰出员工的鼓励及奖励机制。一些市场的反馈显示这些奖励机制对于鼓舞员工士气及对员工的工作表现非常有益。由于神秘顾客来无影、去无踪，而且没有时间规律，这就使得餐厅的经理、雇员时时感受到某种压力，不敢有丝毫懈怠，从而时刻保持饱满的工作状态，提高了员工的责任心和服务质量。

真维斯的神秘人暗访调查

真维斯神秘人暗访调查的项目包括三个方面：营业员的礼貌、营业员的推销技巧和购物环境。

（1）营业员的礼貌：顾客进店时，是否有营业员立即面对顾客打招呼；营业员是否衣着统一、佩戴胸卡、发饰整洁、化妆自然；营业员是否各就各位、无倚靠、聊天、干私事现象；是否用普通话接待顾客、礼貌用语、面带笑容；当顾客想看看时，营业员是否有板起面孔的现象；收银员的态度是否和蔼，唱收唱付，并说“谢谢”等。

（2）营业员的推销技巧：是否和挑选货品的顾客主动打招呼，并询问需求；是否主动热情地介绍商品的特性、面料及洗涤方式；是否鼓励顾客试穿，并乐意陪同顾客到试衣间，将待试穿服装准备好；是否告诉顾客售后服务的内容，包括免费修改裤长、更换颜色、尺码等；如果服装不合适，是否主动热情地给顾客更换或介绍其他商品给顾客试穿；如果顾客试穿满意，是否顺便向顾客介绍、搭配其他商品或饰品；在不需要同时接待其他顾客时，是否陪同顾客到收银处付款，并说致谢语；顾客离店时，是否有营业员立即主动地对顾客说送别语等。

（3）购物环境：在收银台附近，是否整洁摆放或张贴"顾客服务热线"的标牌；店内货架、橱窗、门面招牌、地面是否整洁；货品摆放是否整齐、货架不空置、货品及模特无污渍、无损坏；试衣间是否整洁、门锁安全、设施齐全（配备衣钩、拖鞋）；灯光是否明亮、音响适中、温度适宜、过道通畅等。

评价标准：共 20 项，满分 100 分，每项调查内容依次按照"优 5 分、良 4 分、中 3 分、差 1 分"的标准打分。

4. 设立投诉与意见箱法

为了了解客户的意见和建议，企业一般都设有投诉电话，或者设立意见箱、意见簿等，给客户提供充分发表意见和建议的互动渠道。例如，在京东商城网站，客户服务模块设有在线客服、电话客户、意见建议、客户邮箱等联系方式，客户可以和京东客服随时随地进行产品的咨询、提供建议或投诉等。

一项在新加坡商场中所做的调查表明，当顾客对服务不满意时，会有以下的反应：70%的顾客将到别处购买；39%的人认为投诉太麻烦；24%的人会告诉其他人不要到提供劣质服务的商场购物；17%的人将对劣质服务写信投诉；9%的会因为劣质服务责备销售人员。

（三）客户满意度调查的步骤

1. 确定调查内容

开展客户满意度调查，必须首先明确客户满意度调查的内容。一般来说，调查的内容包括：产品内在质量，包括产品技术性能、可靠性、可维护性、安全性等；产品功能需求，包括使用功能、辅助功能（舒适性）等；产品服务需求，包括售前和售后服务需求；产品外延需求，包括零备件供应、产品介绍资料、培训支持等；产品外观、包装、防护需求；产品价格需求等。

2. 量化权重指标

事实上，客户满意度调查的本质是一个定量分析的过程。也就是说，要用数字去反映客户对产品或服务的满意程度，因此需要对调查项目指标进行量化。例如，若将客户满意级度分为五个等级，很满意、满意、一般、不满意和很不满意，可相应赋值为 10、8、6、3、0，或者 5、4、3、2、1。通过赋值，最后才能对每一个调查项目的分值进行加权处理，得出总的满意度分值。

3. 明确调查方法

如前所述，已经较详细地介绍了客户满意度调查的常用方法，企业可根据实际情况选择恰当的、实用的调查方法开展调研。需要注意的是，企业一定要确保真实的客户满意度调查。

4. 选择调查对象

客户满意度调查多数情况下是抽样调查。因为企业的客户数量较多，不可能进行全体调查。那么，在选择调查对象时，一定要考虑调查样本的代表性。有些企业调查时往往只找那些自己熟悉的老顾客（忠诚顾客），排斥那些可能对自己不满意的顾客。有时候，一些企业只是在召开产品展销会、订货会时进行客户满意调查，参与调查的人员往往有求于企业，几乎是只说好话少说坏话。而且，由于这样的座谈会往往局限于经销商，而参加展销会、订货会的往往又只是经销商的采购人员，他们不是产品的最终使用者，甚至没有直接接触过产品的购买者或最终使用者。这样的调查结果可想而知。

在选择调查对象时，企业要采用科学的抽样方法来确定调查对象和样本量。在抽样方法的选择上，为保证样本具有一定的代表性，可以按照客户的种类或客户的价值的大小进行随机抽样，如按照经销商和最终使用者、顾客的区域范围等分类选取样本。在样本的大小确定上，为获得较完整的信息，必须要保证样本足够大，但同时兼顾到调查的费用和时间的限制。

样本的大小一般以一段时间（一天、一个月或一年）内接受服务的客户的数量为基数，按 n=10+5%N 公式来计算。

n——样本大小

N——基数

5. 收集相关数据

客户满意度相关数据的收集可以是书面或口头的问卷、电话或面对面的访谈，若有网站，也可以进行网上客户满意调查。调查中通常包含很多问题或陈述，需要被调查者根据预设的表格选择问题后面的相应答案，或者让被调查者以开放的方式回答，从而能够获取更详细的资料，掌握关于客户满意水平的有价值信息。

6. 结果统计分析

客户满意度调查的统计方法与传统的市场调查类似，最为常用的是均值、相关与回归分析、因子分析和聚类分析等。可以借助高级专业统计软件、企业的 CRM 系统、客户数据库等进行分析。最简单的分析就是将调查得来的结果进行加权处理。

企业应建立健全分析系统，将更多的客户资料输入到数据库中，不断采集客户的有关信息，并验证和更新客户信息，删除过时信息。同时，还要运用科学的方法，分析客户发生变化的状况和趋势，研究客户消费行为有何变化，寻找其变化的规律，为提高客户满意度和忠诚度打好基础。

7. 制定改进计划和执行

在对收集的客户相关数据进行科学分析后，企业能从中发现自身产品或服务方面存在的问题，应该立刻检查自身的工作流程，在“以客户为关注焦点”的原则下开展自查和自纠，制定产品或服务的改进方案，并组织企业员工实行，促进客户满意度的提高。

（四）客户满意度的测评

客户满意度调查的目的之一是了解客户对企业的产品或服务的满意程度。客户是否满意，满意的程度如何，需要运用统计的方法进行定量的分析。如何测算客户的满意度？一般来说，包括以下四个步骤：

1. 针对每一个满意等级赋予分值

例如，很满意 5 分、满意 4 分、一般 3 分、不满意 2 分、很不满意 1 分。相当于每一个关于满意度的问题满分是 5 分，客户根据自己的满意程度对每一个相关的问题做出评价。

2. 针对每一个调查的问题计算满意度的分值

计算每一个调查项目的满意度分值，目前有两种简单的方法，可供企业参考。

方法一：每个调查项目的满意分值＝Σ实际评分 / 样本数。利用方法一计算的是每个调查项目的满意度的平均值。

方法二：每个调查项目的满意分值＝Σ（每个等级的投票数 × 等级分值）。利用方法二计算的是每个调查项目的满意度总分值。

例如，某企业针对某款产品所做的客户满意度调查数据如表 3–2 所示。对每一个选项赋予的分值是：很满意 5 分、满意 4 分、一般 3 分、不满意 2 分、很不满意 1 分。

表 3–2　某款产品的客户满意度调查数据

	样本数	很满意	满意	一般	不满意	很不满意	方法一计算结果	方法二计算结果
调查项目	10	2	6	1	1	0	3.9	39
质量	10	3	4	2	1	0	3.9	39
价格	10	1	5	4	0	0	3.7	37
性能	10	3	5	2	0	0	4.1	41
包装	10	2	6	2	0	0	4.0	40
服务	10	2	5	2	1	0	3.8	38

3. 根据每个问题的重要性程度赋予权重

接下来要根据每个调查问题的重要性程度对总的满意度进行加权处理。如何确定每个调查问题的权重？通常，权重的确定采用德尔菲法，邀请一定数量的有关专家分别对每一个调查的问题评估权重，并请他们将各自的权重结果发送给调查者，调查者将汇总后的结果再反馈给专家，让专家进行第二轮的评估，如此反复三到四次，直到最后取得比较一致的权重结果。

4. 进行加权计算，得出整体满意度分值

确定了每一个调查问题的权重，再依据第二步计算出来的满意度分值，最后就可以测算出客户满意度的最终结果。

$$总满意度 = \sum 各调查项目的满意度 \times 权重$$

六、如何提升客户的满意度

在当今日趋激烈的市场竞争之中，企业要立于不败之地，固然有很多影响因素，但客户满意度在其中发挥着不可忽视的作用。企业除了要满足客户的需求以外，还要“取悦”他们。这种“取悦”就是指要千方百计地满足客户的需要，使客户感到满意。

客户满意实际上是一个可感知效果和期望值之间的差异函数。客户能够根据自己的知识、感觉、经验来判断产品或服务是否符合他们的期望值，判断哪些产品或服务能为自己提供最高的价值，从而形成一种价值期望并根据它来行动。如果效果低于期望，客户就不会满意；如果二者相匹配，客户就会有满意之感；如果效果超过期望，客户就会感到高度的满意。高度满意和愉悦感能创造一种对品牌情绪上的共鸣，而不仅仅是一种理性偏好。正是这种共鸣创造了客户对企业产品或服务的高度信赖和忠诚。

如何提高客户的满意度？基于客户满意的含义，不妨从两方面入手，一方面让客户对企业产品或服务产生合理的期望；另一方面为客户提供良好的消费体验，提高客户的体验价值。

1. 合理引导客户的期望

客户在选择某种产品或服务时会有一定的心理预期，这种预期在体验之前就已经形成，对客户期望加以合理的引导和影响，往往能够顺利促成交易。追根溯源，客户的心理预期来源于什么？

客户自身对企业的产品或服务有一定的判断和期待，客户期望买到物美价廉的产品，客户有自己的心理价位，客户受到企业广告或他人推荐及评论的影响等，都会让客户产生一定的心理预期。如果现实达不到预期，客户就会产生不满的情绪。

企业要合理引导和把握客户的期望，在宣传产品或服务时留有余地，不过度承诺，一旦承诺就要保证完满兑现。如果过分的承诺难以兑现，将会失去客户的信任，破坏客户的容忍度，对企业是不利的。

企业要经常与客户进行沟通，理解他们的期望，对服务加以说明，或是对客户光临表示感激，更多地获得客户的谅解。通过与客户经常对话，加强与客户的联系，在问题发生时处于相对主动的地位。有效的沟通有助于在出现服务失误时，减少或消除客户的失望，从而树立客户对企业的信心和理解。如果可能，适时地超越客户期望，给客户带去惊喜，往往也能起到事半功倍的效果。

适时超越客户期望

迪士尼乐园非常善于在各个环节设定客户期望，而后给客户以超值惊喜。例如，某种娱乐设施依照广播通知需要等待 45 分钟，这时选择等待的客户就会对等待时间产生需要等待 45 分钟的期望。然而，迪士尼乐园总是能够在不到 45 分钟时就提前让客户达成心愿，这样客户总是很满意。

2. 提升客户的体验价值

客户的体验价值是客户在购买或消费的过程中，企业提供的产品或服务给客户带来的感知价值。客户的体验价值实际上就是客户的让渡价值，它等于客户购买产品或服务所获得的总价值与客户购买该产品或服务所付出的总成本之间的差额。企业只有使客户获得的总价值大于客户付出的总成本，才能提升客户的体验价值。如图 3–2 所示。

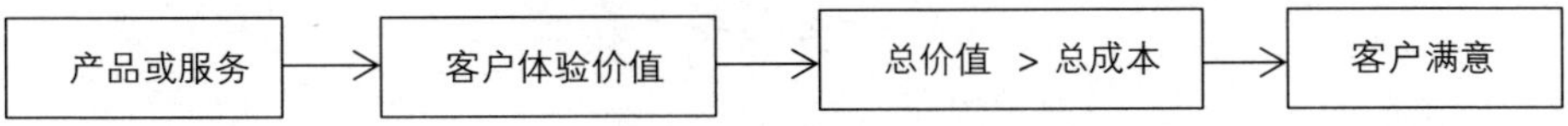

图3–2 客户满意模型

企业要提升客户体验价值，可以从两方面入手：一是提升客户的总价值（产品价值、服务价值、人员价值、形象价值）；二是降低客户的总成本（货币成本、时间成本、体力成本、精神成本）。

（1）提升产品价值。企业要树立“质量是企业生命线”的意识，不断提高产品的质量，使客户满意建立在坚实的基础上；企业要为客户提供订制的产品或者服务，满足不同客户的不同需求；企业要具有品牌意识，塑造具有产品或服务特色的品牌，树立良好的品牌形象；企业还要不断地推陈出新，站在客户的立场，依据客户的需求趋势，开发和设计产品，提高产品的科技含量和使用价值。

宝洁公司的产品研发

在全球各类日用品生产企业中，宝洁公司在产品研究与开发方面的投入首屈一指。公司每年投入资金 17 亿美元，有 8300 多名科学家，其中有 2000 名具备博士学位的研究员，在全球范围内 18 个大型研究中心专门从事基础研究、产品开发、工艺设计、工程与设备研制等工作，平均每年申请专利达 20000 余项。宝洁公司进入中国市场后，与清华大学合作，于 1998 年 4 月在北京成立了大型的技术研究中心，专门研究适合中国市场的产品。

（2）提升服务价值。服务是为客户提供价值的一种经济活动。随着市场经济的发展，客户对服务的要求越来越高，服务的质量直接影响着客户的购买决策。这就要求企业要增强服务的意识，在服务内容、服务质量、服务水平、物流配送等方面提高档次，提供全过程、全方位的服务，从而提升客户的体验价值，进而提高客户的满意度。如果客户想到的企业都能给予，客户没想到的企业也能提供，这必然使客户感受到企业时时刻刻对他的关心，从而会对企业产生满意。

服务超越客户期望

里根夫妇的晨衣

1984 年，美国总统里根到上海访问，下榻锦江饭店。里根总统和夫人早上起来，服务人员已经准备好了晨衣，里根和夫人穿上一试，不由得惊叫起来："哦，这么合身！就像为我们量身定做的一般。"里根和夫人没有想到，"锦江"早已留有他们这方面的档案资料，而且还知道夫人喜欢鲜艳的红色服饰，事先专门为她定做了大红缎子的晨衣。为了感谢"锦江"出色的服务，里根在离开锦江饭店时，除了在留言簿上留下他的赞美之词外，还特地将他们夫妇合影的照片夹在留言簿内，并在照片的背面签上名赠给锦江饭店留念。

佩尔蒂尼总统的三眼插座

意大利总统佩尔蒂尼访问中国，来到上海，下榻锦江饭店，住进了总统套房。佩尔蒂尼总统进入房间后，取出自己的物品，并将电动剃须刀放在盥洗台上。负责为总统服务的是位男服务员，他发现总统带的电动剃须刀是三插头的，而锦江饭店客房内的电源均为两眼插座。第二天早上，总统按铃，服务员走进他的房间，未等总统开口，服务员就把事先准备好的三眼插座递了上去。总统惊讶地接过插座，说："太好了！"这位服务员的服务可谓丝丝入扣，使总统惊叹不已。在访问中国其他城市时，他仍然对这件事情津津乐道，赞不绝口。

斐济总统的特大号拖鞋

当年，斐济总统访华。这位身材高大的总统有一双出奇的大脚，在访华期间，一直没有穿到合脚的拖鞋。当他走进上海锦江饭店的总统套房时，一双特大号拖鞋端端正正地摆在床前。总统穿上一试，刚好跟脚，不由得哈哈大笑，问道："你们怎么知道我的尺寸的？"服务员答道："得知您将来上海，下榻我们锦江，公关部人员早就把您的资料提供给我们，我们就给您特地定做了这双拖鞋，您看可以吗？""舒服、太舒服了，大小正好！谢谢你们！"当总统离开中国时，特意把这双拖鞋作为纪念品带回了斐济。

（3）提升人员价值。人员价值是指企业员工的经营观念、知识水平、业务能力、工作效率与质量、经营作风以及应变能力等所产生的价值。员工的文化素质、专业度、业务能力、服务水平等，决定着企业为客户提供的产品与服务的质量，同时影响着客户的感知价值和满意度。例如，法国的化妆业巨子伊夫·罗歇，每年向客户投寄8000万封信件，信件写得十分中肯，而且还编写《美容大全》，提醒大家有节制地生活比化妆更重要，因此他得到了广大客户，尤其是妇女的信赖，成为女士心中的美容导师，从而提升了客户的感知价值和满意度。

（4）提升形象价值。企业是产品或服务的提供者，其在公众和社会中的形象，也会影响到客户的满意度。企业形象的提升可通过公益广告、赞助活动、形象广告、新闻宣传、庆典活动、展览活动等方式来进行，尤其是公益广告、赞助活动对于提升企业形象具有重要的作用。“零售商业帝国”沃尔玛的创始人山姆·沃尔顿积极资助公立和私立学校，还成立特殊奖学金，协助拉丁美洲的学生到阿肯色州念大学。沃尔顿在公益活动上大量的、长期的投入，以及活动本身所具有的独到创意，大大提高了品牌知名度，成功塑造了沃尔玛在广大客户心目中的卓越形象。

（5）降低货币成本。产品或服务的价格是影响客户购买的一个非常敏感的因素。4C 理论中的“Cost”指的就是降低客户的成本，以消费者可以接受的价格进行定价。企业合理地制订产品或服务的价格也是提高客户感知价值和满意度的重要手段之一。企业定价应以确保客户满意为出发点，依据市场趋势、竞争程度和客户的接受能力来考虑，尽可能做到按客户的“预期价格”定价。沃尔玛提出的“帮客户节省每一分钱”的宗旨，“天天平价，始终如一”的口号，正是体现了这一点。

（6）降低时间成本。在保证产品与服务质量的前提下，尽可能减少客户的时间支出，从而降低客户购买的总成本，提高客户的感知价值和满意度。具体表现在客户花在购物的途中、挑选产品、等待结账、等待安装、等候服务的时间等。网络购物受欢迎的原因之一是可以节省客户购物途中所花费的时间成本（当然，也能节省客户的体力成本）。但同时商家还要考虑如何进行产品的分类和展示来节省客户挑选产品和“货比三家”的时间成本。

（7）降低精神成本。企业要让客户放心地购买和使用所提供的产品或服务。最常见的做法是推出承诺与保证，提供有保证的售后服务，为客户购买保险，或者提供细致周到、温暖的服务，这些做法都能够降低客户的精神成本。

救命绳

在韩国的一些高层旅馆里，每个房间的床底下都备有一条救命绳。绳子坚韧结实，端部有金属环。遇到火灾和其他险情，客户来不及从大门口撤出时，可用这根绳套在稳固的物体上，迅速从窗口顺墙滑下逃生。有了这条救命绳，客户入住的时候就会很安心。

（8）降低体力成本。如果企业能够通过多种销售渠道接近潜在客户，并且提供相关的服务，那么就可以减少客户为购买产品或服务所花费的体力成本。例如，对于装卸和搬运不太方便、安装比较复杂的产品，如果企业能为客户提供良好的售后服务，如送货上门、安装调试、定期维修、供应零配件等，就会减少客户为此所耗费的体力成本，从而提高客户的感知价值和满意度。

3. 以客户为中心，实现客户满意

合理引导客户的期望和提升客户的体验价值，是从客户满意的含义出发而提出来的两种提高客户满意度的途径。除此之外，企业还要真正树立“以客户为中心”的管理理念，并付诸实际的行动，提供确保客户满意的基础条件和保障。例如，将客户导向融入企业文化中，并使之成为企业文化的核心；充分掌握客户信息，实施有针对性的客户满意策略；针对不同级别的客户实施不同的客户满意策略；加强与客户的双向互动和沟通，让客户了解企业，也要使企业了解客户；重视对客户投诉和抱怨的及时处理，增进与客户的感情；建立专门的组织机构和奖惩制度；等等。

课堂讨论案例

宜家的客户满意策略

宜家家居也称之为宜家，英文名字是IKEA，由英格瓦·坎普拉德1943年创建于瑞典。公司最开始是经营杂货与文具，1947年转入到家具行业中来，开始销售一些简易家具。宜家1958年在瑞典创建了第一家商场，开始设计并出售带有宜家特色的家居产品。宜家家居一直秉承“为大多数人创造更加美好的日常生活”的信念，把为顾客提供设计精良、功能齐全、价格低廉的家居用品作为宗旨。

宜家在1998年来到中国，它独特的产品、新颖的营销方式带给国内消费者全新的体验。2003年，宜家家居已坐上了全球家居企业的头把交椅，取得110亿欧元的销售收入和超过11亿欧元的净利润。2015年，中国市场已占宜家家具采购市场的25%，位居榜首。

宜家特别重视顾客的消费体验，最早将体验营销用于家居行业中。宜家从创造舒适愉悦的体验环境、提供优质丰富的产品、提供宜家特色等方面为顾客营造全方位、深层次的消费体验，让顾客体验产品本身，感受到家所带来的温暖。

1. 独特的产品设计

宜家的经营理念是“提供种类繁多、美观实用、老百姓买得起的家居用品”。宜家在设计产品前会先做市场调查，深入了解消费者需求，经常与顾客沟通，询问并征求顾客的意见，将获得的信息反馈给设计师，设计师会根据消费者的需求设计产品，满足消费者的需求和习惯，节约成本。

宜家产品充分体现了为大众设计的理念——价廉、耐用、简单、自然。宜家将塑料、层板和松木作为基本的家具材料，通过对颜色和材料的精心选择搭配，使其产品既现代、美观，又实用、环保；既以人为本，又凸显地域特色，很好地表现出了那种源自瑞典的自然、清新、健康的生活方式。

宜家产品系列广泛，从客厅家具、玩具、煎锅到餐具刀叉；从办公家具到绿色植物的所有物品，宜家共有10000多种产品供顾客选择。基本上，任何品位的顾客都能在宜家买到所需的家居产品。

宜家被津津乐道的特点还有DIY，宜家的所有家具都需要顾客自行组装。宜家为所有家具都配有十分具体的安装说明书，顾客可以根据说明书轻松地把家具组装起来。虽然会花费一定的时间和精力，但也提供了创造空间，增加了顾客动手的乐趣，拉近产品与顾客之间的距离，使顾客获得很大的成就感。

2. “润物细无声”的服务

在宜家，没有“销售人员”，只有“服务人员”，因此不会看到传统的销售人员向顾客推销产品的情形，仅有几个服务人员也是非常安静地站在一边，或者在忙碌着理货，只有在顾客需要帮助的时候他们才会出现在顾客身边。

宜家的商场布置显示着其对顾客的重视。进入商场后，地板上有箭头指引顾客按最佳顺序逛完整个商场。主通道旁边为展示区，展示区的深度不会超过4米，以保证顾客不会走太长的距离。展示区按照客厅、饭厅、工作室、卧室、厨房、儿童用品和餐厅的顺序排列。这种顺序是从顾客习惯出发制定的，客厅最为重要、饭厅是人们处理日常事务的地方，家庭办公室紧随其后，卧室是最后一个大型家具区。

宜家精心为每件商品制定“导购信息”，有关产品的价格、功能、使用规则、购买程序等信息一应俱全。宜家总是提醒顾客“多看一眼标签，在标签上会看到购买指南、保养方法、价格等详细信息”。宜家还会用漫画的形式告诉顾客如何挑选商品。例如，“用这样简单的方法来挑选我们的地毯：一是把地毯翻开来看它的背面；二是把地毯展开来看它的里面；三是把地毯折起看它鼓起来的样子；四是把地毯卷起看它团起来的样子”。

宜家提供送货上门服务、上门组装服务，布料加工服务等，只收取合理的费用。宜家的退换货政策是：如果顾客对已购买宜家产品不满意或改变想法，只要包装和货品没有损坏，并保持出售时的状态，便可在60天内带上原始发票或收银条及信用卡收据和完整的货品，前往购物商场更换等值货品或退款。

3. 人性化的关怀

在宜家的文化中，除其具有瑞典自然、简朴特点的产品设计以及人性化的开放式销售外，还有两点不得不提。

一是温馨餐厅。宜家的餐厅类似于“店中店”，顾客可以根据自己需要，随时选择到餐厅就餐或休息。伴着优美的音乐饱餐一顿瑞典特色食品或精选中餐，不得不说在宜家购物是一种享受。

二是关爱儿童。为满足孩子们的特殊需要，宜家开发了一批既能吸引儿童兴趣，又能提高孩子运动能力和创造力等的产品，开发了儿童游戏区、儿童样板间、儿童乐园，餐厅专门备有儿童食品、儿童座椅、奶瓶加温设施，卫生间里还备有婴儿尿布更换设施等。

4. 节省顾客的成本

在宜家有一种说法："我们最先设计的是价签。"即设计师在设计产品之前，宜家就已经为该产品设定了比较低的销售价格及成本，然后在这个成本之内，尽一切可能做到精美、实用。例如，邦格杯子的设计者，产品开发员 Pia Eldin Lindsten 在 1996 年接到设计一种新型杯子的任务，她同时还被告知这种杯子在商场只卖 5 个瑞典克朗。也就是说，在设计之前，宜家就确定这种杯子的价格必须能够真正击倒所有竞争对手。

宜家产品设计过程中重视团队合作。设计师背后是一个研发团队，它包括设计师、产品开发人员、采购人员等。这些人一起密切合作才能够在确定的成本范围内做出各种性能变量的最优解。他们在一起讨论产品设计、所用的材料，并选择合适的供应商，这样才能确保在适当的时间，以适当的价格，并且保证以最高的质量来生产这种产品。

为了降低成本，宜家与 OEM 厂商密切合作。主要表现在两个方面：一是在产品设计过程中；二是在产品生产中。宜家这种负责的态度，使供货商愿意与其合作，使宜家"质优价廉"的产品策略得以顺利实施。

宜家定期给顾客寄送产品目录。顾客可先通过产品目录了解产品，然后光顾宜家自选商场，挑选家具并自己在自选仓库提货。由于大多数货品采用平板包装，顾客可方便将其运送回家并独立进行组装。这样，使顾客节省了部分费用（提货、组装、运输），享受了低价格。

5. 舒适的顾客体验

宜家对自己的产品很有信心，鼓励消费者去感受产品，更欢迎消费者提出体验后相关的感受与建议。在宜家消费者会看到"请坐上去！感觉一下它是多么的舒服"，这取代了很多家居店标出的警示语，如"样品勿坐"。

在宜家，消费者还可以光脚在地毯上走一走感受地毯的质感，躺在床上睡一觉，试试自己的梦甜不甜，躺在椅子上打个盹看看脖子会不会酸，打开台灯试试会不会刺眼。

宜家充分体现以人为本的细节，让消费者体验到舒适、细致、贴心、方便，它还会为消费者准备了测量工具、记录笔、记事本，方便消费者记下产品的相关信息等。

在样板间的设计上，宜家为消费者提供各种家具的搭配组合，这些组合适合于不同风格、面积的房屋。同时宜家会打开灯光，让消费者充分感受不同产品在灯光照射下的全面效果。

宜家不仅是在出售商品，更是在向消费者提供一种创意，打造一种生活，一个梦想。

试用客户满意理论分析宜家家居的经营策略。

任务二　客户忠诚度管理

任务提出

通用汽车公司曾经估计每一位忠实顾客的终生价值在40万美元左右，这一价值包括了顾客所将购买的汽车和相关服务，以及来自汽车贷款融资的收入。但只会购买一辆通用汽车的一般顾客，他的终生价值就少得多。

对于航空公司来说，每两个月就至少有一次长途往返飞行的商务旅客，终其一生可以为航空公司带来超过10万美元的收入，而不固定乘坐航班的顾客所带来的利润则几乎为零。

可口可乐公司预测一位忠诚客户50年能给公司带来的收益是1.1万美元，万宝路公司预测一个忠实的烟民30年能公司带来的收益是2.5万美元，AT&T公司预测一个忠实的客户30年能公司带来的收益是7.2万美元。

问题的关键是，公司是否能将一个客户留住30年、50年，甚至更久。客户的终生价值与客户关系的生命周期长度有关，客户关系的生命周期长短与客户的忠诚度有关。那么，客户的忠诚度和什么有关?

学习目标

1. 理解客户忠诚的含义和类型；
2. 了解客户忠诚度的衡量指标；
3. 理解影响客户忠诚度的因素；
4. 掌握提升客户忠诚度的方法。

相关知识点

一、客户忠诚的含义

客户忠诚是指客户对某企业的产品或服务有一种长久的忠心，并且一再指向性地重复购买。忠诚的客户是企业最宝贵的资源，他们不会因为外界的影响而转变对企业产品或服务的信赖，而是一如既往地使用企业的产品或服务，甚至将企业的产品或服务主动介绍给自己所熟识的亲朋好友。据统计，企业 80% 的利润来源于其 20% 的忠诚客户。不难看出，客户忠诚对企业的重要性。

客户忠诚度是指由于质量、价格、服务等诸多因素的影响，客户对企业产品或服务的依赖和认可程度，是客户坚持长期购买和使用该企业产品或服务所表现出的在思想和情感上的一种高度信任和忠诚的程度，是客户对企业产品在长期竞争中所表现出的优势的综合评价。总之，客户忠诚度是客户对某一企业的产品或服务产生感情，形成偏爱，并长期重复购买该企业产品或服务的依赖和认可程度。

二、客户行为忠诚的类型

Blackman 和 Crompton（1991 年）提出，客户忠诚度的衡量包括行为与态度两方面，其中，行为忠诚偏向于客户实际购买的行为层面，态度忠诚则属于客户心理层面。

随着不同学者对客户忠诚度衡量指标的研究，该指标进一步细化。态度方面的忠诚，主要表现为情感的倾向、对所使用产品的推荐和对竞争产品的免疫力；而行为方面的忠诚，主要表现为重复购买、购买频率与数量等。在实际应用中，后者较前者相对容易采集和量化。在此仅介绍客户行为忠诚的类型。

1. 垄断忠诚

指客户别无选择，此类企业一般都是垄断经营。垄断忠诚的特征是客户低依恋、高重复购买。例如，社会居民购买水、电等产品。

2. 惰性忠诚

惰性忠诚是指客户由于惰性而不愿意去寻找其他的供应商，而选择就近购买，或者一定时期内只从一个供应商处购买等。其特征也是客户低依恋、高重复购买。

3. 价格忠诚

价格忠诚是指客户忠诚于提供最低价格的供应商，因为价格低廉而购买。其特征是客户对价格敏感，低依恋、低重复购买。

4. 激励忠诚

当企业有奖励活动的时候，客户会来购买；当奖励活动结束，客户就会转向其他有更多奖励的供应商。例如，商家的打折促销、有奖促销、赠品活动等。其特征是客户低依恋、高重复购买。

5. 超值忠诚

客户对企业有很深的感情，非常愿意购买企业的产品，主动为企业做正面宣传，对价格敏感度低，对企业的满意度很高，此类客户对企业最有价值。其特征是客户高依恋、高重复购买。

三、客户忠诚与客户满意的关系

客户满意是客户的一种心理感受，是客户消费某企业的产品或服务之后的一种心理反应。客户忠诚是客户对某企业的产品或服务所表现出来的一种长久的忠心，是一种持续的购买和交易行为。客户满意与客户忠诚是一对相互关联的概念。

1. 客户满意，有可能忠诚

根据客户满意的状况，可将客户忠诚分为信赖忠诚和势利忠诚两种。

（1）信赖忠诚。当客户对企业的产品或服务完全满意时，客户往往会表现出对企业的情有独钟，并长期、指向性地重复购买，这就是信赖忠诚。

（2）势利忠诚。当客户对企业的产品或服务不完全满意，只对其中某个方面满意时，所表现出来的忠诚是势利忠诚。也就是说，客户受到企业的产品、价格、服务、促销等其中一个或几个因素的影响，是为了能够得到某个（些）好处，或者害怕承受某个（些）损失，而长久地、重复购买某一产品或服务的行为。一旦没有了这些诱惑或障碍，他们就很有可能转向其他更有诱惑的企业，不再忠诚。

2. 客户满意，也可能不忠诚

虽然客户很满意，但也不一定会再次购买或长期购买。据《哈佛商业评论》报告显示，对产品满意的客户中，仍有 65% ~ 85% 的客户会选择新的替代品，也就是说满意并不一定忠诚。满意的客户之所以不忠诚，有可能是因为竞争对手对客户的诱惑更大，或者由于客户地理位置的限制，只是偶尔地光顾或消费一次，或者因为客户的需求发生了变化等。

3. 客户不满意一般不忠诚

客户不满意，一般不会再次购买。据相关统计数字显示，在 19 个不满意的客户中，一般只有 1 个客户会投诉，而其他 18 个客户，尽管不满意，也不会说什么，但再也不会购买企业的产品了。因此，对于不满意的客户来说，企业没有理由让其再去购买。

4. 客户不满意，也可能忠诚

虽然客户不满意一般不忠诚，但也有忠诚的可能。有两种情况，一种是惰性忠诚，另一种是垄断忠诚。关于这两种忠诚的定义和特征，前面已经有所介绍，不再赘述。虽然客户对企业的产品或服务不满意，但是当没有别的选择或者因为自身的惰性不愿意去寻找新的供应商时，客户选择了“被迫”忠诚。

从以上的分析来看，客户忠诚在很大程度上会受到客户满意的影响，但不是绝对的。客户满意是客户忠诚的基础，但不是必要条件。只有完全满意的情况下，客户忠诚的可能性才最大。

客户满意和客户忠诚都是企业竞争所必须要追求的两个指标。客户满意对客户忠诚起到一定的促进作用，但是客户满意并不一定能够实现客户忠诚。客户忠诚比客户满意更加难以获得。在当今企业经营管理中，通过优质的客户关系管理，力争促进客户满意，同时实现真正意义上的客户忠诚，这样企业才能获得巨大的市场份额和更大的利润空间，实现企业与客户的双赢。

这两只鞋的确是 7 美元

一个法国人到美国去旅行，她在一家皮鞋商店的门口看到一个牌子上写着："超级特价，只需一折！"她就进去看了看，突然发现了一双漂亮的红色皮鞋质量很好，而且是名牌。她在别的地方已经看过好几次了，因为价格太贵没舍得买，现在这么便宜的事居然让她碰上了。

于是她急忙招呼工作人员过来，问道："这双鞋确实是 7 美元吗？"工作人员把鞋子拿了过去，然后说："您稍等！"然后就回到服务台去了。没过多久，工作人员回来了，手里拿着那双红色的皮鞋对她说："没错，这两只鞋的确是 7 美元。"

"两只鞋？难道不是一双鞋吗？"法国人问。工作人员说："在您决定购买之前，我一定要把真实情况告诉您。我们的服务宗旨是诚实守信。我们知道您的时间很宝贵，但还是希望您能听完我说的话。因为如果您回去后觉得不合适，再来找我们的话，更是浪费您的时间。我必须告诉您，这是两只鞋，皮质、尺码、款式都是相同的，只是颜色稍微有一些差别，您不仔细看是看不出来的。出现这样的情况，原因是以前的顾客弄错了，各拿了两双鞋的一只，所以这并不是一双鞋。我们每售出一双鞋，决不留任何隐患。如果您知道真相不想买了，也没关系。我们要做的只是诚实。"

如此真挚的话感动了这个法国人，知道真相后她不仅没有放弃，反而更想买这两只鞋了。而且除了这两只鞋外，她还购买了另外两双鞋。周围都是卖鞋的商店，但她毫不犹豫地在这家商店买了三双鞋。

不仅如此，以后每当她到美国出差的时候，都要抽空到这个商店里买几双鞋，而且从来不在其他的商店门口徘徊，而是直接来到这家商店。

四、客户忠诚度的衡量指标

客户忠诚是客户基于对品质的认可、体验的满意和情感的归依而自然产生的对企业产品或服务的持续购买行为，它对企业的成长具有决定性的意义。营销学有一个公理就是，忠诚的客户才能为企业带来更大的收益。客户对某企业产品或服务的忠诚度，可以通过以下指标来衡量。

1. 重复购买次数

在一定时期内，客户对某一企业产品或服务重复购买的次数越多，则说明客户的忠诚度就越高，反之就越低。需要注意的是，不同的产品或服务的重复购买次数不具有可比性，如重复购买汽车与重复购买可乐的次数。

2. 购买支出份额

客户为购买某一产品或服务的支出在其总的消费支出中所占份额越大，说明客户对此产品或服务的忠诚度越高，反之就越低。

3. 购买决策时间

根据消费心理规律，消费者购买商品，尤其是选购商品，都要经过仔细比较和挑选的过程。由于信赖程度有差别，对不同品牌的商品，消费者购买决策时间的长短也是不同的。一般来说，在产品或服务具有同等质量和性能的情况下，客户购买决策时间越短，说明其忠诚度越高；反之，则说明其忠诚度越低。

4. 推荐潜在客户数量与主动性程度

如果客户乐于或主动推荐潜在客户购买企业的产品或服务，则说明客户的忠诚度越高，反之就越低。

5. 对竞争对手的态度

依据客户对竞争对手产品的态度，可以判断其忠诚度的高低。如果客户对企业竞争对手的产品持排斥态度，或者抱有强烈的不满，说明其对该企业的忠诚度很高，反之就越低。

6. 对价格的敏感程度

事实证明，对于喜爱和信赖的产品或服务，客户对其价格变动的承受能力强，即敏感程度低；而对于不喜爱的产品或服务，客户对其价格变动的承受能力弱，即敏感度高。一般来说，客户对产品或服务的价格变动不敏感，说明客户的忠诚度很高；反之则说明忠诚度较低。需要注意的是，在运用这一指标衡量时，要考虑到客户对于该产品的必需程度、产品供求状况以及市场竞争程度等因素的影响。

7. 对质量的承受力

企业提供的产品或服务因为某种原因，可能会出现一些瑕疵，当然这些瑕疵不会影响产品或服务的使用价值。如果客户对某企业的产品或服务偶尔出现的瑕疵能够以宽容和同情的态度对待，则说明客户的忠诚度较高；如果客户表现非常敏感，无法接受和容忍，则说明客户的忠诚度较低。

除此之外，购物路程的远近也可以作为一个衡量指标。一般情况下，客户喜欢就近购买，以节省时间和其他耗费，但如果客户不惜花费较多的时间和较远的路程去购买自己心仪的商品，则说明其忠诚度较高，反之则较低。

五、影响客户忠诚的因素

影响客户忠诚的因素有很多，有企业方面的原因，如产品或服务的质量、价格、可替代性等；也有客户方面的原因，如客户的消费偏好、品牌意识、满意程度等；当然还有其他方面的原因，如市场竞争程度、客户关系的密切程度；等等。

1. 客户满意

客户满意是客户忠诚的基础。只有企业的产品或服务让客户感觉到满意，才有可能留住客户，客户才有可能再次购买，乃至持续购买。关于客户满意与客户忠诚的关系，不再赘述。总之，客户满意是影响客户忠诚的重要因素之一。

2. 客户利益

客户能否从供应商处长期获利，或者长期得到一定的好处，直接影响着客户的忠诚度。例如，客户由于长期购买某企业的产品或服务而得到一定的折扣优惠，这就能促使客户与企业建立较长时期的客户关系。一旦没有了折扣优惠，客户就有可能转向其他的企业。

3. 客户的信任

客户的信任是指客户对某企业的产品或服务的认同和信赖，它是客户持续满意、不断强化的结果。与客户满意相比，客户的信任是基于理性分析基础上的一种肯定、认同和信赖，而客户满意则趋于感性的认识。一旦客户建立起了对企业的信任，客户就会毫不犹豫地再次选择购买。

在地产界流传这样一种现象：每逢万科新楼盘开盘，老业主都会前来捧场，并且老业主的推荐成交率一直居高不下，部分楼盘甚至能达到50%。据悉，万科在深、沪、京、津、沈阳等地的销售，有30% ~ 50%的客户是已经入住的业主介绍的。据万客会的调查显示：万科地产现有业主中，万客会会员重复购买率达65.3%，并有56.9%业主会员表示将再次购买万科地产，48.5%的会员将向亲朋推荐万科地产。这在业主重复购买率一直比较低的房地产行业，不能不说是一个奇迹。

4. 客户的情感

当企业与客户之间建立起了一定的情感联系，就会使企业与客户之间的关系由单纯的买卖关系升华为休戚相关的伙伴关系。这种情感，可以表现为客户对企业产品或服务的一种高度信任和依赖，或者是对品牌的格外青睐。情感是行为的基础，客户能否持续地购买，情感也是一个非常重要的影响因素。如果客户与企业建立的情感深厚，客户则容易保持较高的忠诚度。

5. 客户的转换成本

转换成本（Conversion Cost）最早由迈克尔·波特于1980年提出，指的是当消费者从一个产品或服务的提供者转向另一个提供者时所产生的一次性成本。营销学者伯罕姆（Burnham）等人将转换成本分为三大类别：程序性转换成本、财务性转换成本和关系性转换成本。如表3–3所示。

表3–3 客户转换成本的构成

转换成本类型	转换成本内容	转换成本解释
程序性转换成本——时间和精力上的付出	经济风险成本	客户转购其他企业的产品和服务，可能会因为信息不对称等原因为自己带来潜在的负面结果，这种不确定构成了风险成本。比如，产品的性能并不尽如人意、使用不方便等
	评估成本	客户转向其他企业的产品和服务，必须花费时间和精力进行信息收集，并评估潜在可替代的供应商

续表

转换成本类型	转换成本内容	转换成本解释
程序性转换成本——时间和精力上的付出	学习成本	客户转向其他企业的产品和服务，需要耗费时间和精力学习产品和服务的使用方法及技巧
	建立成本	客户转向其他企业，必须耗费时间和精力与新的产品 / 服务提供商建立关系
财务性转换成本——财务资源的损失	利益损失成本	客户转向其他企业，将会失去原来企业所提供的经济、服务等方面的优惠
	金钱损失成本	客户转向其他企业可能会带来一次性的财务支出，比如可能要缴纳一次性的注册费用等
关系性转换成本——在情感上或心理上的损失	个人关系损失成本	客户转向其他企业会由于身份关系的打破而导致相关情感的损失，即可能会造成人际关系上的损失。比如，客户与以往供应商非常熟悉，因此而享受的优质服务水平，可能新的供应商无法立即达到
	品牌关系损失成本	客户转向其他企业可能会失去和原有企业的品牌关联度，造成在品牌支持和社会认同等方面的损失

可见，如果客户转换成本较高，客户在转向新的供应商时，可能会损失大量的时间、精力、金钱和关系等成本，即使他们对企业的服务不是完全满意，也会三思而后行。如果客户转换成本较低，则客户很容易转向其他的供应商。

6. 客户的消费习惯

客户的消费习惯、消费偏好、消费观念等，也会影响客户的忠诚度。例如，当客户在使用产品和服务之后能获得持久的满意，客户就可能形成对产品或服务的偏好，会长期倾向于购买该产品或服务，这就形成了一定的忠诚度。再如，客户可能会习惯于就近购买，或者习惯于追求低价，或者习惯于购买某品牌的商品等，也能促使客户的忠诚。

海尔的“创造感动”策略

“创造感动”策略是由海尔CEO张瑞敏提出来的。他主张，营销是“买”不是“卖”，“不是卖产品而是买用户的心灵”。海尔通过质量、服务、个性化设计等方面来解决用户的抱怨，从而创造一次又一次的感动，买来用户对海尔产品的“满意、信赖和忠诚”，买来用户的“心”。

在海尔一直流传着一个“一盒痱子粉”的感人故事。2002年7月，青岛的天气特别炎热，海尔的某商场空调直销员刘玉华接到这样的一个电话：“我要买你们的那套MRV一拖三空调，昨天我在你们的店里已经看过了，而我丈夫出差了，天气又这么热，你们能马上来给安装吗？”细心的刘玉华听到了电话里有小孩子的哭声。刘玉华立即回复道：“放心吧，我们的安装人员半小时之内就能赶到。”刘玉华放下电话，马上安排好了上门安装的专业人员，还调派了一名女促销员同去，并让她带上一盒崭新的痱子粉。

女促销员带着疑惑和安装人员出发了。20分钟后，海尔的设计安装人员到了用户的住处，开始安装空调。这时女促销员发现女主人抱着的孩子一直哭闹不停，仔细一看，原来小孩的后背起了很多的痱子。女促销员立即拿出随身带来的那盒痱子粉，轻轻地给小孩擦上，然后放到了孩子床头。大概是痱子粉让孩子舒服了许多，一会儿小孩便睡着了。

女主人被深深感动了：“我本来只是想买一套空调，可是你们却给我带来这么多关照……”在感激之余，女主人把痱子粉的故事传播到了楼上的其他4家住户，4家住户先后也都安装了海尔空调。小小的一盒痱子粉感动了“上帝”，换来了众多的顾客的信赖和认可。

六、如何提高客户忠诚度

客户忠诚是企业获得长期利润的保障，是企业取得竞争优势的源泉。如果企业赢得了大批的忠诚客户，无疑就拥有了稳定的市场份额。随着市场竞争越来越激烈，培育客户忠诚已成为许多企业奋力追求的重要目标之一。

1. 努力实现客户完全满意

信赖忠诚是建立在客户完全满意的基础上。信赖忠诚是最可靠的忠诚，是能够为企业创造价值最大化的忠诚。只有在客户完全满意的情况下，客户忠诚的可能性才最大。企业应想方设法实现客户的完全满意和持续满意。

要想使客户感到持续地满意，企业就要在产品、服务、价格、渠道等方面下功夫，要不断地了解和挖掘客户的需求，与客户进行互动和交流，及时处理客户的抱怨和投诉，合理引导客户的期望，提升客户的体验价值，通过优质的服务感动客户，赢得客户的信赖和认可。

2. 奖励忠诚

客户在消费过程中是很看重自身的利益的，尤其是物质利益。企业要想赢得客户的忠诚，就要对忠诚的客户进行财务奖励或者其他的特别关照，特别是要运用价格这一杠杆予以回报。例如，要让老客户比新客户得到更多的优惠或折扣，或者向忠诚的客户赠送积分、礼品、奖品，或者实行产品“以旧换新”等。

奖励客户也要区别对待。例如，很多商场在年底进行会员回馈活动时，都是根据会员累积购物金额的多少回馈不同价值的礼品或折扣券。再如，信用卡公司往往向信用较好、付款及时的客户收取较低利息；汽车保险公司往往根据客户投保期长短和安全驾驶记录，确定每位客户保险费折扣数额。

但也有一些企业不顾客户消费数额多少、购买期长短，为所有客户提供价值相同价值的回馈礼品，或者给予相同的奖励，这样做不仅浪费企业的资源，还可能会让更忠诚的客户感到不公平，导致他们“跳槽”。

美国诺德风百货公司是美国鞋业的零售巨头，它的顾客回头率达到87%。该百货公司除了鞋子好，销售人员态度好之外，更重要的是，凡是在诺德风买鞋的顾客都会得到一张精美的小卡片，小卡片上有一句祝福的话，员工会在抬头处签上顾客的名字，落款处签上员工自己的名字和联系电话，那么顾客下一次来诺德风百货公司购物，只要拿出小卡片就可以找到上次那个销售员，而且找同一个人买鞋还有折扣。

3. 提高转换成本

转换成本是客户由一个供应商转向另一个供应商要付出的代价或成本。这种成本不仅有经济方面的，还有时间、精力和情感方面的，它是构成企业竞争壁垒的重要因素。

例如，企业往往会给忠诚客户提供很多价格、服务等方面的优惠，如果客户转向其他企业，将会失去这些优惠条件。再如，当客户转向其他企业的产品和服务时，必须花费时间和精力收集新的供应商的相关信息，并加以评估，才能做出可行的购买决策。

提高客户转换成本的具体措施：增强客户对企业的依赖感，给客户额外的帮助，为客户创造更多的附加价值；加强产品与服务方面的创新，构筑竞争者进入或模仿的壁垒；为客户提供更多的优惠和利益；等等。总之，要让客户意识到，一旦选择别的供应商，将会面临很大的损失或风险，从而阻止客户的“跳槽”。

4. 增强客户对企业的信任和感情

持续的客户满意能增强客户对企业的信任，长期的客户信任能促使客户形成信赖忠诚。另外，企业还要加强与客户的情感交流，赢得客户的心。联邦快递的创始人佛莱德·史密斯有一句名言：“想称霸市场，首先要让客户的心跟着你走，然后才能让客户的腰包跟着你走。”

在客户购买和售后服务的过程中，企业能够根据客户所需要的产品或服务有针对性地制定个性化服务，这样有助于建立稳固的客户关系，维持现有的市场份额，建立客户对企业的信任以及赢得客户的忠诚。

要增强客户对企业的信任和感情，一方面企业要提高自身的专业性，在产品、价格、市场趋势等各方面表现出很强的专业性，遇到问题时，不推脱、不逃避，及时正确地予以处理，与客户共同解决问题；另一方面企业要积极地与客户进行沟通和情感上的交流，与客户建立密切的关系。

星巴克是全球最大的咖啡零售商。星巴克允许员工和顾客在上班时间闲聊，他们可以交流一下最近在听什么歌，也可以发发有关排队、堵车或者坏天气的牢骚。星巴克认为，员工上班时间这样的闲谈也是工作的一部分，可以把员工和顾客变成朋友，而顾客只要喜欢上了这个新朋友，就会常来星巴克。这也就是为什么，星巴克可以做到每天开 5 家分店，每天卖出超过 1 万杯的咖啡的原因。这也被称为星巴克的“精神纽带法”。

5. 加强内部管理，为客户忠诚提供坚实保障

加强内部管理，主要是从员工的角度考虑问题。要想使客户满意，首先要让员工满意，因为员工的专业素质、服务水平、耐心程度等直接影响着客户的满意度。研究发现，员工的满意度与客户的满意度之间呈正相关的关系，员工的满意度提高5%，客户的满意度将提高10%。其次是减少员工，尤其是优秀员工的流失。有些客户之所以重复购买企业的产品或服务，是因为客户与提供产品或服务的员工之间有着良好的私人关系。企业要扩大客户与企业的接触面，减少客户对企业内某一个员工的依赖，同时也避免因为员工的流失而造成客户的流失。

6. 建立客户组织，稳定客户队伍

建立客户组织，如建立客户俱乐部等，使企业与客户的关系更加正式化、稳固化，促使客户产生归属感，从而在企业与客户之间建立超出交易关系之外的情感关系。

需要注意的是，客户俱乐部的建立不要以盈利为目的，而是为了增进客户之间的交流与感情，是为现有的客户提供增值的服务。甚至很多客户俱乐部最初组建时根本没想过要盈利，仅仅是一些兴趣相投的人在一起谈天说地，或者举行一些感兴趣的活动。

中国联通线上客户俱乐部于 2017 年 7 月 19 日正式上线。联通用户在俱乐部内享受众多福利优惠的同时，还可以互动交友。俱乐部有三大亮点：一是影视联盟大约“惠”（会员免费领、电影优惠购、视频免流看）；二是兴趣圈子齐相“汇”（线上互动交友）；三是海量福利共聚“会”（生鲜、旅游、游戏等领域优惠）。

联通俱乐部的金卡会员拥有联通的一对一专属客户经理；一个月可以申请三次临时信用额度，就是在每月基础信用额度的基础上再加上临时信用额度；在全国范围内享受联通机场、火车站 VIP 服务；每年参加其他各项优惠活动；等等。

小结

本模块主要介绍了客户满意和客户忠诚两部分内容，具体包括客户满意的含义、内容；客户满意的衡量指标；客户满意度调查的方法；客户忠诚的含义、类型；影响客户忠诚的因素；提升客户满意度和忠诚度的策略；等等。

客户满意是指客户在消费产品或接受服务的过程中所形成的愉悦感或状态。客户满意是企业战胜竞争对手的重要手段；是企业取得长期成功的必要条件；是实现客户忠诚的基础。

客户满意的内容可以从横向和纵向两个层面来分析。横向层面包括企业理念满意、企业行为满意和企业视觉满意三大层次。纵向层面包括物质满意、精神满意和社会满意三个层次。

衡量客户满意度的指标主要有：对产品的美誉度、对品牌的指名度、消费后的回头率、消费后的投诉率、单次交易的购买额、对价格变化的敏感度、向其他人员的推荐率。

常用的客户满意度调查方法有问卷调查法、客户访谈法、神秘顾客法、设立投诉与意见箱法。

基于客户满意的含义，要想提升客户的满意度，不妨从两方面入手，一方面让客户对企业产品或服务产生合理的期望；另一方面为客户提供良好的消费体验，提高客户的体验价值。除此之外，企业还要真正树立“以客户为中心”的管理理念，并付诸实际的行动，提供确保客户满意的基础条件和保障。

客户忠诚是指客户对某企业的产品或服务有一种长久的忠心，并且一再指向性地重复购买。

客户行为忠诚的类型有：垄断忠诚、惰性忠诚、价格忠诚、激励忠诚、超值忠诚等。

客户满意与客户忠诚是一对相互关联的概念。客户满意和客户忠诚都是企业竞争所必须要追求的两个指标。客户满意对客户忠诚起到一定的促进作用，但是客户满意并不一定能够实现客户忠诚。

提高客户忠诚度的策略包括：努力实现客户的完全满意、奖励忠诚、提高转换成本、增强客户对企业的信任和感情、加强内部管理、建立客户组织等。

影响客户忠诚的因素有很多，有企业方面的原因，如产品或服务的质量、价格、可替代性等；也有客户方面的原因，如客户的消费偏好、品牌意识、满意程度等；当然还有其他方面的原因，如市场竞争程度、客户关系的密切程度等。

思考题

一、名词解释

客户满意；客户忠诚；信赖忠诚；势利忠诚

二、判断题

1. 客户之所以会感到满意，是因为客户的感知价值超过了客户的期望值。 (　　)

2. 企业在评价客户满意度时，将客户满意分为：很不满意、不满意、一般、满意和很满意，这是指客户满意的内容。 (　　)

3. 客户的满意度越高，其忠诚度就越高。 (　　)

4. 忠诚的客户来源于满意的客户，满意的客户不一定是忠诚的客户。 (　　)

5. 通过呼叫中心，企业能在产品之外向客户提供更多的附加价值，例如个性化咨询服务、24 小时不间断电话服务，这些附加价值有助于提升客户满意程度。 (　　)

6. 客户忠诚是一种持续交易的行为，其特征是客户一再指向性的购买、重复购买等。 (　　)

7. 不同忠诚度的客户对企业利润的贡献差别不大。 (　　)

8. 一般来说，客户的忠诚度与客户和企业交易的时间长短及次数的多少相关，只有忠诚的客户才能长时间、多频度地与企业发生交易。 (　　)

9. 客户忠诚度可以采用多种指标进行评价。 (　　)

10. 有人形容，“1 个满意的客户胜过 10 个推销员”。这也是企业为何要将客户满意度作为客户关系管理核心内容之一的一个主要原因。
（　　）

三、简答题

1. 客户满意具有什么重要意义？
2. 衡量客户满意度的指标有哪些？
3. 简述客户满意度调查的一般步骤。
4. 如何提升客户的满意度？
5. 衡量客户忠诚度的主要指标有哪些？
6. 简述客户行为忠诚的类型。
7. 谈一谈客户满意与客户忠诚的关系。
8. 影响客户忠诚度的因素有哪些？
9. 如何提升客户的忠诚度？

四、案例分析题

代顿－哈德森公司培养顾客忠诚案例

代顿－哈德森（Dayton-Hudson）公司是世界最大的零售商之一。它由三家在美国拥有独立品牌的连锁百货零售公司构成——明尼苏达州明尼阿波利斯市的代顿零售公司、底特律的哈德森零售公司和芝加哥马绍尔费尔德百货连锁公司。这三家公司都因为能够提供给顾客具有个性化的款式新颖、领先潮流的产品而受到顾客的青睐。但是从20世纪80年代末期开始，一些以折扣闻名的低价零售店和一些产品的专卖店由于能够提供给购买者更加多样化的选择，使得代顿－哈德森连锁店公司在顾客心目中的地位受到很大挑战和影响，这家公司开始采取措施加强与顾客之间的联系，以此来加大顾客的忠诚度。

实施“金卡计划”

代顿－哈德森连锁店公司采取的加强与顾客联系的第一步措施是跟踪研究流动的顾客。1989年，代顿－哈德森公司决定投资建立一个消费者信息系统，在外界专家的帮助下，这个信息系统不到一年的时间就建成了。这个系统容纳了400万消费者的人员基本信息和他们的消费习惯。计算机分析的结果显示了一个令人惊奇的事实：有2.5%的顾客消费额居然占到公司总销售额的 33%，而这 2.5% 的顾客正是公司特别研究和关注的。这些发现吸引了高层董事的关注，他们急切想留住这些高消费者。公司聘请了管理咨询顾问，他们提供了发展消费者的一些策略，而第一条建议就是开展忠诚性计划。他们将其命名为“金卡计划”。

执行金卡计划遇到的第一个问题就是要提供什么样的优惠。其他部门的商店在他们的忠诚性计划里为消费者提供免费购物的优惠。那么代顿－哈德森公司也要采取同样的方法吗？忠诚性计划的一个最有名的例子就是航空公司的飞行里程累积制。代顿－哈德森公司是不是也应该采取类似的方式呢？

代顿－哈德森连锁店公司的高级管理层和分店经理们没有把自己的关于消费习惯和偏好的想法强加给他们的顾客，相反，他们完全依靠对顾客消费习惯和偏好的细心观察。他们在顾客购物的过程中，积极地观察每个顾客的消费习惯。经过他们的细致的观察，研究小组发现，顾客们最关心的是与店员的充分交流，顾客希望店员能够与他们一起分享商品信息，甚至一些小的不被注意的细节也能够赢得顾客的好感。所以公司最终决定提供一些费用不是很高的软性优惠条件：比如赠送一张上面有有关流行时尚信息的新闻信笺；给消费者提供一些即将要销售的产品信息；一张金卡；购物时附带的一些优惠，比如免费包装，免费咖啡，以及专为金卡用户提供的特殊服务号码。每个季度还为他们邮寄一些赠券。

“金卡计划”的效果评估

接下来的重心主要放在建立客户联系及评估上。为了评估“金卡计划”的效果，代顿－哈德森公司设置了一个对照组，即不享受任何优惠和个性化服务的一组顾客。公司内部为这个设想有过激烈的争论，但是最终大家都理解了对照组到底有什么样的好处。评估在营销中是非常重要的，一些公司认为仅仅通过询问消费者的满意程度就可以评估出消费者对忠诚计划的积极性，但实际上这是不可能的。

代顿－哈德森公司还开通了消费者服务热线电话。热线一开通，马上就爆满。热线工作组原预计一年可能会接到 3000 个电话。可是第一个月就已经大大超过了原先的估计。消费者对热线有很高的期望。他们有时宁愿回到家中，坐下来打一个电话，也不愿意直接与管理人员或商店经理交谈。

“金卡行动”带来的良好结果使得代顿－哈德森公司决定在接下来的时间里用不同寻常的方式继续这项行动，他们把那些高度忠诚的顾客集合起来，让他们参加一些重大的特殊仪式和会议，比如关于流行趋势的论坛，甚至是公司举行的盛大的招待晚宴，这些活动的作用类似于一个巨大的实验室，在这个实验室里，公司的员工可以有更多的机会认真、细致地观察顾客的消费态度和行为习惯，同时，也使得这些顾客们感到了自己身份的特殊性，从而进一步增加了他们对公司的认同感和归属感。

在这项活动运作了一年的时间后，金卡计划取得了成功。成员增加到了40万人。在这一年的时间里，举办了许多的艺术演出活动、时尚研讨会，还尝试了一些降价活动，而且越来越多的活动也正在筹备和策划当中。与对照组相比，金卡用户明显消费比较高。金卡计划取得了极大的成功。这项计划使消费者感到很满意，并且他们很乐意继续购买代顿－哈德森公司的商品。同样，从公司的长远及股东的长远利益来看，这项计划也将会大大增加销售量。

随着销售额以百万美元的数量递增，“金卡计划”被公司认为是一本万利的举措，这项举措在赢得顾客的高度忠诚方面实在功不可没，在今后的公司运作中，代顿－哈德森公司决定将这项运动的核心理念运用到公司的更多顾客身上。

讨论题：

1. 代顿－哈德森公司是在什么情况下决定要实施“金卡计划”的？

2. 代顿－哈德森公司实施的“金卡计划”，具体包括哪些做法？取得了什么效果？

3. 通过本案例，你能从中受到哪些启发？

五、实践题

组织学生进行客户满意度调查。分组完成，每组3～4人，围绕身边的或者熟悉的商家、产品或品牌开展客户满意度的调查。实训的内容包括设计客户满意度调查问卷、实地调查、数据统计分析、撰写调查报告。最后以小组的形式进行汇报展示。

模 块 四

客 户 互 动 管 理

任务提出

4C 营销理论（The Marketing Theory of 4Cs），是由美国营销专家劳特朋教授（R.F. Lauterborn ）在 1990 年提出的。它以消费者需求为导向，重新设定了市场营销组合的四个基本要素：即消费者（Customer）、成本（Cost）、便利（Convenience）和沟通（Communication）。它强调企业首先应该把追求顾客满意放在第一位，其次是努力降低顾客的购买成本，然后要充分注意到顾客购买过程中的便利性，而不是从企业的角度来决定销售渠道策略，最后还应以消费者为中心实施有效的营销沟通。

4C 营销理论认为，企业应通过与客户进行积极有效的互动与沟通，建立基于共同利益的新型客户关系。通过有效的互动与沟通，了解客户的需求，为客户提供所需要的产品或服务，以提高客户的满意度和忠诚度。

那么，企业如何与客户进行互动，以及在哪些情境下需要与客户进行良好的互动?

学习目标

1. 掌握客户互动的基本概念、客户关怀的操作方法、客户关怀的内容；

2. 理解客户流失的定义、客户流失的原因及对策、客户互动提升策略；

3. 充分认识处理客户抱怨投诉的重要性；

4. 了解重视客户流失的意义、客户互动新媒介工具；

5. 具备有效应用客户投诉的处理方法解决实际问题的能力；在实际操作中能运用多种沟通方法达到与客户互动的目的；能运用客户流失管理中防范流失的策略解决现实问题。

相关知识点

一、客户互动

（一）客户互动的含义

互动是企业与客户之间的沟通，可增进彼此之间的了解，减少信息不对称。目的在于增加企业对客户的了解，获取客户的各种需求信息，以便增加企业服务客户的精准性，提高企业维持客户忠诚度的可能。互动的结果不只提高企业利润，也有助于提升其社会效益，促进企业长足发展。客户也可以对企业有所了解并关注企业，为保障自己获取各方面的利益提供必要条件。因此，通过客户互动可以建立企业与客户沟通的桥梁，建立“情感”纽带，是一种双赢的方式。

客户互动是企业与客户之间的交流与接触，使企业与客户共同合作，协同努力，共同促进交易。其内涵广泛，主要包括产品与服务的交换、信息的交流和对业务流程的了解等方面。具体体现在以下几个方面：

1. 客户互动是信息沟通的过程

客户互动是一个沟通的过程，但它是一个有目的地提供信息、说服和提醒的沟通过程。从沟通的视角看，企业与客户的互动是否有效，不仅取决于沟通的内容，还会受到内容传递方式、规则等因素的影响。双方会凭借自身的知识和经验对互动中的信息进行选择性地注意和加工，对彼此的行为及心理状态进行解释。因此会产生不同客户之间的解释存在明显的差异，这会直接影响客户与企业互动的效果和进程。

2. 客户互动是双向的过程

为达到成功互动的目的，信息流应是双向的。即双方都有来自对方的信息和发送给对方的信息。客户与企业的互动要双方都参与其中。互动的效果可以从两个方面衡量，即沟通的深度和对对方信息的响应性，互动参与者的双向沟通越深入，响应越及时，相互的依赖性也就越强，也就能取得更好的互动效果。

3. 客户互动参与的双方都可以控制互动过程

企业与客户之间的互动涉及的是共同的利益，互动中双方交换信息和观点，它可以按照任何一方选择的主题和方向进行与发展。客户互动双方都可以控制互动过程，企业应在适当的情况下尽可能满足客户的控制需求，从而提升客户参与互动的满意度，提高客户与企业互动的积极性和主动性。例如，在客户就售后问题与企业进行沟通的时候，可以给客户更多的选择。

4. 客户互动是一个持续的动态过程

企业更应将关注的重点放在与客户的长期关系上，这样的客户互动必然是一个又一个活动所形成的持续过程。但企业与客户的互动过程存在变数，可能使双方关系更加紧密，也可能促使裂痕产生。为此，企业要持续致力于客户互动的管理与优化。

（二）客户互动的类型

从互动参与对象来看，客户互动主要有两类：人际互动和人机互动。其中，根据互动的媒介不同，人际互动还可详细分为现场的人际互动和媒体支持的人际互动。

人际互动指的是人与人之间的互动交流。其中的现场互动是指面对面的互动，媒体支持互动允许空间完全独立的个体之间的互动。

人机互动指的是人与机器、系统之间的互动。

不同的客户互动类型在同步性、可视性、可记录性等方面存在差异。同时，客户互动的不同类型不仅影响互动的精确性，还对互动中传递信息本身的认知有影响。

不同的互动类型有其适用条件。企业应该根据具体的互动目标和要求来选择或者使用不同类型的客户互动方式，以实现预期的互动效果。例如，Adobe 软件公司为用户和开发者构建了一个网站社区，使他们通过这个平台可以经常交流使用经验和技巧及其他相关信息，从而把用户和公司及品牌紧密联系起来，使客户产生一种强烈的归属感，从而与客户建立起十分密切的联系。

（三）客户互动渠道

传统的客户互动渠道是以代理分销制为代表的产品和服务推广渠道。其优势体现在：资金支付方便、快捷；操作简单、易于控制；渗透力强、覆盖范围广；可分担库存风险；渠道商拥有较多的潜在客户；拥有仓储、物流等方面的优势。鉴于此，对多数的中国厂商来说，代理分销制度仍是主流。

按照互动渠道是否涉及人员可将互动渠道分为人员互动渠道和非人员互动渠道。

1. 人员互动渠道

人员互动渠道涉及企业员工与客户之间的直接交流与沟通，这种交流与沟通可能是直接面对面的交谈，也可能是在辅助工具下进行，如电话、信函、网络、传真、邮件等。不同的交流方式在成本、速度、传递信息的丰富性、互动性等方面有着不同程度的差别，企业可根据实际情况和目的要求进行选择其中的一种或几种渠道综合起来使用。

表 4-1 不同客户互动渠道能力比较

客户互动渠道	成本	速度	传递信息的丰富性	互动性
面对面交流	高	稍慢	很丰富	强
信函	中	慢	丰富	弱
电子邮件	低	快	丰富	较弱
网站	低	快	丰富	较弱
电话	高	很快	不丰富	较弱

2. 非人员互动渠道

非人员互动渠道是指那些不需要通过企业与客户之间的接触和反馈就可以传递信息的渠道，主要包括：（1）媒体。如报纸、杂志、直接邮寄材料、广播、电视、广告牌等；（2）环境。环境能够创造或者加强客户对企业了解、加深印象的氛围；（3）事件。事件是企业为了向客户传递信息而设计的一系列活动，如新闻发布会、盛大开幕式、公众参与活动等。

随着社会及科技的发展以及客户的需求变化，更主要的是传统客户互动渠道暴露出的不足。例如，遭受厂家的冷落；渠道之间的竞争无序；消费者信任危机；自身跟不上市场发展的节奏。基于以上的原因，不少企业结合当今科技的发展探索新型的客户互动渠道，如综合运用多种交流媒介的呼叫中心在客户互动渠道中发挥越来越重要的作用。具体体现在提高客户的满意度和忠诚度；降低服务成本，有效管理资源；提高服务人员的工作效率；保持并增强现有的市场渠道，挖掘新的市场资源；为企业提供市场分析数据等方面。

企业常常通过多种渠道与客户互动，因此如何使得多渠道传递给客户的信息或服务一致，是保障互动效果的前提，为此需要统一知识管理。

企业为客户提供服务的依据不外乎是产品的信息、客户服务要求、市场活动内容等。常见企业在利用不同渠道推送相同信息时会产生差异，究其原因主要是不同渠道的知识管理不统一，同一信息由不同客户服务渠道经过采编转化后信息会有所不同。为此，可采取以下措施进行整改，即统一的知识管理体系的建立：建立统一的知识管理组织，该组织所开展的知识管理（包括采集、转化、审核发布等）不单独服务于某一渠道，而是服务于所有渠道；建立统一的知识结构；建立统一的客户化语言标准；建立统一的知识库系统平台。

（四）客户互动管理

为实现客户互动的目的，发挥客户互动设计的功能，实施有效的管理是重要的手段。通常，着眼于分析客户互动有效性的影响因素。

影响客户互动效果的因素众多，通常情况下有三种重要因素：（1）有效员工。衡量有效员工的标准有给企业客户服务代表授权、非接触时间（指一个企业客户服务代表在不与客户进行互动时，在文件处理和培训上所花费的时间）；（2）有效的信息技术。在实践中要充分考虑信息技术的投资、系统复杂性，以及客户与企业接触时所遇到的阻碍之间的平衡关系；（3）有效的流程。企业内部流程的设计与实施，应该是最有效地利用互动过程中的每个要素。

分析员工、信息技术、流程之间的关联，重点考虑对它们进行有效的管理和改进，提升其效率，并促进它们相互间产生积极的作用，最终对客户互动效果产生积极影响。

在实践操作中，运用一些客户互动技巧可以有效提升互动效果。例如，在互动中要明确每次互动的目标，有利于保持和发展持久的客户关系；对客户的相关请求应及时回应；尽可能多地通过正常渠道获取客户信息，从而了解客户；充分利用与客户的接触机会；有效倾听客户的心声；交往中注意界限，在权责范围内对客户做出承诺；态度坦诚、认真、良好。

新媒介时代的客户互动媒介与互动中心

目前关于新媒介的界定众说纷纭，新媒介与旧媒介是相对概念。随着信息技术的迅猛发展，新媒介的外延不断扩大，以数字化和互动性来界定新媒介的基本特征，新媒介的外延主要包括网络媒体、手机媒体、网络电视等媒体形态，目前真正能称为新媒体的媒介只有互联网和手机。

新媒介时代客户互动的媒介工具主要有企业网站、博客、虚拟社区、即时通信等。借助这些新媒介工具，能够精准地将要沟通的信息传递给经过细分的目标客户群体，从而实现客户互动效应的最大化。

企业网站

企业网站是目前应用非常普遍的互动营销工具。通过简洁的界面、清晰的网站结构和信息分类，帮助消费者通过方便、快捷的操作获得所需信息，了解企业形象、企业文化等信息。网络媒体的特性决定了企业与客户之间双向沟通的实现。企业网站还可以通过调查的方式搜集客户数据，有利于客户数据库的建设。

博客

点对点传播时代，企业发布信息是与客户互动的重要方式。企业可以向客户自主传递海量信息，内容和形式灵活多样，成本低。其互动性体现在作为博客主体的企业和作为博客受众的客户可以互为信息源。实现了企业、内部公众、目标消费者之间的互动性极强的多向传播。随着微博的发展，企业可以与客户实现即时互动。

虚拟社区

当一个虚拟社区形成之后，它将拥有两项最宝贵的资产：一是社区成员之间的相互信任以及对社区的忠诚度，这方面能够促进三类互动，即企业对客户的互动、客户对企业的互动、客户对客户的互动；二是社区所积累的丰富的成员资料。

即时通信

即时通信已成为一个集各种功能于一体的综合平台。具有即时互动、低成本、高效率、高私密性、使用简单等特点，帮助企业和客户建立更为紧密的在线关系。即时通信平台为“一对一”和“一对多”的客户互动提供了更多可能。企业与客户互动的过程自然地生成了一个有关客户与企业服务人员之间交流的书面记录，容易存档和搜索，有助于企业加强客户关系管理，提高服务质量。

及时通信的群组功能也成为企业与客户精准互动、强化关系的新选择。具有某些相似性的及时通信群就像细分市场，企业要做的就是找到这些目标客户，有的放矢地开展互动。企业也可以自己组建群组，邀请客户参加，不但能有效地实现企业与客户互动，而且能增加客户之间的互动。

客户互动中心

伴随着计算机和通信等相关技术的迅猛发展，客户互动中心在呼叫中心基础上发展起来。它利用集成的IP交换功能，融合更多类型的服务方式，系统的集成度和复杂度进一步提高，成为集合多种现代通信手段的、全面的对外信息交流中心。它的一个显著突破是基于IP交换功能的接入方式完全支持计算机的网络服务。企业能主动为客户提供各类服务，从而使二者能够真正实现互动。

客户互动中心具有先进灵活的系统结构、卓越的客户服务接入能力和强大独立的自动语音资源功能，能够快速、简单地生成新业务，为客户提供个性化、综合性服务。

（资料来源：刘丽英、李怀斌．客户关系管理（第二版）[M]. 大连：东北财经大学出版社，2017）

（五）基于服务质量的客户互动提升

1. 制定以客户为中心的战略

不少企业失败的原因在于它的互动战略。企业在与客户互动之前，要牢固树立“以客户为中心”的理念，利用互动技术提供客户认为有价值的产品，并试图从客户处得到反馈的意见。

2. 整合互动渠道，保持个性化

不同渠道的差异性表现在多方面。以客户为中心的企业，不仅要关注每一次与客户进行互动的效率问题，还要关注企业多种互动渠道的融合，实现客户信息的整合。准确识别出每一个客户，就具有了强大的服务于客户的能力。

企业应根据不同渠道的特点，在众多的互动方式中寻求最适合特定客户的互动方式或几种方式的组合，实现客户互动的个性化，通过整合客户理解力和营销执行力，为客户提供具有高度移情性的客户互动服务，提高客户的忠诚度。

3. 对互动服务人员的人性化管理

互动员工的表现在很大程度上决定了客户的互动体验，影响客户对互动服务质量的评价。互动员工与客户的同步交流和沟通是非常个性化的，因其面对的是不同的客户互动过程。为此，企业要加强对一线员工的培训，如技术知识和互动能力、授权给一线员工、促进团队合作、优化客户互动的流程等方面的培训。

（六）客户互动设计

通常情况下，客户互动可遵循一定的步骤，如图 4-1 所示。第一步，确定客户互动的对象，即确定要与哪些客户进行互动；第二步，明确企业希望达到的互动目标；第三步，设计互动的内容，完成设计的工作，重点是与客户交流什么；第四步，计算企业在互动中的费用；第五步，确定互动的渠道以及频率；第六步，评估互动的效果。

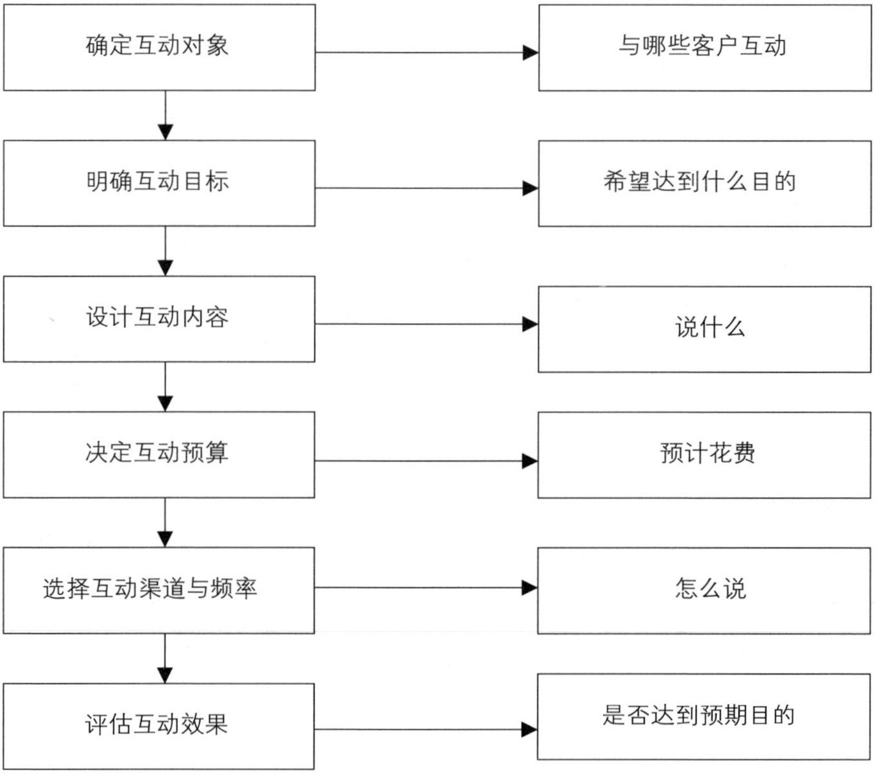

图4-1 客户互动设计的步骤

课堂讨论案例

钻石的情感

MaBelle 钻石是香港利兴珠宝公司推出的大众钻石品牌。该公司高层管理人员清醒地意识到，只有与客户建立情感上的沟通，赋予客户与众不同的优越感，才能为企业创造更多的价值。

MaBelle 设立“VIP 俱乐部”。该俱乐部通过为会员带去钻石以外的生活体验，通过加强 MaBelle 店员与客户之间的个人交流以及会员之间的情感联系，将情感赋予了钻石。

一般来说，客户购买了一定数额的 MaBelle 钻石就可以注册为“VIP 俱乐部”会员。公司对销售员工的要求是，必须定期通过邮件、电话、短信等方式和客户建立个人关系。MaBelle 定期为会员举办关于选购钻石的知识和钻石款式方面的讲座，增加了客户对企业产品的了解。

MaBelle 还经常为“VIP 俱乐部”会员安排与钻石无关的各种活动，根据公司掌握的不同会员的年龄、职业和兴趣等，邀请会员参与这些活动。这不但给会员提供了难忘的生活体验，而且帮助他们开拓交际圈，通过俱乐部结识了不少朋友。

（资料来源：皮骏 . 客户关系管理教程（第二版）[M]. 上海：复旦大学出版社，2016）

讨论题：

随着信息科技的发展，设想你是利兴珠宝公司的高层管理者，如何完善客户互动方案？

二、客户关怀

（一）客户关怀的含义

客户关怀即通过对客户行为的深入了解，主动把握客户需求，通过持续的、差异化的服务手段，为客户提供合适的产品或服务，最终实现客户满意与忠诚度的提高。

客户关怀具有针对性、体贴性和精细化的特点。企业实施客户关怀的目的是为了提高客户忠诚度、延长客户生命周期、改进产品和口碑传播。它涵盖了公司经营的各个方面，从产品或服务设计到如何包装、交付和服务。当前，许多企业在实际操作中已经超越了营销取向的思想，而将注意力更多地放在“关照”客户和“最大化”客户满意程度方面。原因如下：

（1）高度满意的顾客会更加、更久地忠实于企业；

（2）主动尝试企业更多的新产品，并提高购买价值更高的产品；

（3）对企业及其产品说好话，形成良性口碑；

（4）忽视竞争品牌及其广告，并对价格变化反应平淡；

（5）由于更加熟悉与交易的程序化而降低服务成本。

客户关怀活动范围的实际参考指标通常有：

（1）客户服务。一般包括为客户提供有关产品或服务技术说明的建议和信息、售后支持安排与步骤。最终的客户服务取决于客户得到产品和服务过程所有因素的交互作用；

（2）产品质量。与用以确保符合产品说明、适合其使用目的以及使用安全而设置的标准及测度紧密相关；

（3）服务质量。企业与客户之间的界面和关系，着重点在于交易过程中顾客的体验；

（4）售后服务。它涵盖售后查询和投诉以及修理和维护步骤等。

携程旅行网的客户关怀策略

为更好地服务客户，提升客户的满意度，进而获得客户的忠诚，携程不断改进服务思路，并结合社会发展和客户需求的不断变化，适时推出各种举措，使客户真心体会到携程的关怀。

1. 成立呼叫中心

2008 年 12 月，携程南通呼叫服务中心正式启动。2010 年 5 月 8 日，拥有超过 1. 2 万个呼叫席位的携程信息技术大楼在江苏南通经济技术开发区正式落成。

2. 与相关企业合作

2011 年 1 月 12 日，携程与沪上知名餐饮预订服务提供商“订餐小秘书”在上海正式签署合作协议。携程投资“订餐小秘书”，双方将发挥各自优势，共同深度拓展中国订餐市场。

携程旅行网拥有中国领先的酒店预订服务中心，为会员提供即时预订服务，合作酒店超过 3. 2 万家，遍布全球 138 个国家和地区的 5900 多个城市，有 2000 余家酒店保留房。

携程于 2011 年 7 月 5 日推出高铁频道，为消费者提供高铁和动车的预订服务。

金穗携程旅行信用卡是中国农业银行股份有限公司与携程旅行网合作发行的金穗系列品牌贷记卡，该卡集金穗贷记卡金融功能以及携程 VIP 会员卡功能于一体，秉承中国农业银行与携程旅行网的优质服务。

携程星程酒店成立于 2008 年，是由携程国际创立的中档酒店联盟。目标是为客户选择中档酒店市场中的优质酒店。通过现代管理模式、引入顾客服务及品牌新理念，为客户提供优质服务。已在上海、北京、杭州、苏州、成都、沈阳、宁波、大连、青岛、天津、常州、广州、珠海、深圳、厦门、西安、武汉、烟台、济南、吉林等 20 多个城市拥有近百家酒店。

3. 拓展服务功能，创新服务项目

携程度假提供数百条度假产品线路，包括“三亚”“云南”“港澳”“泰国”“欧洲”“名山”“都市”“自驾游”等众多度假专卖店，每个“专卖店”内拥有不同产品组合线路多条。

携程网推出的机票、火车票同时预订功能。基于对用户行为习惯的深入观察，创新性地将机票和火车票放在同一页面进行价格上的对比，解决了因价格选择困难的问题，方便客户选择。

携程古镇网成立于2005年，是中国最权威的全面介绍古镇旅游的网站，覆盖中国古镇吃、住、行、玩及旅行线路各个方面。2010 年 11 月推出了在线预订客栈服务。

2000 年创办台湾易游网，通过网络提供全方位的线上服务，是台湾线上旅游的领先者。

随着携程旅游私人向导平台的上线，游客可以通过平台完成服务预订和交易全过程。游客可在平台上根据向导的年龄、性别、价格、服务次数、点评等选择自己心仪的导游。可与导游沟通，初步确定需求。在出行前，导游也会根据游客的需求定制个性化的游玩线路。确定行程后，游客即可在平台上确认合同、在线支付等。

携程顾问是携程旅行网于 2016 年推出的个人旅游分享经济服务模式。携程顾问借助携程品牌和产品库为客人提供旅游咨询和预订服务。使用携程顾问 APP，携程顾问可以给想要进行旅游咨询和预订服务的消费者提供最有效的帮助。

携程旅行网自 2011 年推出代号为“游票”的预付卡产品，并逐步深度优化产品的用户体验及支付范围，2013 年，正式定名“携程礼品卡”。携程礼品卡（任我行）可预订预付费类酒店、惠选酒店、机票、旅游度假产品、火车票产品、团购产品。携程礼品卡（任我游）可预订预付费类酒店、惠选酒店、旅游度假产品、团购产品。

由携程旅行网的酒店点评、目的地探索和社区服务整合的携程驴评网，为客户更好地分享“去哪里、玩什么和住哪里”提供帮助。

通过发展携程集团成员，以多种渠道和方式为客户提供便利，超出客户预期，获得客户好评。

在承担社会责任方面，在多地参与希望小学的建设、设立助学金，在客户中树立良好的企业形象，形成良好的客户口碑，传播社会正能量。

4. 客户关怀的社会成效

2010 年 10 月，第三次获得中国最佳呼叫中心“金耳唛大奖”。

2006 年 12 月，获得 2006 年中国客户关怀标杆企业（旅游类）。

2016 年度，携程有效投诉量 334 件，解决量 313 件，解决率 93.71%，获评为“2016 年度 OTA 行业最佳客服”。

2017 年 8 月 3 日，2017 年“中国互联网企业 100 强”榜单发布，携程排名第九位。

（资料来源：https://baike.baidu.com/item/%E6%90%BA%E7%A8%8B/3148245?fr=aladdin

http://ts.21cn.com/zhuanti/xiechengwang

https://wenku.baidu.com/view/c1d4501876eeaeaad1f330f1.html）

（二）客户关怀的内容

客户关怀从服务领域向实体产品销售领域扩展，目前几乎所有的行业和不同的经营方式都重视客户的价值，已充分认识到维系老客户对企业发展带来的益处。通常客户关怀是重点讨论的方面。同时，客户关怀不单纯是一个独立的职能或一个部门的工作任务，而被视为一个过程，需要企业多个部门的合作完成。

售前客户关怀能帮助企业明确客户需求，加快企业与客户之间建立关系，促进和鼓励客户购买本企业的产品或服务，向客户提供产品信息和服务建议等。企业可通过产品推广、展示会、广告宣传和知识讲座等形式，让客户观看或体验企业的产品。

售中的客户关怀，与企业提供的产品或服务联系在一起，订单的处理及各种有关的细节，都要与客户的期望和需求相吻合，以使客户满意。好的售中服务可以为客户提供各种方便。客户购买期间，售中服务体现为过程性，在客户购买产品的整个过程中，让客户感受到优质服务，以便促成客户的购买。

向客户提供更优质、全面周到的售后服务是企业争夺客户资源的重要手段。售后服务实行跟踪服务，主要集中在高效跟进和圆满完成产品的维修和修理的步骤，围绕产品、客户，通过关怀、提醒或建议、追踪，最终达到企业与客户互动，为客户的重复购买提供可能。

（三）客户关怀的具体操作方法

为实现企业经济效益和社会效益的提升，应将客户关怀视为贯穿于市场营销的所有环节，而不是孤立地存在于与客户沟通的某一阶段的任务或职能中。企业通过各种合理、合法的有效途径，了解并分析客户需求与偏好，提供主动的、超值的具有针对性的关心，以满足客户需求。同时，企业应根据自身产品的特点，制订自己的客户关怀策略。

企业应区分不同规模、贡献层次、地区、民族、性别等客户，从而采取不同策略，从关怀频率、关怀内容、关怀手段、关怀形式等方面制订计划，落实客户关怀。同时要有创新意识，及时创新服务手段、模式等。在实际操作中，可采取短信关怀、电话关怀、邮件关怀、现场服务、优惠关怀、呼叫中心等一种或多种综合形式达到宣传企业，增进客户关系的目的。

企业依据自身的愿景和产品的特点，应由专职人员和部门对客户关怀的流程与设计进行阶段性的评价和考核，以期改进现有流程设计的不足，制订更有效的客户关怀内容，提升客户关怀效果。考核的重点是：对所有营销变量的考虑，包括产品或服务、广告、促销、推销、交付、订单处理等变量。

客户关怀首先应满足客户的寻求特征，即客户在购买产品之前就能够决定的属性。例如，产品的包装、外形、规格、型号、价格等。对关键营销能力和个人网络的辨识与加强，重点关注知识、沟通、经验和判断，在涉及客户关怀的所有方面培育和发展个人联系。对客户关怀的一致性和均衡性进行考察。关注客户与企业的认同度，即对客户和企业内在关系进行分析，特别是客户心理维度方面的认可程度。站在客户的角度体验或了解客户购买产品后的满足程度。对于客户在购买产品或消费产品和服务后，仍不能评价的某些特征和属性，须依赖提供该产品或服务的企业自身的职业信用和品牌影响力来进行评价。

课堂讨论案例

宝洁（中国）的客户关怀手段

宝洁（中国）体会到企业在提高产品品质的同时，还应该注重调整企业运作流程，全方位、多渠道满足客户需求，提供更先进的个性化服务，从而增加客户对企业的信任度。

消费品有众多的客户，产品种类繁多，企业需要花费大量的成本才能将企业的信息和新产品通知客户。如何更好地应用互联网帮助企业降低销售成本的同时，又能保持与客户的良好关系，保证企业信息的到达率，就成为宝洁（中国）管理层需要认真探索的问题。宝洁公司已拥有的大量客户资料，存在于各个不同的部门，如何充分利用这些资料，更好地为客户提供贴心服务，也使宝洁重点关注客户关系管理系统的使用。

通过对比分析，宝洁公司认为，艾克国际的网上个性化软件、电子邮件营销以及客户分析三个模块比较能满足现阶段企业的业务需求。

自上线以来，网上注册客户大幅度增长，为公司与最终消费者群体的近距离交流提供了现实条件。这三个模块在互联网平台上相辅相成，形成一个“闭环”系统。这种模式，既提高了公司的品牌形象，又提高了公司与原本“生疏”客户之间的亲和度以及产品向市场推广的能力。

（资料来源：徐刚、饶欣等 . 客户关系管理理论与实务 [M]. 上海：上海财经大学出版社，2016）

讨论题：

1. 如何根据消费品行业的消费特点实施客户关怀？宝洁公司如何做到这一点？

2. 通过进一步查阅资料，了解宝洁公司所运用的三个模块的具体功能，说明“闭环”运作机制的优势。

三、客户抱怨管理与投诉处理

（一）客户抱怨管理

1. 客户抱怨的理解

客户抱怨的研究起源于 20 世纪 70 年代。客户抱怨是指客户向产品或服务的生产或销售公司，或是第三方组织反馈产品或服务负面信息的行动。

客户抱怨分为两大类，即非投诉抱怨和投诉抱怨。属非投诉抱怨的客户虽未投诉，但可能停止购买或向他人传播不满信息。此类抱怨会使企业失去进一步改进和提高产品或服务质量的机会，而且企业形象也有可能在消费者心中大打折扣。投诉类抱怨表明客户因不满意而采取投诉行为，对客户来说可以使不满意的因素得到化解进而感受到满意，对企业来说可以在得到客户抱怨反应后立即采取补救措施。

2. 重视客户抱怨

客户抱怨所形成的口碑效应使得负面影响加大。客户的不满和抱怨，将会对企业的信誉产生很大的影响。一般来说，争取新客户的花费是留住回头客的 5 ~ 7 倍。因此，回头客较新客户更有利可图。

除了如上所述客户抱怨带来的不利影响，还应看到其积极性的一面。客户抱怨对企业来说是很有价值和意义的，也是企业挽回信誉和改进工作的机会。为此，企业应充分正视客户的不满与抱怨，借此机会将企业暴露的问题及不足进行整改，提升企业对客户的服务满意度。重塑客户对企业的信心，使这些客户有可能成为企业的忠诚客户，带来正面的口碑效应。重视客户抱怨还可以诊断企业内部经营与管理所存在的问题。管理客户抱怨有如下的作用。

（1）改善产品和服务。企业可依据客户对产品的意见不断改进生产技术，增加产品的功能，以便更好地满足客户需求。客户对企业产品或服务的不满意，往往是因为企业产品或服务存在着不足或漏洞，通过对客户不满与抱怨的正确认识，不断完善企业的产品和服务。

（2）创新的源泉。客户抱怨实际上是一个非常有价值而且免费的信息来源，企业应充分利用这一渠道，综合企业的各种资源进行创新，为企业赢得新的机会。

（3）赢得客户。企业积极且系统地处理来自客户的咨询、建议和抱怨，通过补偿客户在利益上的损失，可以赢得客户的谅解和信任，维护企业良好的形象，保证企业与客户关系的稳定和发展。

3. 客户抱怨的成因

（1）基于产品的客户抱怨。由于产品问题引发客户不满。例如，产品质量缺陷、产品规格不符、产品技术规格超出允许误差、产品出现故障等。导致上述现象主要是生产者的责任。

（2）基于服务的客户抱怨。主要包括对企业各类人员的服务质量、服务态度、服务方式、服务技巧等提出的批评与抱怨。常见的情形有：企业员工服务态度差；员工缺乏正确的推销方式；员工缺少专业知识；员工过度推销；企业环境的公共卫生状态不佳；等等。

（3）基于客户本身的抱怨。来自于客户自身原因的抱怨，有的是因为客户性格，在购买产品或服务的过程中比较挑剔。如何对这类客户提供服务已成为企业面临的问题之一。

4. 处理客户抱怨的策略

首先，通过各种途径了解客户不满与抱怨。常见的方法是企业定期对客户进行满意度调查；设立专门的机构或部门以便捷的方式倾听客户的意见；等等。

其次，要掌握几项原则：安抚客户并对客户抱怨给予足够的重视；充分分析客户抱怨的原因；正确及时解决问题；对抱怨与解决要详细记录；反馈解决结果给客户；追踪客户对抱怨处理的态度；企业反思与归档解决记录。

在实际操作中，掌握有逻辑性的流程与合适的方式和技巧，可以大大地提升处理抱怨的效率与效果。

（1）客户抱怨处理流程。通常情况下的流程包括：记录抱怨内容；判断属实性；确定处理部门；分析原因；提出处理方案；提交主管领导批示；实施处理方案；总结评价；归纳整理相关记录。

（2）对客户抱怨处理方式。目前运用较多的处理客户抱怨常常通过信函、电话、访问等方式。利用邮寄信函处理不是很方便可靠。互联网的发展，使电子邮件的使用非常普遍，它具有即时快捷的优点，是一种低成本的高效处理方式，有些企业还会设置员工在线处理平台，更加提高了接受和处理的效率。企业选择电话方式时，接待人员应尽可能地询问并记录更多内容。

有的客户会亲自到企业反映意见，接待人员要耐心谨慎。让客户知道是真正为他们着想，也要让客户了解自己的权限范围。接待人员要及时记录信息，提出多种解决方案，征求客户意见，努力做到当场处理完毕。现场无法解决的问题，应给出解决问题的具体时间表和方案。

（3）处理抱怨的技巧。以尊重和理解的角度接待客户；以平常心态对待客户的情绪化语言和行为；以温和的态度面对客户抱怨，同时与客户换位思考；做合格的倾听者；积极恰当地运用非语言进行沟通。

（二）客户投诉处理

1. 客户投诉的解释

客户投诉是一系列的多重反应，其全部或者部分由某次购买中的感知不满意引发。也有的学者认为，客户投诉即是客户不满。

基于内容的角度，客户投诉可从狭义和广义两方面来理解。狭义上是指受到损害方找到第三方进行投诉、控告的行为。从严格意义解释，作为法律用语，根据对《消费者权益保护法》的理解和履行受理消费者投诉职能的实践，可定义为：消费者为生活消费需要购买、使用商品或者接受服务，与经营者之间发生消费者权益争议后，请求消费者协会调解，要求保护其合法权益的行为。广义的理解是指当客户购买产品时，对产品本身和企业的服务都抱有良好的愿望和期望值，如果这些愿望和要求得不到满足，就会失去心理平衡，由此产生的抱怨或申诉行为。

2. 客户投诉心理分析及解决方案

（1）发泄心理。把怨气发泄出来，客户不快的心情由此会得到释放和缓解，恢复心理上的平衡。对于此类客户，首先要倾听，了解问题的本质和事实，表示理解和对其感受的认同，真诚致歉化解矛盾。

（2）尊重心理。客户来寻求投诉希望获得关注和对他所遭遇问题的重视，以达到心理上的被尊重。在投诉过程中，企业能否对客户本人给予认真对待、及时表示歉意、及时采取有效的措施、及时回复等，都会被客户作为是否受到尊重的表现。

（3）补救心理。客户在接受服务过程中受到了不公正待遇，有时会是精神和经济上同时承受损失。客户投诉的目的在于补救。在处理此类投诉过程中，一定要根据实际情况尽量考虑补偿其损失，要给出明确答复和结果；对确因己方责任已造成的损失，常用物质补偿的方法。具体处理人员要根据实际能力处理投诉，不要做没有把握的承诺。根据我国的法律规定，绝大多数情况下，客户无法取得精神赔偿。但企业可选择倾听、道歉等方式给客户精神上的抚慰。

课堂讨论案例

重庆移动快速响应客户投诉

重庆移动万州分公司对网络质量提出更高要求，不断优化投诉处理流程，建立内部投诉快速响应机制，有效控制客户投诉率，客户满意度明显提升。

建立线上联络机制。组建“网络事宜交流”QQ群，建立畅通问题反映与搜集渠道，由专人搜集问题。处理专员对网络问题进行分类，再分派到相应专员进行限时处理。建立定期通报机制。投诉处理专员每日反馈处理结果，建立详细的投诉记录表，每半月出一次投诉分析半月报，每季度召集各部门、片区相关人员召开一次交流沟通会，针对重点、热点投诉问题，提前做好投诉处理预案，确保同类投诉的快速响应处理，建立健全客户投诉预警闭环管理流程。

建立现场沟通机制。每季度召开一次交流沟通会，将网络投诉处理工作与一线部门进行充分沟通，尤其是向客户经理介绍集团单位网络投诉的处理进度、投诉分类分析、投诉处理流程和典型投诉案例。

建立反馈机制。针对一线部门提出的各类突出客户投诉，分别介绍解决计划和进度，同时听取一线客户经理的意见，对投诉处理回复内容进行改进。

（资料来源：伍京华 . 客户关系管理 [M]. 北京：人民邮电出版社，2017）

讨论题：

1. 该公司的上述三项机制对解决客户投诉有哪些成效？

2. 这三项机制是否可完全运用到餐饮行业的客户投诉管理？为什么？

3. 以取得好的效果，提升管理效率为目的，请你设想如何将新科技成果应用到快速响应客户投诉管理中。

四、客户流失管理

客户流失对于企业来说如同自然界的新陈代谢，是一个正常的现象。企业应以积极的心态冷静看待这个问题，不能因此而否定客户关系管理的意义和重要性。维持客户关系、提高客户忠诚度和防范客户流失，对降低企业运营成本、提升企业竞争力、获得最大效益具有重要意义。企业要做的是确保客户流失率控制在一个较低的水平，同时也要意识到流失客户有被挽回的可能。因为争取流失客户的回归比争取新客户容易，并有可能在回归的同时会为企业介绍新客户。企业在此过程中也要认真反思自身的不足，同时借鉴成功企业的有效经验，对现有的客户关系管理中的实际操作进行调整，以减少客户流失对企业的负面影响。

（一）客户流失的含义

所谓客户流失是指客户由于种种原因终止与企业的合作，不再忠诚而转向购买其他企业的产品或服务的现象。客户不再对本企业忠诚，总结起来有两类情况，即主动客户流失和被动客户流失。

主动客户流失是指客户主动选择放弃经常合作的企业，转移使用另一企业的产品或服务。例如，客户不能充分理解原企业所提供的产品或服务的特性；客户无法了解现有企业所能提供的产品或服务的最新背景，转而选择其认为技术创新性强的竞争对手。出现上述转移的主要原因是原有企业提供的产品或服务不能满足他们的需求。

主动流失的客户又具体分为以下三种：（1）自然流失。不是人为因素造成的，例如，客户的搬迁或死亡等。通常情况下，自然流失所占的比例很小；（2）竞争流失。由于企业竞争对手的影响而造成的流失；（3）过失流失。除上述两种情况外，由于企业自身工作中的过失，引起客户的不满意而造成的客户流失。例如，企业形象不佳、产品性能不好、服务态度恶劣等。一般情况下，过失流失占客户流失总量的比例最高。

被动客户流失是指由于恶意欠款或累计债务等原因导致企业被迫终止与其的业务。企业需采取各种分析和跟踪手段对此类客户加以监控，以降低或避免企业的风险及损失。被动客户流失有以下三类：非恶意性被动流失；报复性被动流失，即客户因对企业的产品或服务不满而实施的流失行为；恶意被动流失，即由于客户的信用度低或客户故意诈骗等原因导致的。

（二）客户流失的衡量

对客户流失的判别，一般可借助客户指标、市场指标、收入利润指标、竞争力指标等辅助判断。每一类指标又可细分成不同的识别项目。

客户指标。以客户为基础，传统的客户指标主要有客户流失率、客户保持率、客户推荐率。

（1）客户流失率是客户流失的定量表述，是判断客户流失的主要指标，直接反映了企业经营与管理的现状。客户流失率＝（客户流失数／客户总量）×100%

（2）客户保持率是客户保持的定量表述，也是判断客户流失的重要指标，它反映了客户忠诚的程度。客户保持率＝（客户保持数／客户总量）×100%＝1－客户流失率

（3）客户推荐率是指客户消费产品或服务后介绍他人消费的比例。

市场指标。主要包括市场占有率、市场增长率、市场规模等。企业可通过市场预测统计部门获得该信息。

收入利润指标。销售收入、净利润、投资收益等可作为此方面的参考。企业可通过营业部门和财务部门得到这些数据。

竞争力指标。企业竞争力难以定量测量，可以做定性分析或由专家测评。企业可借助行业协会所开展的各类诸如排名、达标、评比等活动，或

权威部门和专业人士所发布的统计资料判断本企业的竞争力。

（三）客户流失的原因分析

分析企业为什么有些老客户转移到其他企业，归纳起来源于企业和客户两方面。

1. 基于企业的原因

（1）企业内部员工流动导致客户流失。企业客户流失的重要原因之一在于客户关系管理方面欠规范，企业自身对客户的影响相对乏力，导致企业员工跳槽带走大量客户。

（2）缺乏诚信。客户最担心的是与没有诚信的企业合作，有时企业的夸大或过分宣传使客户受骗上当，也会使客户转向其他企业。

（3）细节的疏忽。客户与企业除了利益关系，情感也是一条重要的纽带。一些属于感情沟通的细节疏忽，往往会导致客户的流失。

（4）营销策略组合不当。产品定价不合理；营销中间环节及销售渠道过长；产品的功能过于复杂；产品的品牌认知度不高。

（5）内部人员认识不足。企业或其各个部门以及员工，只关注眼前的利益实现，不考虑到企业长期的持续性发展。在这种浮躁的企业文化下，企业为了短期利益的实现往往会不惜损害客户的利益，企业得不到客户的信赖也是自然的事情。另外，企业各部门之间缺少为客户着想的协作性，只关注本部门的职能和利益，企业缺少系统性的统筹发展规划。

（6）企业管理失衡。不少企业设立大客户管理中心，对小客户则采取不闻不问的态度。这样的后果便导致小客户因心理不平衡而离去。众多小客户的离开会对企业造成经济和社会负面影响。

（7）产品或服务不利。当产品或服务质量没有达到标准或出现故障以及落伍时，均可导致客户流失。任何产品或服务都有自己的生命周期，随着市场的成熟及产品或服务的同质化，产品或服务带给客户的利益空间越来越小。若企业不能对此进行及时创新，竞争者的产品或服务具有功能强或质量更高的优势时，客户自然就会寻找新的替代品。

（8）竞争对手的价格优惠措施对价格比较敏感的客户来说，具有很大的吸引力。另外，服务态度或服务方式不当，也会使客户离开。

（9）企业的不当行为。企业的一些负面影响或行为遭到客户的不满。例如，破坏或污染环境、不关心公益事业、不承担社会责任等，当企业出现震荡或波动时。

（10）主动放弃客户。由于企业营销战略调整，目标顾客、产品线、销售渠道等发生变化，从而主动放弃部分原来的客户，这在企业发展中也是常有的事情。

2. 基于客户的原因

（1）趋众心理。大多数人的购买行为会受别人影响而非大众传播的影响，尤其是亲友的影响更明显。

（2）购买决策者变化。客户内部购买建议人或决策人更换，也有可能引发客户流失。如竞争对手的客户经理与客户新上任的相关人员关系密切，则客户转换供应商的可能性就很大。

（3）客户受到新的诱惑。20% 的优质客户能够给一个企业带来 80% 的销售业绩。优秀的客户会成为各大厂家争夺的对象，竞争者常会以优厚的条件来吸引资源丰富的客户。

（4）客户自然因素。客户因需求转移或消费习惯改变而退出某个市场；想尝试一下新的企业的产品或服务，还有可能想丰富自己的消费经历；由于搬迁、成长、衰退甚至破产等原因离开原有的合作企业。

3. 宏观营销环境的原因

企业所处的宏观环境，如经济、政治、技术、社会等宏观营销环境的变化，在一定程度上对客户的忠诚也会产生影响。

（四）客户流失的管理

1. 客户流失管理过程

客户流失管理，即是通过客户流失的识别和预测，针对流失客户或有流失倾向的客户，认真分析客户流失的原因，从而采取行之有效的管理策略，并尽可能降低客户流失给企业带来的不良影响，实现企业利益最大化。其具体过程如图 4–2 所示。

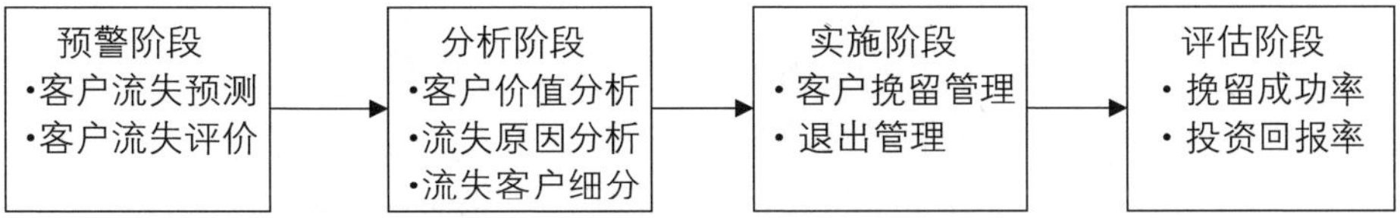

图4-2　客户流失管理的具体过程

企业应深入了解、弄清客户流失的原因，第一时间积极与流失客户联系，虚心听取他们的意见、看法和要求，让他们感受到企业的关心。对不同特点的流失客户进行及时的、有针对性的、个性化的沟通，以挽救关系破裂的客户。

在资源有限的情况下，企业应根据客户的重要性程度来分配投入挽回客户的资源，挽回的重点应该是那些最能盈利的流失客户，这样才能实现挽回效益的最大化。针对不同级别的流失客户，企业应当区别对待不同的流失客户。

对流失的关键客户要在第一时间不遗余力地挽回，对其中不再回头的客户也要安抚好。对流失的普通客户要尽力挽回，因为普通客户还有升级的可能，使其继续为企业创造价值。对流失的小客户可见机行事。由于小客户的价值低，对企业又苛刻，数量多且零散，因此，企业对这类客户可采取冷处理，顺其自然的方法来对待。彻底放弃根本不值得挽留的劣质客户，包括没有价值甚至负价值的流失客户。

2. 自然流失型客户的管理对策

企业可以通过广泛建立连锁服务网点和经营分公司，或者提供网上服务等方式，让客户在任何地方、任何时候都能方便快捷地使用本企业的产品或服务，减少自然流失的发生。

3. 竞争流失型客户的管理对策

通过市场竞争分析，包括市场占有率分析、竞争对手发展情况分析、供应商行为分析、合作商行为分析等，可以防止部分流失的发生。企业一般可采取三种策略。

（1）进攻策略。集中力量，发挥自身优势，主动发起攻势。

（2）防守策略。应当努力提高服务水平和质量，尽量保持和巩固现有市场。

（3）撤退策略。以节约资源开发新产品、占领新市场。

4. 过失流失型客户的管理对策

（1）为客户提供高质量的产品和服务。为客户提供优良的产品和服务是企业应尽的义务。客户追求的是较高质量的产品和服务。通过改进产品、服务、人员和形象，提高产品的总价值。通过改善服务和促销网络系统，减少客户购买产品的时间、体力和精力消耗，从而降低货币和非货币成本。

（2）加强与客户的信息即时互通。让企业的服务或营销人员控制协调好客户关系，传达好客户的要求和意见。企业员工要以较高的职业素养和对市场的敏感性以及丰富的管理技巧与客户沟通。

（3）鼓励投诉和客户咨询。善于倾听客户的意见和建议，认真对待客户的各种意见和抱怨。对客户的投诉要真诚地表达歉意，即使非企业的过错，也应主动向客户道歉，并从客户角度考虑问题，以及尽己所能满足客户需求。

为了提高客户投诉和咨询的积极性，企业应清楚告诉客户如何进行投诉和投诉可能会带来的结果，增加接受和处理投诉的透明度，建立奖励客户投诉、监督员工、积极接受并处理客户投诉的机制。

（4）预测分析未来。企业不仅要预测将来哪些客户的流失风险会最高或最有可能增加购买，还应对如何挽留客户提出具体的应对措施。确定客户流失预警点，企业根据自身发展状况、行业特点和竞争对手的情况，根据不同客户类型设置不同警戒点，以此来了解客户流失情况。

（5）保证高效快捷的执行力。要想留住客户群体，良好的策略与执行力缺一不可。

（6）员工客户化。为减少客户流失率，要求企业必须拥有高素质的、稳定的员工队伍。这就需要企业对员工客户化，即像对待外部客户那样对待企业的员工。企业必须建立起有别于旧时的企业文化，将发展内部客户关系提升到一定高度，通过良好的内部客户关系，体现良好的企业形象，从而向外部客户提供更好的服务。

（7）建立以客户为中心的组织结构。拥有忠诚客户的巨大经济效益让许多企业认识到，建立持久的客户关系才是最终目标。在这种观念下，要求企业的各个部门和每一位员工都以客户为中心，所有工作都建立在让客户满意的基础上，为客户增加价值，以客户满意为中心，加强客户体验，让客户达到长期满意。

（8）建立正确的客户关系评价体系。及时对客户关系的牢固程度做出衡量，制订防范措施。一般都采用一系列的可能影响客户满意度的指标来进行衡量，了解客户在多大程度上信任企业，企业在多大程度上对客户需求做出了适当反应。通过评价，可以分辨出客户关系中最牢固的部分和最薄弱的部分，还可以分辨出最容易接纳的客户关系和有待加强的客户关系。

小结

客户互动是企业与客户之间的交流与接触，使企业与客户共同合作，协同努力，共同促进交易。

从互动参与对象来看，客户互动主要有两类：人际互动和人机互动。其中，根据互动的媒介不同，人际互动还可详细分为现场的人际互动和媒体支持的人际互动。

在实践操作中，运用一些客户互动技巧可以有效提升互动效果。例如，在互动中要明确每次互动的目标，有利于保持和发展持久的客户关系；对客户的相关请求应及时回应；有效倾听客户的心声等。

客户关怀即通过对客户行为的深入了解，主动把握客户需求，通过持续的、差异化的服务手段，为客户提供合适的产品或服务，最终实现客户满意与忠诚度的提高。

客户关怀不单纯是一个独立的职能或一个部门的工作任务，而被视为一个过程，需要企业多个部门的合作完成。包括售前、售中、售后关怀。

客户抱怨是指客户向产品或服务的生产或销售公司，或是第三方组织反馈产品或服务负面信息的行动。客户抱怨分为两大类，即非投诉抱怨和投诉抱怨。

从广义的角度看，客户投诉是指当客户购买产品时，对产品本身和企业的服务都抱有良好的愿望和期望值，如果这些愿望和要求得不到满足，就会失去心理平衡，由此产生的抱怨或申诉行为。

客户流失对于企业来说如同自然界的新陈代谢，是一个正常的现象。企业应以积极的心态冷静看待这个问题。

所谓客户流失是指客户由于种种原因终止与企业的合作，不再忠诚而转向购买其他企业的产品或服务的现象。

对客户流失的判别，一般可借助客户指标、市场指标、收入利润指标、竞争力指标等辅助判断。

企业应深入了解、弄清客户流失的原因，第一时间积极与流失客户联系，虚心听取他们的意见、看法和要求，让他们感受到企业的关心。对不同特点的流失客户进行及时、有针对性的、个性化的沟通，以挽救关系破裂的客户。

思考题

一、名词解释

客户互动；客户关怀；客户抱怨；客户投诉；客户流失

二、判断题

1. 维持老客户的成本远远高于吸引新客户的成本。（ ）

2. 流失型客户是指极度不满、十分不满和持一般态度的客户，不包括极度满意的客户。（ ）

3. 企业客户流失率与客户群体的生命周期成反比。（ ）

4. 假设企业客户流失率为 20%，那么客户群体的生命周期为 5 年。（ ）

5. 客户服务就是指售后服务。（ ）

6. 客户关怀是企业在服务领域开展的对客户的关心。（ ）

三、简答题

1. 客户互动的渠道都有哪些？

2. 从服务质量角度分析提升客户互动有哪些策略？

3. 如何管理及实施客户关怀？

4. 客户抱怨有哪几种类型？客户抱怨的主要原因是什么？

5. 如何处理客户抱怨与投诉？

6. 客户流失包括哪些情形？产生的原因是什么？

7. 企业应采取哪些措施来应对客户流失？

四、论述题

"互联网 +"时代，企业如何与客户进行有效的互动？

五、案例分析题

中国联通在4G时代的客户流失

2015年5月，移动的4G客户净增1718.8万，4G总客户超过1.7亿；电信客户净增91万；联通单月客户流失191.3万，已经连续4个月出现客户净流失，4个月的时间流失客户近900万。

多种因素引发客户流失。2013年12月初，工信部率先发放了对移动更为有利的TDD制式4G牌照，让移动获得了4G业务的先发优势。而中国联通和中国电信直到2015年2月27日，才获得工信部发放的FDD制式4G牌照。虽然同时拿到牌照，但电信在4G业务上调整较快，因此发展势头较好。

除了4G业务外，联通表示，整治黑卡、实名制、营改增以及营销费用压降等因素也制约了客户数的增长。从2015年6月开始，三大电信运营商按照国资委安排，开始压降营销成本。中国联通开始寻求营销模式转型，采取推广话费补贴的模式代替原来的手机补贴模式，从而使其补贴幅度大幅下降。

面对客户数持续流失，联通也在做挽救工作。例如，增加对新老客户的优惠措施。但这些挽留起到的效果并不明显。有观点认为，中国联通本来可以利用占据优势的3G网络，在移动的4G网络发展初期获得一个追赶移动的时间窗口，但是联通在发展政策上摇摆不定，已错过了这个赶超的黄金时期。

（资料来源：伍京华. 客户关系管理[M]. 北京：人民邮电出版社，2017）

讨论题：

造成中国联通在4G时代客户流失的原因有哪些？联通应该采取哪些

措施来应对？

六、实践题

1. 选择一家你感兴趣的企业，调查了解该企业目前客户互动渠道，给出你的评价和建议。

2. 社区内一家早餐店 A 经营良好。最近该社区另一家规模相当的早餐店开业，A 店管理者为应对客户流失可能采取哪些办法？请你结合本章所学内容为其提些建议。

3. 以下是三份“客户投诉”背景材料，请结合所学的知识思考：在面对客户投诉时应如何处理？学生分三个组——客户组、员工组、客户投诉处理组，每组选择三人分别饰演三个角色，稍做准备后，展示员工服务客户、员工与客户双方发生冲突、投诉处理人对投诉进行处理（包括对客户、对员工两方面）的全过程，角色扮演结束后，学生进行讨论，并对三种情景下客户投诉处理的情况进行评价，总结出客户投诉处理的技巧和应注意的问题。

情景一

张教授有较高的社会声誉和较好的涵养，是一个完美主义者。他在购买商品时，推销员承诺：您在使用该产品后，会减少疲倦的感觉，睡眠质量会提高，否则给您退货。张教授在使用该产品后，没有感觉到上述效果。找到该推销员，但推销员否认当初的承诺。张教授决定来产品销售企业投诉该员工。

情景二

小王是位中年家庭主妇。一天，她到商场购物，购物过程中，她认为服务员的态度恶劣，就来到商场经理办公室要投诉该服务员。

情景三

小李是位资深律师，有扎实的法律功底。几天前购买的产品现在完全不能使用了。李律师向投诉处理者提出如果解决不好此事，他将向法院提起诉讼，并且向新闻媒体公开此事。

（资料来源：李海芹、周寅 . 客户关系管理（第二版）[M]. 北京：北京大学出版社，2017）

模 块 五

客户数据处理与分析

任务提出

你相信胡萝卜汁能留住客户吗?

这是来自一位顾客的亲身感受。他说："十年前，我和香港丽晶饭店的总经理一起共餐时，他问我最喜欢喝什么饮料，我说最喜欢喝胡萝卜汁。大约6个月后，我再次住进丽晶饭店，在房间的冰箱里，意外地发现了一大杯胡萝卜汁。十年来，不管什么时候住进丽晶饭店，他们都为我提前备好胡萝卜汁。最近一次旅行中，飞机还没在香港启德机场降落，我就想到饭店里为我准备好的那杯胡萝卜汁，顿时满嘴口水。十年间，尽管丽晶饭店的房价涨了3倍多，我还是住这家饭店，就是因为他们为我准备了胡萝卜汁。"

你相信胡萝卜汁能留住客户吗？但这却是一个真实的案例。企业要想留住客户，就要投其所好，了解客户的喜好及消费偏好，重视客户的数据整理与分析。

学习目标

1. 掌握客户数据的类型和收集渠道；
2. 了解大数据与客户关系管理的关系；
3. 理解客户数据库与数据仓库的应用；
4. 了解数据挖掘技术的应用。

相关知识点

一、大数据与客户关系管理

（一）大数据的含义

大数据正在改变着人们的生活以及理解世界的方式，以及企业的运营模式和商业行为。大数据作为时下的热点话题，以其实用性和可转化性为各个领域的创新发展打开了一扇门。正如业界所比喻的那样，"如果说20世纪是一个石油为王的时代，21世纪就是一个数据为王的时代，21世纪数据的价值有可能等同于 20 世纪的石油”。可见，大数据开启了一次重大的时代转型。

何为“大数据”？众说纷纭。

维基百科认为，大数据是超过当前现有的数据库系统或数据库管理工具处理能力，处理时间超过客户能容忍时间的大规模复杂数据集。

全球排名第一的企业数据集成软件商 Informatic 认为，大数据包括海量数据和复杂数据类型，其规模超过传统数据库系统进行管理和处理的能力。

亚马逊网络服务（AWS）、大数据科学家 John Rauser 给出的定义比较简单，“大数据就是任何超过了一台计算机处理能力的庞大数据量”。

百度上给出的定义是：“大数据”是一个体量特别大，数据类别特别多的数据集，并且这样的数据集无法用传统数据库工具对其内容进行抓取、管理和处理。

综合以上的定义，不难看出，大数据的含义包括以下几点：

一是数据体量大，指大型数据集，甚至已经形成了 PB 级的数据量；

二是数据类别大，数据来自多种数据源，数据种类和格式日渐丰富，已冲破了以前所限定的结构化数据范畴；

三是数据处理速度快，在数据量非常庞大的情况下，也能够做到数据的实时处理；

四是数据真实性高，随着社交数据、交易与应用数据等新数据源的兴起，传统数据源的局限被打破，企业愈发需要有效的信息之力，以确保其真实性及安全性。

（二）大数据的特点

由大数据的含义得出，大数据主要具有以下四个方面的典型特征。

1. 规模性（Volume）。这是大数据的首要特征。存储单位从过去的 GB 到 TB，直至 PB、EB。随着信息技术的高速发展，数据开始爆发性增长。社交网络（微信、微博、Twitter、Facebook）、移动网络以及各种智能终端，都成为数据的来源。淘宝网近 4 亿的会员每天产生的商品交易数据约 20TB；脸书约 10 亿的用户每天产生的日志数据超过 300TB。企业迫切需要智能的算法、强大的数据处理平台和新的数据处理技术，来统计、分析、预测和实时处理如此大规模的数据。

2. 多样性（Variety）。广泛的数据来源，决定了大数据形式的多样性。大数据大体可分为三类：一是结构化数据，如财务系统数据、信息管理系统数据、医疗系统数据等，其特点是数据间因果关系强；二是非结构化的数据，如视频、图片、音频等，其特点是数据间没有因果关系；三是半结构化数据，如HTML文档、邮件、网页等，其特点是数据间的因果关系弱。

3. 高速性（Velocity）。与以往的档案、广播、报纸等传统数据载体不同，大数据的交换和传播是通过互联网、云计算等方式实现的，远比传统媒介的信息交换和传播速度快捷。大数据与海量数据的重要区别，除了大数据的数据规模更大以外，大数据对处理数据的响应速度有更严格的要求。实时分析而非批量分析，数据输入、处理与丢弃立刻见效，几乎无延迟。数据的增长速度和处理速度是大数据高速性的重要体现。

4. 价值性（Value）。这也是大数据的核心特征。现实世界所产生的数据中，有价值的数据所占比例很小。与传统的小数据相比，大数据最大的价值在于通过从大量不相关的各种类型的数据中，挖掘出对未来趋势与模式预测分析有价值的信息，并通过机器学习方法、人工智能方法或数据挖掘方法深度分析，发现新规律和新知识，并广泛运用于农业、金融、医疗等各个领域，从而最终达到改善社会治理、提高生产效率、推进科学研究的效果。①

（三）大数据背景下的客户关系管理

“大数据”，对于企业的客户关系管理来说，既是机遇，也是挑战。“大数据”的意义并不仅仅在于“大容量”，更重要的是，通过对海量数据的整合、挖掘和分析，可以为企业创造出新的价值。

例如，亚马逊可以帮助读者推荐想要的书，谷歌可以为关联网站排序，Facebook 知道消费者的喜好，LinkedIn 可以猜出用户都认识谁。企业的营销人员可以利用大数据提供的有效信息，了解和把握消费者的深层次需求，

---

① 武峰．大数据4V特征与六大发展趋势．中国发展门户网，2015. 11

为消费者提供所需要的个性化产品或服务，还可以创造和引领消费者的新需求。

在大数据的背景下，企业要注重客户数据的收集、处理和分析，运用科学的方法和数学模型等提取有价值的信息，为企业的生产、研发、营销、销售和服务等方面的经营决策提供依据。

在大数据的背景下，企业要充分利用现代信息技术，建立客户关系管理系统，加强与客户的互动与沟通，促进客户数据的收集，增强与客户的感情，进而提高客户的满意度和忠诚度。

在大数据的背景下，企业要通过数据挖掘技术，去探究大数据背后隐藏的商业本质，对客户进行细分，了解客户的消费行为和特点，进而把握客户的不同需求，进行精准的营销，促进企业的盈利。

在大数据的背景下，企业要识别哪些客户是优质的客户，哪些客户是劣质有风险的客户，哪些客户是有价值的客户，哪些客户是值得挽留的客户。企业要合理地分配有限的营销资源，将其投入到能创造更多价值的客户身上。

维克托·迈尔·舍恩伯格教授在他的专著《大数据时代》中曾提到，大数据的真实价值就像漂浮在海洋中的冰山，第一眼只能看到冰山的一角，绝大部分都隐藏在水面之下。面对海量的数据，企业也面临着一些挑战，比如，数据分析人才不足、数据分析能力有待提高、数据安全的隐患等。

尽管大数据能够发现、跟踪和分析客户的显性变化，却无法全面把握客户的内心活动，因为客户的购买心理本来就是一个“暗箱”，他的购买行为是由很多因素综合决定的，可能是心理，可能是价格，还有可能是环境因素等。尽管大数据能够提供精准的数字，却很难提供精准的预测，这里面涉及了一个不确定性因素，就是客户的心理。

总之，对于企业来说，大数据既是机遇也是挑战，大数据中所隐含的潜在价值必然会掀起一场商业模式和营销决策的深刻变革。企业要想获得领先优势，必须转换经营思维，变革营销模式，充分、有效地利用大数据，挖掘其中蕴含的附加价值，力求在瞬息万变的全球化经济环境中赢得竞争优势。

二、客户数据的类型

客户数据是指企业在营销、销售、服务等活动中产生的，或者企业与客户进行互动与沟通过程中获得的，或者通过各种媒介、工商行政管理部门等其他渠道收集到的有关客户特征或行为方面的数据。这些数据可以按照不同的方式进行归纳分类。如表 5-1 所示。

表 5-1 客户数据的不同类型划分

划分依据	数据类型	含义
渠道来源	内部来源数据	企业在实际经营过程中产生、记录的数据，以及采用积分、换购、会员俱乐部、利用网站调查等收集的客户数据
	外部来源数据	企业通过外部渠道获得的客户数据，其来源包括政府各种机构、行业协会、专业调查公司、管理咨询公司、行业期刊等
采集方式	电子邮件数据	企业通过客户发送的电子邮件得到的客户数据
	电话语音数据	既包括传统的电话语音，也包括互联网电话。客户通过拨打电话与呼叫中心联系，或者企业的销售代表主动给客户打电话，都可以获得大量的、有价值的数据
	当面交谈数据	销售人员向客户推销产品或者客户主动咨询产品的相关情况等当面交谈过程中产生的数据
	多媒体数据	通过多媒体呼叫中心、企业的 CRM 系统等渠道获得的语音、视频、文字等方面的数据
部门用途	客户信息数据	包括现有客户、各类潜在客户、其他合作伙伴以及代理商等的基本状况数据、联系人信息、相关业务记录和客户类别等各种外在特征数据
	销售信息数据	销售过程中产生的业务跟踪记录、客户的信息征询、客户询价和企业的报价、销售订单的信息等
	服务信息数据	指产品售后服务的数据记录，包括产品的销售时间、使用状况、维修时间、维修次数、客户所购产品剩余的服务期限等
数据性质	描述性数据	指描述客户基本情况的数据，如个人客户的姓名、联系方式、收入水平、消费喜好等
	促销性数据	指企业所开展的有针对性的营销或促销活动方面的数据，一般涵盖了一次促销活动的各个方面
	交易性数据	指客户与企业进行交易的数据，如购买频率、购买数量、购买金额、交货要求、支付方式等

从商业活动的过程来看，企业的营销活动无非是一个“定义客户、针对性地促销、产生交易”的过程。如图 5–1 所示。

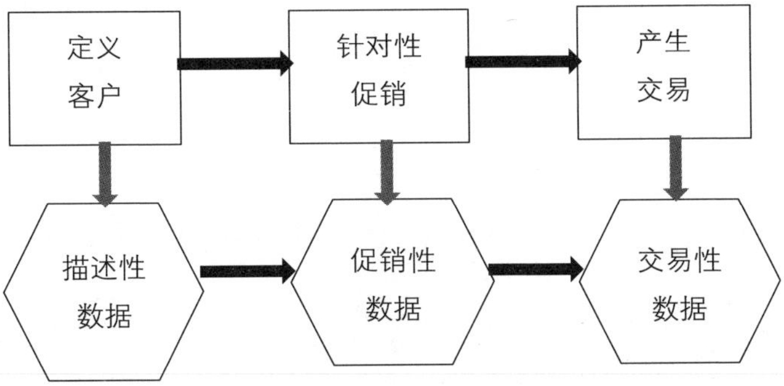

图5–1 按性质划分的客户数据类型及其来源

1. 描述性数据

此类数据主要用来描述客户的基本特征，一般包括客户的基本信息、信用情况、消费偏好等基本数据，并具有一定的稳定性，变动不是很快，可在较长一段时间内使用。在企业的 CRM 系统中，一般按照个人客户和组织客户分别进行基本特征的描述。如表 5–2 所示。

表 5–2 客户描述性数据的基本内容

客户类型	分类信息	详细信息
个人客户	基本情况	姓名、性别、出生年月、联系电话、通讯地址、工作类型、收入水平、婚姻状况、家庭成员情况等
	信用情况	客户类型（现有客户、潜在客户、目标客户、流失客户）、会员卡号、支付情况、信用记录、忠诚度指数等
	行为偏好	客户对企业产品或服务的偏好、对促销活动的反应、其他产品的偏好、试用新产品的倾向等
组织客户	基本情况	例如，公司名称、营业地址、电话、传真；主要联系人姓名、头衔及联系渠道；关键决策人姓名、头衔及联系渠道；所处行业；公司基本情况（注册资本、员工数、年销售额、收入及利润等）
	其他情况	客户类型（企业、分销商、代理商、零售商、其他社会团体等）、支付情况、信用记录、购买过程、忠诚度指数、对新产品的购买倾向等

2. 促销性数据

此类数据主要描述企业对客户进行营销或促销活动的有关信息，主要包括市场活动的目的、类型、时间和预算等。如企业寄送的商品目录、免费样品或者赠券；发送的电子邮件；发布的广播、电视、网络、报纸和杂志广告等等。如表 5-3 所示。

表 5-3 客户促销性数据的基本内容

分类信息	详细信息
促销活动的类型	降价促销、电话促销、业务推广活动、纸媒广告、网络广告等
促销活动的描述	商家促销活动的组织形式，如寄送明信片的颜色、业务推广人员的数量、礼品发放的形式等
促销活动的媒体	广播、电视、网络、报纸和杂志等
促销活动的时间	促销活动的日期，包括年、月、日，以及具体的时间表
促销活动的意图	对目标客户开展促销活动目的的简单说明
促销的成本信息	开展促销活动具体的费用构成

3. 交易性数据

此类数据主要用来描述客户与企业的交易信息，既包括交易过程方面的信息，也包括交易结果方面的信息，即从与客户的通话到服务中心所得的数据以及客户所购商品的描述都包括在内。交易活动的数据和促销活动的数据一样，都会随着时间的变化而变化。因此，在存储这种类型的数据时，要求存储结构能方便地支持带有时间标记的交易数据的更新和改变。交易性数据的结构如表 5-4 所示。

表 5-4 客户交易性数据的基本内容

分类信息	详细信息
购买商品类数据	过去购买记录、购买频率、购买数量、购买金额及其累计金额、交货要求、购买的产品规格、购买过程、付款方式等
商品售后类数据	售后服务内容、使用后的评价、出现的问题、产生的不满、退货记录、投诉记录、提出合理化建议的记录等

三、客户数据的收集

收集客户数据的渠道有直接渠道和间接渠道两种。

1. 直接渠道

直接渠道是指通过企业与客户的各种直接接触机会来收集客户的数据。例如，电信企业通过营业厅、终端设备、呼叫中心、公司网站、客户经理等直接与客户接触的渠道收集客户数据。具体来说，直接收集客户数据的渠道有以下七种。

（1）在市场调查中获取客户数据。由市场调查人员通过面谈、问卷调查、电话调查等方法得到第一手的客户资料，也可以通过仪器观察被调查客户的行为并加以记录而获取信息。

例如，美国尼尔逊公司通过计算机系统，在全国各地1250个家庭的电视机里安装了电子监视器，每90秒钟扫描一次电视机，只要收看3分钟以上的节目，就会被监视器记录下来，这样就可以获得家庭及个人收视偏好的信息。

（2）在营销活动中获取客户数据。包括各种促销活动、广告、业务往来函电、商务谈判、开展企业商品知识竞赛、实行会员制、成立客户联谊会、客户俱乐部等营销活动。在活动中，通过与客户的接触获得相关的客户信息。

（3）在服务过程中获得客户数据。对客户的服务过程也是企业深入了解客户、联系客户、收集客户数据的最佳时机。在服务过程中，客户通常会毫无避讳地讲述自己对产品的看法和期望，对服务的评价和要求，对竞争对手的态度，以及其他客户的意愿和销售机会，对于企业来说，这些信息非常有价值。此外，服务记录、客户服务部的热线电话记录以及其他客户服务系统也能够收集到客户的信息。

（4）在销售终端收集客户数据。终端是直接接触最终客户的第一线，通过面对面的接触可以收集到客户的第一手资料。

例如，服装商场要求客户在优惠卡上填写基本情况，如住址、电话、邮编、性别、年龄、家庭人数等。当客户采购时，只要在收款处刷一下，就可以将采购信息记录在数据库中。商场通过客户采购商品的档次、品牌、数量、消费金额、采购时间、采购次数等，可以大致判断客户的消费模式、生活方式、消费水平以及对价格和促销的敏感程度等。

（5）通过博览会、展销会、洽谈会等获取客户数据。由于博览会、展销会、洽谈会上产品针对性强，且客户群体集中，因此可以成为迅速收集客户信息、达成购买意向的场所。

（6）网站和呼叫中心是收集客户数据的新渠道。现代信息技术及互联网技术的广泛使用为企业开拓了新的获得客户信息的渠道，同时，由于网站和呼叫中心收集客户信息的成本低，所以通过网站、呼叫中心收集客户信息越来越受到企业的重视，已成为企业收集客户信息的重要渠道。

客户访问企业的网站，通过客户注册，企业可收集到客户的数据资料。此外，客户拨打客服电话，呼叫中心可以自动将客户的来电记录在计算机数据库内。另外，在客户订货时，通过询问客户的一些基本送货信息，也可以初步建立起客户数据库，然后逐步补充。

（7）从客户投诉中收集客户数据。客户投诉也是企业了解客户信息的重要渠道，企业可将客户的投诉意见进行分析整理，同时建立客户投诉的档案资料，从而为企业改进服务、开发新产品提供基础数据资料。

一般来说，通过直接渠道收集客户信息，客户与企业接触的主动性越强，客户信息的真实性和价值就越高，如客户呼入电话，包括投诉电话、请求帮助或者抱怨时所反馈的客户信息就比呼叫中心呼出电话得到的客户信息价值高。同时，客户与企业接触的频率越高，客户信息的质量就越高，如在营业厅或呼叫中心获取的客户资料一般比在展会中得到的客户信息真实，而且成本较低。

2. 间接渠道

间接渠道，是指企业从公开的信息中或者通过购买获得客户数据。例如，通过各种报纸、杂志、新闻媒体、市场调查公司、管理咨询公司等渠道获得客户的数据。具体来说，间接收集客户数据的渠道有以下六种。

（1）各种媒介。国内外各种权威性报纸、杂志、图书所刊发的文章和国内外各大通讯社、互联网、电视台等新闻媒体发布的有关信息，这些文章或新闻中往往都会涉及客户或消费者的行为、偏好及特点等方面的信息。

（2）工商行政管理部门及驻外机构。工商行政管理部门一般掌握客户的注册情况、资金情况、经营范围、经营历史等，是可靠的信息来源。对国外客户，可委托我国驻各国大使馆、领事馆的商务参赞帮助了解。另外，也可以通过我国一些大公司的驻外业务机构帮助了解客户的资信情况、经营范围、经营能力等。

（3）国内外金融机构及其分支机构。一般来说，客户与各种金融机构都有业务往来，通过金融机构调查客户的信息，尤其是资金状况、信用记录等信息是比较准确的。

（4）国内外咨询公司及市场研究公司。国内外咨询公司及市场研究公司具有业务范围广、速度较快、信息准确的优势，可以充分利用这个渠道对指定的客户进行全面调查，从而获取客户的相关信息。

（5）从已建立客户数据库的公司租用或购买。小公司由于实力有限或其他因素的限制，无法自己去收集客户信息，对此可通过向已经建立客户数据库的公司租用或者购买来获取客户的信息，这往往要比自己去收集客户信息的费用要低得多。

（6）其他渠道。例如，从战略合作伙伴或者老客户，以及行业协会、商会等也可以获取相互的客户信息。另外，还可以与同行业的一个不具有竞争威胁的企业交换客户信息。

总之，收集客户信息的途径有多种，企业可根据实际情况灵活选择。但不论通过何种途径获得客户信息，企业都要保护客户的隐私权和重视信息的安全性，合理合法地使用客户的信息，要对客户负责，保护客户的合法权益。

四、客户数据库及其在CRM中的应用

（一）客户数据库的内容

“决战的不是店面，而是数据库。”这是美国营销专家史丹·瑞普和汤姆·柯林斯在其著作《市场营销伟大的转变》中所强调的一个概念。可见，客户数据库的重要性。

企业在与客户的接触、互动、销售、服务过程中会产生大量的数据，这些数据如不加以利用，对企业老说将是巨大的损失。客户数据库就是利用信息化的手段将客户的比较分散的信息进行收集和存储，以便对客户的

数据进行分析和利用。

客户数据库是收集客户数据的一个综合性的集合，记录和存储着大量的客户基本资料、消费偏好的信息以及交易过程及交易结果的信息等。客户是企业最重要的资产。客户数据库是客户关系管理系统重要的组成部分，是实现 CRM 的基础。

客户关系管理系统的核心是将企业客户作为最重要的企业资源，利用现代信息技术和智能的解决方案，高效地收集、整理并分析客户相关数据，为企业的经营决策提供依据，通过完善客户服务体系，深入了解客户，来满足客户的需求，保证实现客户的终身价值。

客户数据库是企业运用数据库技术，收集现有客户、目标客户的综合数据资料，追踪和掌握客户的需求和偏好，并且进行深入的统计、分析和数据挖掘，使企业有针对性地开展营销活动的一项技术措施，是企业维护客户关系、获取竞争优势的重要手段。

客户数据库的信息来源如图 5-2 所示。

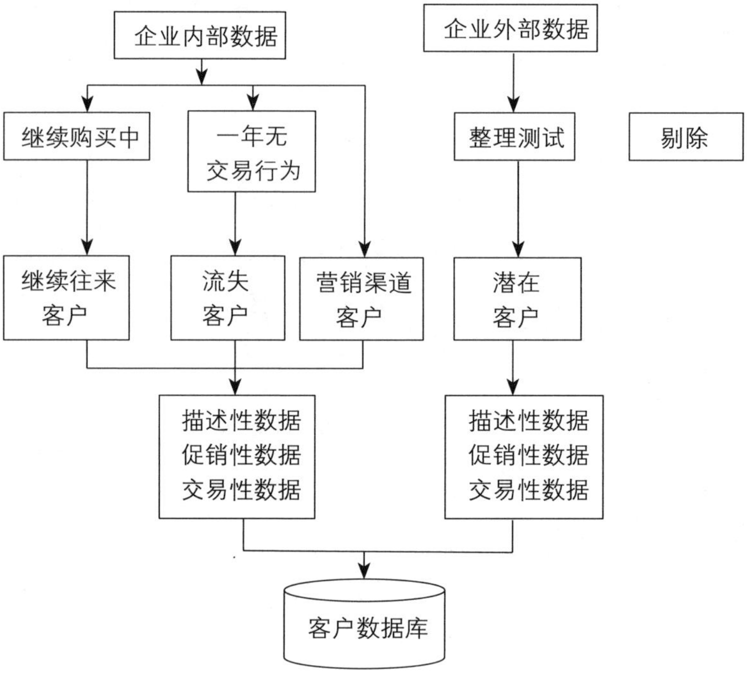

图5-2 客户数据库信息来源

由图 5-2 可以看出，客户数据库的信息来源有企业内部和企业外部两种。客户的类型有四类：现实客户、潜在客户、流失的客户、分销商等。客户数据的类型有描述性数据、促销性数据和交易型数据等。

（二）客户数据库在 CRM 中的应用

数据库营销

简单地讲，数据库营销就是企业收集客户信息加以分析处理，以此进行客户分类，并与客户进行有针对性的营销沟通，来达到获取新客户、维护老客户关系的目的。企业通过收集和积累会员（用户或消费者）信息，经过分析筛选后，针对性地使用电子邮件、短信、电话、信件等方式进行客户深度挖掘与关系维护的营销方式。数据库营销是以与顾客建立一对一的互动沟通关系为目标，并依赖庞大的客户数据库进行长期促销活动的一种全新的销售手段，是一套内容涵盖现有顾客和潜在顾客，可以随时更新的动态数据库管理系统。

数据库营销的核心是数据挖掘。在本质上来看，数据库营销更加强调数据分析处理和客户终生价值分析（Lifetime Value Analysis），更加接近客户关系管理（CRM）的概念。数据库营销适合奢侈品、医疗服务、航空、电信、银行和金融服务、IT 传媒、零售市场等各领域。

数据库营销在为企业创造精益效果的同时，也给企业带来了长期稳定的客户群，成为了企业营销的又一利器。希尔顿集团是国际最具知名度的酒店管理公司之一，在全球 104 个国家和地区直接管理、特许经营、持有以及租赁逾 4, 800 家酒店与分时度假酒店，近 78.9 万间客房。97 年来，希尔顿致力于延续为全球客户提供优质服务的传统。传统广告不是他们营销的重点，通过对现有客户和关键目标客户的信息管理和分析的数据库营销是其核心营销模式。美国运通银行、花旗银行等大部分金融机构都视数据库营销为他们发展业务、推广产品品牌的核心手段。烟草业巨头——菲利浦莫里斯公司也是用数据库营销来推广新型香烟。

客户数据库是客户关系管理系统重要的组成部分，是实现 CRM 的基础。其在 CRM 中的应用体现在以下几个方面。

1. 运用客户数据库分析客户消费行为

客户数据库可以帮助企业了解客户过去的消费行为，而客户过去的购买行为是未来购买模式的最好指示器，企业可以通过数据库来推测客户未来的消费行为，还能根据客户数据库中最后一次消费的记录明确哪些客户可能流失，从而做好相应的挽留措施。

例如，企业可以通过 RFM 模型来分析客户的消费行为，进而对客户进行分层。

R（Recency）——表示客户最近一次消费时间；

F（Frequency）——表示客户在最近一段时间内消费频率；

M（Monetary）——表示客户在最近一段时间内消费金额。

通过 RFM 模型，即从近度、频度和额度三个维度对客户的消费行为进行分析，将客户分为以下 8 个级别，然后针对不同级别的客户投入不同的营销资源，采取不同的营销策略。如表 5-5 所示。

表 5-5 基于 RFM 模型的客户分层

RFM 值 客户类型	R （最近一次消费）	F （一段时间消费频次）	M （累积消费金额）
重要价值客户	高	高	高
一般价值客户	高	高	低
重要发展客户	高	低	高
一般发展客户	高	低	低
重要保持客户	低	高	高
一般保持客户	低	高	低
重要挽留客户	低	低	高
一般挽留客户	低	低	低

例如，你是一个大型超市的经理，通过消费者的会员卡和购买记录，你可以从 R（Recency 近期购买）、M（Monetary 购买金额）、F（Frequency 购买频率）三个方面进行分析。显然，上周光临的顾客比去年来过的顾客重要；采购 1000 元的顾客比采购 50 元的顾客重要；每周来三次的比三周来一次的重要。如果这三个维度的客户数据都按照 3 分制分成三种，你就能得到 27 种客户；如果每类分成 5 分制，你就能得到 125 种客户分类。得分最高的就是最重要的客户，你需要花精力保留住；得分低的你就不要太费力了，这是客户层面的分析。

同时，你发现 A 果汁卖得比 B 饮料多，而他们占有相似的货架面积，你就应该多进 A 果汁，这是产品营销；分析发现，购买香烟的人士同时购买啤酒，你就应该把啤酒促销的信息发给这些人，这是捆绑销售和交叉销售；至于特别重要的顾客要进行特别的关怀，给他们生日祝福、送过年礼物，同时还有温馨的提醒。所有这些都是数据库营销的领域。

2. 运用客户数据库开展对客户的一对一营销

企业通过数据库建立详细的客户档案，通过对客户的基础信息（性别、年龄、婚姻状况、家庭人数）和交易信息（选购商品、消费时间、消费频率、偏好）进行加工、分析、对比，可以进一步探求客户现有及潜在的需求，从而直接根据目标客户进行一对一营销。例如，某女士买了一瓶沐浴露，可以结合她是否已婚等信息推测这瓶沐浴露大概什么时候用完。待即将用完时再向她推送此类商品促销的信息，这样既能节省成本，实现精准营销，也可以让顾客感受到企业的关怀。这就是所谓的一对一营销，通过分析客户数据和交易记录可以实现。

3. 运用客户数据库实现客户服务与管理的自动化

客户数据库还能强化企业跟踪服务和自动服务的能力，使客户得到更快捷和更周到的服务，从而留住客户。例如，企业根据客户订货信息的跟踪分析，系统会为客户进行定制化的“自动配货”服务，以应对某些突发事件影响客户订货的情况。同时，客户数据库还可以与企业的其他资源进行整合，使各业务部门根据其职能、权限实施信息查询和更新功能，适时提供相关的服务。

例如，某润滑油公司设有6个换机油站，无论客户的车驶入哪一家，公司员工只要将客户的车牌号输入电脑，马上可以显示客户是老客户还是新客户。如果是新客户，他们就会把新客户的一些基本信息输入公司的电脑中。如果顾客超过113天（这个数字已经过多次验证，是该换油的时候了）没有光顾换油，一般情况下电脑会自动打出一份提醒通知。

4. 运用客户数据库实现对客户的动态管理

所谓动态，是指数据库能够实时地提供客户的基本资料和历史交易行为等信息，并在客户每次交易完成后，能够自动补充新的信息。客户的情况总是不断地发生变化，所以客户的资料应随之不断地进行更新。企业如果有一套好的客户数据库，就可以对客户进行长期跟踪，通过调整，剔除陈旧的或已经变化的资料，及时补充新的资料，保持客户信息的动态性。

客户数据库还可以帮助企业进行客户预警管理，如销售进度预警、销售费用预警、客户流失预警等。通过对客户的数据的跟踪管理，使企业提前发现问题客户，采取相应对策，减少或避免客户所带来的各种损失。

最后，要强调的是，企业对客户数据库的管理要特别的重视，应当由专人负责，并且要选择在企业工作时间较长、对企业满意度高、归属感强、忠诚度高，非常负责任的员工来管理客户数据库，要避免员工因流动或欠缺职业道德而造成客户数据的流失和泄密，企业本身也要本着对客户负责任的态度，来建立和管理客户数据库。

五、数据挖掘应用举例

（一）数据挖掘的含义

企业通过数据库进行营销，就是通过收集和积累会员（用户或消费者）信息，经过分析筛选后针对性地使用电子邮件、短信、电话、信件等方式进行客户深度挖掘与关系维护的营销方式。数据库营销是以与客户建立一对一的互动沟通关系为目标，并依赖庞大的客户数据库进行长期促销活动的一种全新的销售手段，是一套内容涵盖现有顾客和潜在顾客，可以随时更新的动态数据库管理系统。数据库营销的核心是数据挖掘。

什么是数据挖掘？“挖掘”一词，最初来源于统计学。数据挖掘（Data Mining，简称 DM），就是从大量数据中提取有用的信息或挖掘其中的知识和规律。数据挖掘是数据库知识发现（Knowledge Discovery in Databases，简称 KDD）中的一个步骤，是从大量的、有噪声的、不完全的、随机的、模糊的数据中，提取隐含于其中的有用的、有潜在价值的信息和知识的过程。① 当然，这些知识必须是可以被理解的、能用于判断和决策的依据。

近年来，数据挖掘引起了信息产业界和企业界的极大关注，其主要原因是随着现代信息技术和网络技术的发展，每天都会产生大量的数据，这些数据的背后蕴含着很多的规律，迫切需要将这些数据转换成有用的信息和知识。数据挖掘利用了统计学、人工智能、模式识别和机器学习的搜索算法、建模技术、最优化、进化计算、可视化和信息检索等领域的一些思想和方法，同时需要数据库系统提供有效的存储、索引和查询处理的支持。

可见，数据挖掘的诞生与两个领域的发展密切相关。海量数据中的知识贫乏，为数据挖掘的诞生提供了可靠的前提。另一个因素是机器学习领域的发展。20 世纪 80 年代后期，机器学习的研究重点逐渐从基于统计的传统优化理论，过渡到以符号运算为基础的机器学习。归纳、解释、类比等符号主义学派的机器学习方法，很大程度上丰富了机器学习领域的研究内容，这也为数据挖掘系统的建立提供了有力的保障。

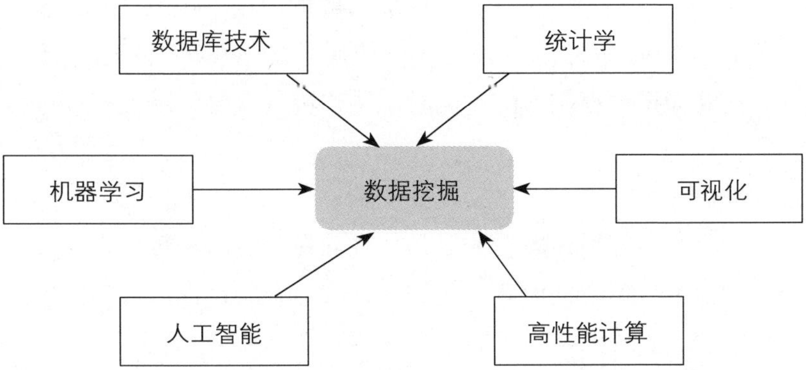

图5-3 数据挖掘包含的知识内容

① 蒋良孝，蔡之华 . CRM 中的数据挖掘及其应用 [J]. 微型机与应用，2009(3):44-46.

（二）数据挖掘的过程

1. 数据库知识发现流程

如前所述，数据挖掘（DM）是数据库知识发现（KDD）的一个核心步骤。数据库知识发现是识别有效的、新颖的、具有潜在用处的、可理解的数据模式的过程。从定义上看，KDD 表示了从底层数据到高层抽象知识的全部转换过程。通过 KDD，可以从数据库中抽象出知识和规律。典型的 KDD 流程如图 5-4 所示。

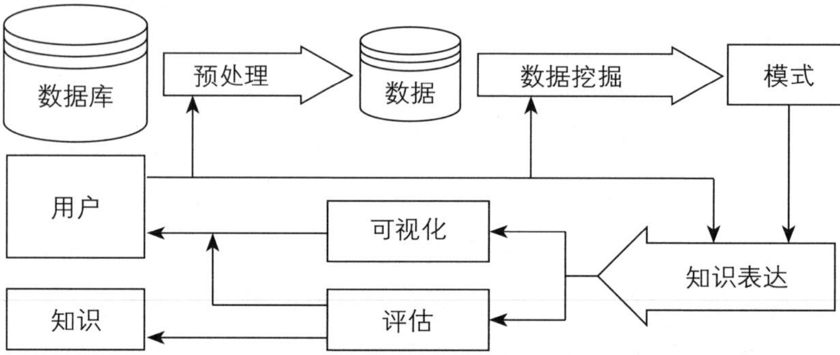

图5-4 典型的KDD流程

从图 5-4 可以看出，KDD 流程含有三个主要过程：预处理（Preprocess），从数据库中产生用于挖掘的数据，包括数据的清理、集成、选择和变换；数据挖掘（DM），使用机器学习算法从数据中提取模式（Pattern）；知识表示（Knowledge Representation），使用可视化和知识表示技术，向用户提供具体的知识并存储。与此同时，用户可以直接与以上三个过程发生交互。①

2. 数据挖掘系统

从数据库的角度看，数据挖掘是从存储在数据库、数据仓库或其他信息仓库中的大量数据中发现有价值的知识或信息的过程。数据挖掘系统模型如图 5-5 所示。

① 杜熊禹．用于数据挖掘的支持向量机算法研究［D］．电子科技大学硕士学位论文，2016

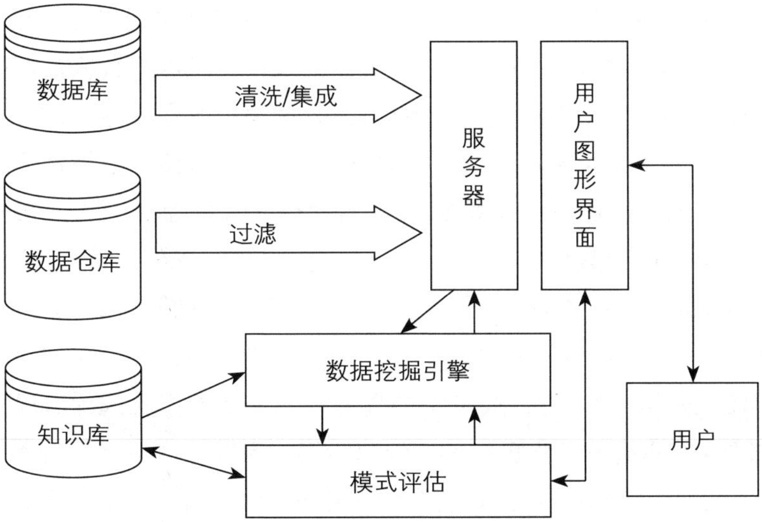

图5-5 数据挖掘系统模型

该系统模型由如下的数据库和功能模块组成。

（1）信息来源：可以是数据库、数据仓库或其他的具有一定结构的信息库；

（2）服务器：负责读取 DM 引擎的请求，并从信息来源中稳定地提取数据；

（3）知识库：存储相关领域的既有知识，用于指导挖掘过程和模式评估；

（4）DM 引擎：根据请求采用预置的算法完成相应的挖掘任务；

（5）模式评估：指导 DM 引擎工作，并负责对挖掘的结果进行评估分析；

（6）图形用户界面：负责用户和 DM 系统之间的交互。

3. 数据挖掘的过程

由以上的数据库知识发现流程和数据挖掘系统模型来看，数据挖掘的过程具体有数据清理、数据变换、数据挖掘实施过程、模式评估和知识表示等 8 个步骤。

（1）信息收集：根据确定的数据分析目标抽象出在数据分析中所需要的特征信息，然后选择合适的信息收集方法，将收集到的信息存入数据库。

对于海量数据，选择一个合适的数据存储和管理的数据仓库是至关重要的。

（2）数据集成：把不同来源、格式、特点、性质的数据在逻辑上或物理上有机地集中，从而为企业提供全面的数据共享。

（3）数据规约：执行多数的数据挖掘算法，即使在少量数据上也需要很长的时间，而做商业运营数据挖掘时往往数据量非常大。数据规约技术可以用来得到数据集的规约表示，它小得多，但仍然接近于保持原数据的完整性，并且规约后执行数据挖掘结果与规约前执行结果相同或几乎相同。

（4）数据清理：在数据库中的数据有一些是不完整的（有些感兴趣的属性缺少属性值），含噪声的（包含错误的属性值），并且是不一致的（同样的信息不同的表示方式），因此需要进行数据清理，将完整、正确、一致的数据信息存入数据仓库中。

（5）数据转换：通过平滑聚集、数据概化、规范化等方式将数据转换成适用于数据挖掘的形式。对于有些实数型数据，通过概念分层和数据的离散化来转换数据也是重要的一步。

（6）数据挖掘过程：根据数据仓库中的数据信息，选择合适的分析工具，应用统计方法、事例推理、决策树、规则推理、模糊集、甚至神经网络、遗传算法的方法处理信息，得出有用的分析信息。

（7） 模式评估：从商业角度，由行业专家来验证数据挖掘结果的正确性。

（8）知识表示：将数据挖掘所得到的分析信息以可视化的方式呈现给用户，或作为新的知识存放在知识库中，供其他应用程序使用。

数据挖掘过程是一个反复循环的过程，每一个步骤如果没有达到预期目标，都需要回到前面的步骤，重新调整并执行。需要注意的是，不是每件数据挖掘的工作都需要这里列出的每一步。例如，在某个分析工作中不存在多个数据源的时候，数据集成的步骤便可以省略。

数据集成、数据规约、数据清理、数据转换，又合称数据预处理。在数据挖掘中，至少60%的费用可能要花在信息收集阶段，而至少60%以上的精力和时间是花在数据预处理上。

数据仓库与数据库的区别

数据仓库之父比尔·恩门(Bill Inmon)在1991年出版的《建立数据仓库》(Building the Data Warehouse)一书中给“数据仓库”下了定义，并被广泛接受。数据仓库是一个面向主题的(Subject Oriented)、集成的(Integrate)、相对稳定的(Non-Volatile)、反映历史变化(Time Variant)的数据集合，用于支持管理决策。

数据仓库是一个过程而不是一个项目；数据仓库是一个环境，而不是一件产品。数据仓库提供用户用于决策支持的当前和历史数据，这些数据在传统的操作型数据库中很难或不能得到。数据仓库技术是为了有效地将操作型数据集成到统一的环境中以提供决策型数据访问的各种技术和模块的总称。

那么，数据仓库和数据库有什么区别?

首先，数据库是面向事务的设计，数据仓库是面向主题设计的；其次，数据库一般存储在线交易数据，数据仓库存储的一般是历史数据；最后，数据库是为捕获数据而设计，数据仓库是为分析数据而设计。

以银行业务为例。数据库是事务系统的数据平台，客户在银行进行的每笔交易都会写入数据库，被记录下来，可以简单地理解为用数据库记账。数据仓库是分析系统的数据平台，它从事务系统获取数据，并进行汇总、加工，为决策者提供决策的依据。例如，某银行某分行一个月发生多少交易，该分行当前存款余额是多少。如果存款又多，消费交易又多，那么该地区就有必要设立ATM了。

显然，银行的交易量是巨大的，通常以百万甚至千万次来计算。事务系统是实时的，这就要求时效性，客户存一笔钱需要几十秒是无法忍受的，这就要求数据库只能存储很短一段时间的数据。而分析系统是事后的，它要提供关注时间段内所有的有效数据。这些数据是海量的，汇总计算起来也要慢一些，但是，只要能够提供有效的分析数据就达到目的了。

以上就是数据仓库与数据库的区别。总之，数据仓库是在数据库已经大量存在的情况下，为了进一步挖掘数据资源、为了决策需要而产生的，它绝不是所谓的“大型数据库”。

（三）数据挖掘技术在 CRM 中的应用

1. 数据挖掘技术

数据挖掘技术是指一些具体的数据挖掘的算法或方法。常用的数据挖掘方法有决策树、回归分析、统计分析、可视化、人工神经网络、关联规则、遗传算法、连接分析等。

（1）决策树。决策树是根据不同的重要特征，以树型结构表示分类或决策集合，从而产生规则和发现规律。决策树是一种常用于预测模型的归纳分类算法，它通过将大量数据有目的地分类，从中找到一些有价值的、潜在的信息。一个决策树就是一个分层的规则集，这些规则描述了如何将一个巨大的记录集划分成连续的较小的记录组。

运用决策树算法进行数据挖掘，就是自顶向下递归方式构造决策树，在其生成的过程中，属性选择度量是关键，通过属性选择度量，选择出最好的将数据样本分类的属性。

例如，在预测拖欠银行贷款的贷款者特征时，选择了“Refund”“Marital Status”“Taxable Income”三个度量属性。根据表 5-6 给出的数据集，利用连续递归的方法构造决策树。如图 5-6 所示。

表 5-6 拖欠银行贷款的贷款者的属性数据集

Tid	Refund	Marital Status	Taxable Income	Cheat
1	Yes	Single	125K	No
2	No	Married	100K	No
3	No	Single	70K	No
4	Yes	Married	120K	No
5	No	Divorced	95K	Yes
6	No	Married	60K	No
7	Yes	Divorced	220K	No
8	No	Single	85K	Yes
9	No	Married	75K	No
10	No	Single	90K	Yes

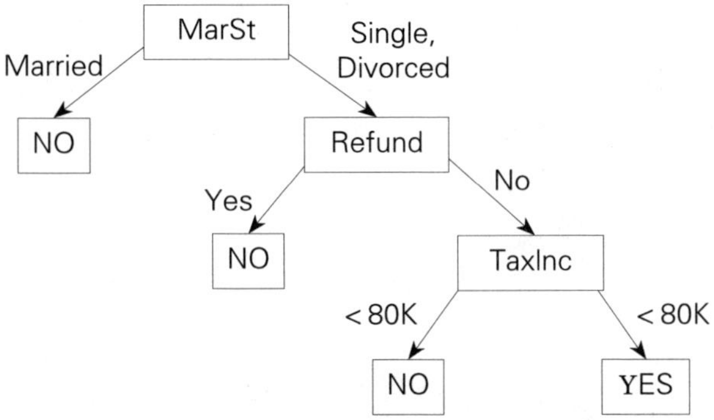

图5-6　预测“拖欠银行贷款的贷款者”决策树模型①

（2）人工神经网络（Artificial Neural Network，即 ANN）。人工神经网络是一种通用的数据挖掘技术，其灵感来自于模拟大脑运作的生物学模型。神经网络由相互连接在一起的人工神经元组成，每个神经元模拟它所对应的生物体，获取不同的输入，将其组合然后产生输出。通俗来说，神经网络是一种学习器，给它一组输入，它会得到一组输出，实现“属性－值”（Feature-Value）的数据挖掘本质。如图 5-7 所示。

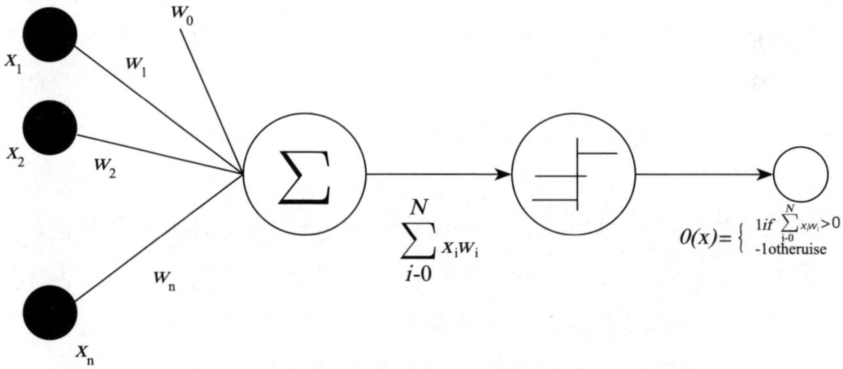

图5-7　人工神经网络示意图②

从结构上看，可以将一个神经网络划分为输入层、输出层和隐含层。输入层的每个节点对应一个个的预测变量。输出层的节点对应目标变量，

① https://wenku. baidu. com/view/87bab 95da5e9856a57126005. html

② http://www.cnblogs.com/ronny/p/ann_01.html?utm_source=tuicool

可以有多个。在输入层和输出层之间是隐含层（对神经网络使用者来说不可见），隐含层的层数和每层节点的个数决定了神经网络的复杂度。示例如图 5-8 所示。

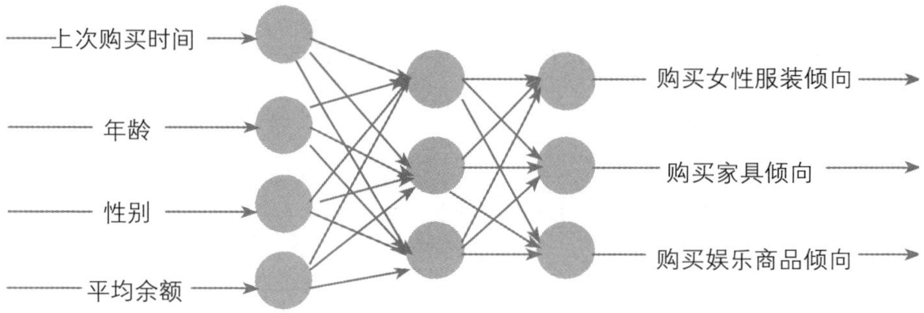

图5-8 神经网络分析模型举例

（3）统计分析。在数据库各变量之间存在着两种关系：函数关系（能用函数公式表示的确定性关系）和相关关系（不能用函数公式表示，但仍是相关确定性关系），对它们的分析可采用统计学方法，即利用统计学原理对数据库中的信息进行分析。统计分析的方法有：常用统计分析（求出大量数据中的最大值、最小值、总和、平均值等）、回归分析（用回归方程来表示变量间的数量关系）、相关分析（用相关系数来度量变量间的相关程度）、差异分析（从样本统计量的值得出差异来确定总体参数之间是否存在差异）等。

（4）链接分析（Link Analysis）。链接分析的基本理论是图论。图是专门为表示关系而开发的一个抽象。图论的思想是寻找一个可以得出好结果，但不是完美结果的算法，而不是去寻找完美的解的算法。链接分析就是运用了这样的思想：不完美的结果如果是可行的，那么这样的分析就是一个好的分析。链接分析非常适用于一些明显具有链接的领域，例如电话、交通以及 Wed 等。

链接分析，源于对 Web 结构中超链接的多维分析。当前其应用主要体现在网络信息检索、网络计量学、数据挖掘、Web 结构建模等方面。作为 Google 的核心技术之一，链接分析算法应用已经显现出巨大的商业价值。

作为一种数据挖掘技术，链接分析具有以下几个优势：它利用了关系；它有利于可视化；它创建了可用于深入挖掘的派生特征。

链接是可视化某些数据的一种很自然的方式。例如，在使用社交网络新浪微博的过程中，我们会发现，用户都倾向于和自己圈子里的人，或者同龄人、同学、同事等进行互动和交流，假设所形成的关系和联系如图 5-9 所示。

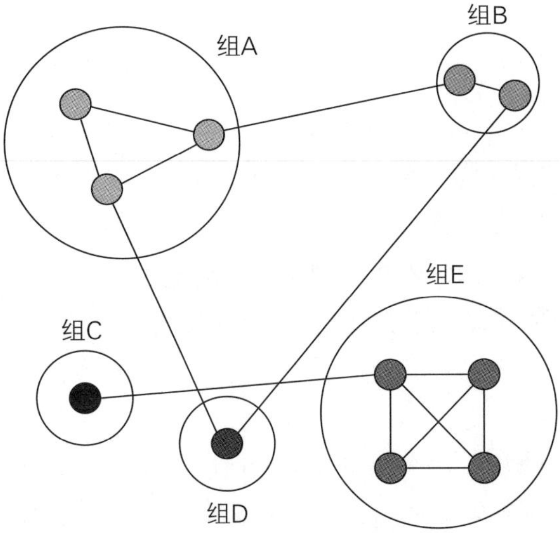

图5-9　新浪微博节点分类示意图①

由图 5-9 可以看出，用户之间的关系和联系，以及对用户进行分组。尽管用户注册的个人信息不全，但通过这个节点分类示意图，通过链接分析，就可以依据组内其他用户的个人资料对该用户的信息做出相关的预测和补充。

（5）遗传算法（Genetic Algorithm）。遗传算法是模拟达尔文生物进化论的自然选择和遗传学机理的生物进化过程的计算模型，是一种通过模拟自然进化过程搜索最优解的方法。它是由美国的 John Holland 教授受进化论的启发而提出的，现已被人们广泛地应用于组合优化、机器学习、信号处理、自适应控制和人工生命等领域。它是现代有关智能计算中的关键

① 魏超．社交网络中的链接预测研究［D］．华中科技大学硕士学位论文，2012

技术。

遗传算法也是计算机科学人工智能领域中用于解决最优化的一种搜索启发式算法，是进化算法的一种。这种启发式通常用来生成有用的解决方案来优化和搜索问题。进化算法最初是借鉴了进化生物学中的一些现象而发展起来的，这些现象包括遗传、突变、自然选择以及杂交等。遗传算法在适应度函数选择不当的情况下有可能收敛于局部最优，而不能达到全局最优。

遗传算法的基本思想是模拟自然界优胜劣汰的进化现象，将搜索空间映射为遗传空间，将可能的解编码成一个向量——染色体，向量的每个元素称为基因。 通过不断计算各染色体的适应值，选择最好的染色体，最后获得最优解。要弄清楚遗传算法的原理，先要明确以下几个专业术语。

个体——模拟生物个体而对问题中的对象（一般就是问题的解）的一种称呼，一个个体就是搜索空间中的一个点。

种群——模拟生物种群而由若干个体组成的群体，它一般是整个搜索空间的一个很小的子集。

适应度——借鉴生物个体对环境的适应程度，而对问题中的个体对象所设计的表征其优劣的一种测度。

适应度函数——问题中的全部个体与其适应度之间的一个对应关系。它一般是一个实值函数，该函数就是遗传算法中指导搜索的评价函数。

染色体——问题中个体的某种字符串形式的编码表示。字符串中的字符称为基因。

例如：个体　　染色体

9 —— 1001

（2，5，6）—— 110，101，010

遗传操作，也称遗传算子（Genetic Operator），是指关于染色体的运算。遗传算法中有三种遗传操作。

选择－复制（Selection-Reproduction）：对于一个规模为 N 的种群 S，按每个染色体 $x_i \in S$ 的选择概率 $P(x_i)$ 所决定的选中机会，分 N 次从 S 中随机选定 N 个染色体， 并进行复制。

$$P(x_i)\frac{f(x_i)}{\sum_{j-1}^{N} f(x_j)}$$

交叉（Crossover，亦称交换、交配或杂交）：是指互换两个染色体某些位上的基因。例如，设染色体 s1=01001011，s2=10010101， 交换其后 4 位基因， 即：

0100 1011，1001 0101

0100 0101，1001 1011

s1′=01000101， s2′=10011011 可以看作是原染色体 s1 和 s2 的子代染色体。

变异（Mutation，亦称突变）：指改变染色体某个（些）位上的基因。例如， 设染色体 s=11001101 将其第三位上的 0 变为 1， 即：

s=11001101 → 11101101= s′

s′ 也可以看作是原染色体 s 的子代染色体。

遗传算法的基本流程如图 5-10 所示。

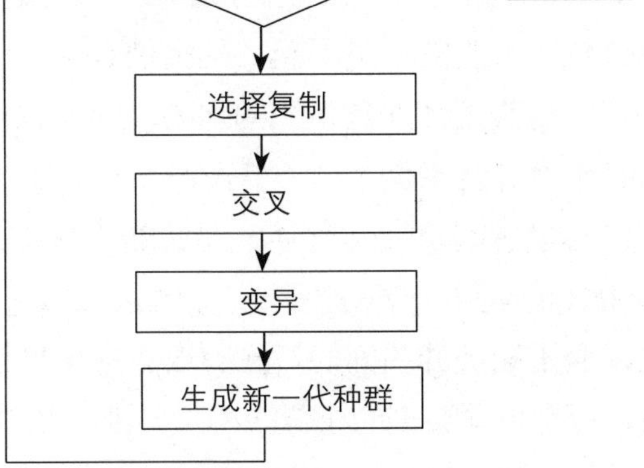

图5-10 遗传算法的基本流程

（6）可视化。可视化技术是数据挖掘不可忽视的辅助技术。数据挖掘通常会涉及较复杂的数学方法和信息技术，为了方便用户理解和使用这类技术，必须借助图形、图像、动画等手段形象地指导操作、引导挖掘和表达结果等，否则很难推广、普及数据挖掘技术。

数据挖掘是一门新兴的、非常重要的、具有广阔应用前景和富有挑战性的研究领域，并运用了众多学科的知识和技术，如数据库、人工智能、统计学、数据仓库、在线分析处理、数据可视化、机器学习、信息检索、神经网络、模式识别、高性能计算机等。随着数据挖掘技术的进一步发展，它必然能促进企业和客户之间的“双赢”。

2. 数据挖掘的任务

数据挖掘主要用来进行分类分析、预测分析、关联分析、聚类分析等。

（1）分类（Classification）。分类是数据挖掘中的一个重要课题。分类主要是通过构造模型（或函数）来描述和区别类或概念。也就是说，建立一个分类函数或分类模型（也常常称作分类器），该模型能将数据库中的数据项映射到给定类别中的某一个。分类可用于提取描述重要数据类的模型或预测未来的数据趋势。

分类的目的是通过分析输入数据表现出来的特性，为每一个类找到一种准确的描述或者模型。由此生成的类描述可用来对未来的测试数据进行分类。尽管这些未来的测试数据的类标签是未知的，但仍可以由此预测这些新数据所属的类，也能对数据中的每一个类有更好的理解。

（2）聚类（Clustering）。聚类是将类似的数据归类到一起，形成一个新的类别进行分析。聚类与分类不同，其类别是未知的。随着数据量的快速增长，数据库中的数据往往是未知类别的。因此，聚类分析是数据挖掘领域一个非常活跃的研究课题。

聚类分析的核心思想就是物以类聚，人以群分。聚类是将一组数据按照相似性和差异性分成不同的类或者簇的一个过程，同一类或簇中的对象有很大的相似性，而不同类或簇间的对象有很大的差异性。聚类所说的类不是事先给定的，而是根据数据的相似性和差异性来划分的。

（3）关联分析（Association Analysis）。关联规则是描述数据库中数据项之间所存在的关系的规则，即隐藏在数据间的关联或相互关系。数据关联是数据库中存在的一类重要的可被发现的知识。若两个或多个变量的取值之间存在某种规律性，则称之为关联。关联可分为简单关联、时序关联、因果关联。

关联分析的目的就是要发现关联规则，找出数据库中隐藏的关联网。有时并不知道数据库中数据的关联函数，即使知道也是不确定的。因此，关联分析生成的规则带有可信度。例如，一个事务中有 X，则该事务中则很有可能有 Y，写成关联规则如下：

$$\{X\} \rightarrow \{Y\}$$

将这种找出项目之间联系的方法即是关联分析。

（4）预测（Prediction）。预测与分类异曲同工。分类问题所建立的映射是离散的，而预测需要建立连续映射模型。典型的预测方法是回归分析（Regression Analysis），通过建立线性或非线性的回归方程，找到时间与状态的对应关系，从而达到预测的目的。回归分析常用于股市预测等经济领域。

数据挖掘除了前面所介绍的四种分析之外，还用于特征化（Characterization）、区分（Discrimination）、孤立点（Isolated Point）和异常数据分析（Outlier）、演变分析（Evolution Analysis）、偏差分析（Deviation Analysis）等。

3. 数据挖掘在 CRM 中的应用举例

根据美国 META 集团的调查，数据挖掘技术在美国金融业、制造业、商贸业以及社会服务等行业都得到了广泛的应用，已经采用数据仓库及数据挖掘技术的企业的投资回报率均在 40% 以上，部分企业的投资回报率高达每年 600%。

在客户关系管理中，通过对企业的客户数据库里的大量数据进行挖掘，可以从大量的记录中发现有趣的关联关系，找出影响市场营销效果的关键因素，为产品定位、定价与定制客户群，客户寻求、细分与保持，市场营销与推销，营销风险评估和诈骗预测等经营决策提供参考依据。

以电子商务企业为例，电商业务需要非常迅捷的数据访问，这不仅是客户体验的需求，也是技术开发人员提升效率的需求。京东集团延续数据库领域的泰斗级人物Jim Gray的“Memory is the new disk（内存是新的磁盘）”理念，从2014年开始启动了JIMDB。JIMDB的全称为Jingdong In-Memory Database，是一种新型的以内存为中心的全托管、全管理服务化的数据库，主要针对灵活类型、半结构化数据的快速存取访问。

京东集团的大数据平台分为两部分，一部分是离线的数据平台，一部分是实时的数据平台。2014年之前还是离线的数据处理为主，2014年以后，不论是业务上还是技术上，对实时的要求越来越迫切，京东打造了实时数据平台。从京东商城、京东金融、京东智能、京东到家的各个业务条线，每天都在产生大量的数据，这些数据通过统一的平台“数据直通车JDBUS”实时接入，统一在JDQ实时数据总线实时存储，再通过实时计算平台JRC完成实时计算，可供精准化营销、实时运营决策、实时监控等领域使用。

京东大数据平台通过技术解决了三大难题：第一数据接入的问题，第二数据存储的问题，第三数据计算的问题。在京东首页“猜你喜欢”的模块，就是基于离线的用户画像、商品画像并结合用户的实时浏览行为，经过复杂的实时推荐算法提供的。而在对商家服务的京东数据罗盘中，为商家提供的数据决策支持系统也是一个典型应用。商家可以看到实时的订单、用户、浏览等营销数据，帮助商家提升自己的运营效率和效果。

在传统营销中，人群定向是一种退而求其次的方法，广告商直接找到他的核心或潜在用户才是最直接的。而京东大数据就可以实现这种直接的定向，比如定向看过或买过指定商品的、指定品牌和店铺的用户。京东广告将用户购买的商品总额和商品数这两个指标作为主要优化目标，实现的方法是大规模机器学习、标签标引。京东的搜索广告和推荐位广告是一套架构。同一个广告单元，可以有两种定向：购物行为定向和搜索定向，排序根据“质量因子 × 出价”决定。所谓质量因子就是机器学习模型起效的地方，比如用户看了两个商品，却只买了其中一个，肯定是对一个感兴趣，对另一个兴趣不大。京东广告使用深度学习技术来预估用户的兴趣，根据结果选择让何种广告处在更显眼的位置上。这样，用户买到了他想买的东西，广告商推广卖出了自己的东西，京东帮助用户选到了心仪的商品，同时也从广告商那收到了广告费，达到三赢的状态。

电商中的“猜你喜欢”，应该是大家最为熟悉的。在京东商城或者亚马逊购物，总会有“猜你喜欢”、“根据您的浏览历史记录精心为您推荐”、“购买此商品的顾客同时也购买了 ** 商品”、“浏览了该商品的顾客最终购买了 ** 商品”，这些都是推荐引擎运算的结果。

一般来说，电商的“猜你喜欢”（即推荐引擎）都是在协同过滤算法（Collaborative Filter）的基础上，搭建一套符合自身特点的规则库。即该算法会同时考虑其他顾客的选择和行为，在此基础上搭建产品相似性矩阵和用户相似性矩阵。基于此，找出最相似的顾客或最关联的产品，从而完成产品的推荐。

众所周知，企业在进行数据分析时，通常会用到 OLAP 在线分析技术。使用过 OLAP 技术的企业都知道，OLAP 技术能给企业带来新的生机和活力。例如，网上书店运用 OLAP 技术，可以浏览到什么时间，哪个类别的客户买了多少书等信息。如果想动态地获得更深层次的信息，如哪些书籍可以打包推荐，哪些书籍可以在销售中关联推出等，就需要用到数据挖掘技术了。

首先，要有数据源，也就是销售记录。一般会用到两张表，一张表是关于会员的表，用会员 ID 号来代替；另一张表是会员都买了什么书。运用SQL Server 2005的Data Mining工具来建立数据挖掘模型,具体步骤如下。

第一步：定义数据源。一般选取网上书店的销售记录数据源（最主要的是 User 表和 Sales 表）。

第二步：定义数据源视图。在此要建立好数据挖掘中事例表和嵌套表，并定义两者之间的关系，定义 User 为事例表（Case Table），Sales 为嵌套表（Nested Table）。

第三步：选取 Microsoft Association Rules（关联规则）算法，建立挖掘模型。

第四步：设置算法参数，部署挖掘模型。

第五步：浏览察看挖掘模型。对于关联规则算法来说，有三个查看的选项卡。

A：项集："项集"选项卡显示被模型识别为经常发现一起出现的项集的列表。在这里指的是经过关联规则算法处理后，发现关联在一起的书籍的集合。

B：规则："规则"选项卡显示关联算法发现的规则。"规则"选项卡包含一个具有以下列的网格："概率""重要性"和"规则"。概率说明出现规则结果的可能性。重要性用于度量规则的用途。尽管规则出现的概率可能很高，但规则自身的用途可能并不重要。重要性就是说明这一情况的。例如，如果每个项集都包含属性的某个特定状态，那么，即使概率非常高，预测状态的规则也并不重要。重要性越高，规则越重要。

C：关联网络：节点间的箭头代表项之间有关联。箭头的方向表示按照算法发现的规则确定的项之间的关联。

以上是网上书店运用数据挖掘模型进行关联分析的基本步骤，可以为书店提供的营销建议可能是，如果消费者买了《月光宝盒（2VCD）》，那么可以给该消费者推荐《乱世佳人（上集，2VCD）》。另外，还可以进行双向预测，即买了《大圣娶亲》，推荐《乱世佳人（上集，2VCD）》；同样，买了《乱世佳人（上集，2VCD）》，推荐《大圣娶亲》。由此可以看到经过关联算法计算出来的书籍之间的关联性。

关于数据挖掘的应用，有一个案例在数据挖掘和营销挖掘领域广为流传。

美国一名男子闯入他家附近的一家美国零售连锁超市 Target 店铺（美国第三大零售商塔吉特）进行抗议："你们竟然给我 17 岁的女儿寄送婴儿尿片和童车的优惠券。"店铺经理立刻向来者承认错误，但是其实该经理并不知道这一行为是总公司运行数据挖掘的结果。一个月后，这位父亲来道歉，因为这时他才知道他的女儿的确怀孕了。Target 比这位父亲知道他女儿怀孕的时间足足早了一个月。

Target 能够通过分析女性客户购买记录，"猜出"哪些客户是孕妇。他们从 Target 的数据仓库中挖掘出 25 项与怀孕高度相关的商品，制作"怀孕预测"指数。例如，他们发现女性会在怀孕四个月左右，大量购买无香味乳液。以此为依据推算出预产期后，就抢先一步将孕妇装、婴儿床等折扣券寄给客户来吸引客户购买。

如果不是在拥有海量的用户交易数据基础上实施数据挖掘，Target 不可能做到如此精准的营销。

聚类分析是把一组数据按照相似性和差异性分为几个类别，其目的是使得属于同一类别的数据间的相似性尽可能大，不同类别中的数据间的相似性尽可能小。它可以应用到客户群体的分类、客户背景分析、客户购买趋势预测、市场的细分等。基于聚类分析的零售客户细分，在于能够有效地划分出客户群体，使得群体内部成员具有相似性，但是群体之间存在差异性。其目的在于识别不同的客户群体，然后针对不同的客户群体，精准地进行产品设计和推送，从而节约营销成本，提高营销效率。

例如，针对商业银行中的零售客户进行细分，基于零售客户的特征变量（人口特征、资产特征、负债特征、结算特征），计算客户之间的距离。然后，按照距离的远近，把相似的客户聚集为一类，从而有效地细分客户。比如，将全体客户划分为理财偏好者、基金偏好者、活期偏好者、国债偏好者、风险均衡者、渠道偏好者等。聚类分析的结果示意图如图 5-11 所示。

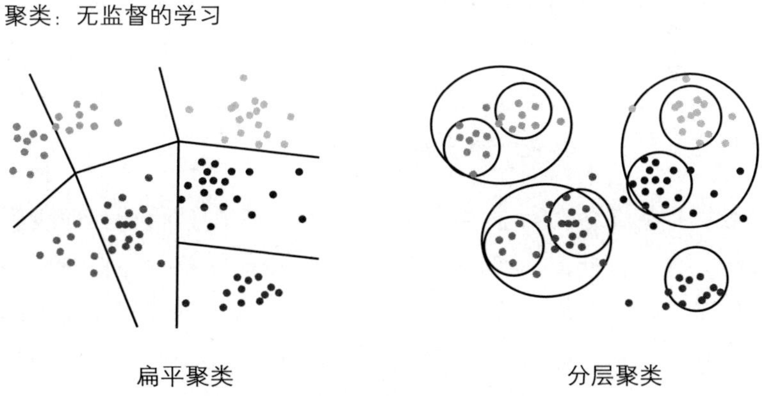

图5-11　聚类分析的结果示意图

再如基于异常值分析的案例——支付中的交易欺诈侦测。采用支付宝支付时，或者刷信用卡支付时，系统会实时判断这笔刷卡行为是否属于盗刷。通过判断刷卡的时间、地点、商户名称、金额、频率等要素进行判断。其基本的原理就是寻找异常值。如果客户的刷卡被判定为异常，这笔交易可能会被终止。

异常值的判断，一般是基于一个欺诈规则库。可能包含两类规则，即事件类规则和模型类规则。第一是事件类规则，如刷卡的时间是否异常（凌晨刷卡）、刷卡的地点是否异常（非经常所在地刷卡）、刷卡的商户是否异常（被列入黑名单的套现商户）、刷卡金额是否异常（是否偏离正常均值的三倍标准差）、刷卡频次是否异常（高频密集刷卡）。第二是模型类规则，则是通过算法判定交易是否属于欺诈。一般通过支付数据、卖家数据、结算数据，构建模型进行分类问题的判断。

澳大利亚的国民银行每天会将所收集的客户数据放到数据仓库中，并且通过设定一些智能分析机制，对客户交易状态进行管理，即对一些非正常的交易金额，即大额的提款和存款进行专门的处理。一旦有客户状态异常的情况发生，数据仓库会自动做出相关统计，并将统计的结果提交给营销部门的人员，由营销人员及时与客户进行接触，找出客户状态异常的原因。

有一次，银行发现，一位 77 岁的老太太提款很多，了解原因之后得知老太太提款是要为女儿买房子，银行就立即与老太太的女儿取得联系，表示愿意为其提供买房贷款。结果，老太太将从银行提的款项又全部存回银行，银行为其女儿提供了一笔贷款，其女儿也将自己在其他银行的存款转存到这家银行。真是一举三得，共同受益。

数据挖掘在各类行业中应用十分广泛。在电信行业，一般用于客户流失分析；在银行业，一般用于客户细分和交叉销售；在百货公司或超市，一般用于购物篮分析；在保险业，一般用于客户细分、交叉销售、客户流失原因分析；在信用卡支付方面，一般用于欺诈探测、客户细分；在电子商业行业，一般用于网站日志分析；在税务部门，一般用于偷税、漏税行为探测；在警察机关，一般用于犯罪行为分析等。

总的来说，在 CRM 中，数据挖掘技术主要用于客户特征、行为、流失分析；销售分析与销售预测；交叉销售；客户细分；客户获取；客户盈利能力分析；风险评估和防止诈骗；等等。

小结

本模块主要介绍了客户数据的定义、类型；收集客户数据的渠道；客户数据库在 CRM 中的应用；数据挖掘技术及其在 CRM 中的应用等。

客户数据是指企业在营销、销售、服务等活动中产生的，或者企业与客户进行互动与沟通过程中获得的，或者通过各种媒介、工商行政管理部门等其他渠道收集到的有关客户特征或行为方面的数据。

从商业活动的过程来看，企业的营销活动无非是一个“定义客户、针对性地促销、产生交易”的过程。

按照数据的性质，可将客户数据分为描述性数据、促销性数据和交易性数据。

收集客户数据的渠道有直接渠道和间接渠道两种。

直接渠道是指通过企业与客户的各种直接接触机会来收集客户的数据。例如，电信企业通过营业厅、终端设备、呼叫中心、公司网站、客户经理等直接与客户接触的渠道收集客户数据。

间接渠道，是指企业从公开的信息中或者通过购买获得客户数据。例如，通过各种报纸、杂志、新闻媒体、市场调查公司、管理咨询公司等渠道获得客户的数据。

客户数据库是收集客户数据的一个综合性的集合，记录和存储着大量的客户基本资料、消费偏好的信息以及交易过程及交易结果的信息等。

客户数据库在 CRM 中的应用体现在：运用客户数据库分析客户消费行为；运用客户数据库开展对客户的一对一营销；运用客户数据库实现客户服务与管理的自动化；运用客户数据库实现对客户的动态管理。

数据挖掘是从大量的、有噪声的、不完全的、随机的、模糊的数据中，提取隐含于其中的有用的、有潜在价值的信息和知识的过程。

数据挖掘的过程具体有数据清理、数据变换、数据挖掘实施过程、模式评估和知识表示等 8 个步骤。

数据挖掘技术有决策树、人工神经网络、统计分析、链接分析、遗传算法、可视化等。

数据挖掘的任务包括分类、聚类、预测、关联分析等。

在 CRM 中，数据挖掘技术主要用于客户特征、行为、流失分析；销售分析与销售预测；交叉销售；客户细分；客户获取；客户盈利能力分析；风险评估和防止诈骗；等等。

思考题

一、名词解释

客户数据；客户挖掘

二、判断题

1. 企业在经营过程中会产生大量的客户数据，企业应充分利用这些数据，并对其进行分析，从中获得更有价值的信息，从而为企业的营销决策提供依据。（　　）

2. 实施客户关系管理就是要建立客户数据库，对客户的数据进行分析。（　　）

3. 企业实施数据库营销，可以利用客户数据库进行重点客户管理和挖掘潜在客户。（　　）

4. 客户数据库应用是 CRM 营销的关键。（　　）

5. 数据挖掘是从大量的、有噪声的、不完全的、随机的、模糊的数据中，提取隐含于其中的有用的、有潜在价值的信息和知识的过程。

6. 简单来说，数据挖掘其实是一种深层次的数据分析方法。（　　）

三、简答题

1. 大数据具有哪些特征？
2. 简述客户数据的类型。
3. 收集客户数据的渠道都有哪些？
4. 客户数据库在 CRM 中的应用体现在哪些方面？
5. 简述数据挖掘的过程。
6. 数据挖掘技术都有哪些？
7. 数据挖掘的任务都有什么？
8. 数据挖掘在 CRM 中都有哪些应用？

四、案例分析题

美国第一银行：CRM 支持“如您所愿”

美国第一银行应用数据挖掘技术实现业务快速发展的案例，对中国银行业具有相当的参考价值。作为世界上最大的 VISA 信用卡发卡行，拥有超过 5600 万信用卡用户的美国第一银行的核心理念是“成为客户信任的代理人”，采用一种被称之为“ICARE”的要诀来联系客户。

I（Inquire）——向客户询问并明确其需求；

C（Communicate）——向客户保证将尽快满足其需求；

A（Affirm）——使客户确信有完成服务工作的能力和愿望；

R（Recommend）——向客户提出一系列服务的选择；

E（Express）——使银行接受单个客户的委托。

在“ICARE”的基础上，美国第一银行发展了一项名为“At Your Request（如您所愿）”的客户服务，赢得了客户的信任，获得了商业成功。无论是“ICARE”还是“At Your Request”，其背后都离不开第一银行先进的数据仓库的信息支持。

享受“At Your Request”服务的客户可通过电话、电子邮件或网络得到银行提供的三个方面的服务：金融服务、旅行娱乐服务和综合信息服务。客户在使用美国第一银行的信用卡一定时期后，在信用记录良好的情况下，银行会寄一份“At Your Request”业务邀请函给客户。客户如果接受，只需填写一份爱好简介，包括每个家庭成员的姓名、生日、最喜欢的杂志、最喜欢的文娱活动等，就可获得各种相关服务。银行通过“At Your Request”帮助客户满足其各种需求，比如“At Your Request”提供“提醒服务”功能，称为“Just-In-Time”，在客户的周年纪念日、特殊事件和重要约会前，会按客户所希望的时间、方式、渠道来提醒。再比如，客户想在饭店订座或者想要送花，都可以通过“At Your Request”来实现。

为支持该项服务，第一银行在业务后台开发了庞大而先进的数据仓库系统，从每一笔信用卡交易中提取大范围的、十分宝贵的数据。在银行看来，大多数使用信用卡的客户，都可以从其业务记录中“发现”他最感兴趣和最不感兴趣的商品或服务。利用掌握的交易数据，第一银行建立了高度准确、按等级分类的单个客户实际偏好记录，当然也能分析群体客户的消费情况和偏好。银行可以根据客户的消费偏好信息去确定合作商业伙伴，从他们那里得到最优惠的价格并提供给客户。银行的数据仓库通过持续的更新，会越来越清晰地反映出客户的需求和消费偏好，这为“At Your Request”业务的开展提供了最有力的信息支持。

（资料来源：王广宇．客户关系管理方法论[M]．北京：清华大学出版社，2004）

讨论题：

1. 美国第一银行如何利用客户数据库进行客户关系管理的？

2. 从本案例可以获得哪些启示？

五、论述题

在大数据背景下，企业如何做好客户关系管理的工作？

六、实践题

每人收集一下一个学期以来你到某固定超市购物的小票，利用统计方法来分析你的消费需求和特点。

模　块　六

客户关系管理系统的应用

任务提出

奇瑞汽车的 SAP CRM 解决方案

奇瑞汽车股份有限公司是由安徽省及芜湖市共同投资兴建的国有大型股份制企业，该公司在成立的短短两年时间内便跻身国内轿车行业“八强”之列。

1. 采用 mySAP CRM 实现企业端到客户端的全面的客户关系管理

奇瑞汽车股份有限公司成立于 1997 年，现拥有年产 40 万台发动机和 30 万辆整车的生产能力，是国内首家通过当前国际上最严格、最先进的汽车生产质量控制体系——ISO/TS 16949 标准认证的整车制造企业。奇瑞公司还积极开拓海外市场，自有品牌轿车累计出口量位居国内各大轿车厂家之首。目前，该公司利用 mySAP 客户关系管理解决方案（mySAP CRM）来全面提升客户关系管理水平。

奇瑞 CRM 项目经理、奇瑞销售公司管理部张传书部长介绍说：“奇瑞公司此次 CRM 项目不仅成功对与客户关系管理相关的各项业务进行了管理，还实现了 CRM 系统与后台 ERP 系统的集成以及与电话系统（CTI、IVR）的集成，实现了客户信息在不同部门、不同系统中的共享以及对客户服务相关各部门业务流程的整合。相信此项目的复杂性及实施难度在国内已有的 CRM 项目中均位居前列。”

随着奇瑞车主数量的爆发式增长，原先奇瑞客服中心的系统日渐难以胜任对海量用户信息及业务数据的处理，也无法做到与其他信息系统中已维护资料的共享。在采用 mySAP CRM 解决方案之后，客户信息及其历史记录得到了完整统一的维护；客服中心及相关售后服务部门处理客户问题的流程得到了规范；极大地提高了处理客户需求的质量和能力。

2. 实现企业端到客户端的全面的客户关系管理

奇瑞公司一向把客户关系管理看作公司整体管理战略的重要组成部分，此次借助 mySAP CRM 与后台 ERP 系统（mySAP R/3）的完美集成，以实现对客户关系管理以下业务环节的管理。

（1）处理客户通过电话、传真、E-mail、手机短信和互联网等多种方式的联系。

（2）处理客户问题，向相关部门分派任务及获取反馈，跟踪客户问题的解决情况。

（3）执行市场活动，跟踪潜在用户，提高潜在用户转化率。

（4）分析各类数据，考核所涉及的人员及部门。

奇瑞公司 mySAP CRM 采用了运行在 AIX 操作系统下的 IBM RS 6000 企业级服务器，安装了 Oracle 数据库：相关的来电响应（IVR）系统、电脑电话集成（CTI ）系统采用了由西门子公司提供的 HIPath 4000 系列。受益于 SAP 公司与这些公司之间长期深入的合作，奇瑞公司在实施 mySAP CRM 项目期间，这些庞大的系统之间集成的顺利程度超出了实施人员的想象。

3. 推动企业管理全面信息化

奇瑞公司除了 mySAP CRM 之外，还实施了 mySAP ERP 系统，并且正在实施 mySAP HR（人力资源管理）系统，它们的目标是采用 mySAP Business Suite 商务套件——其中包括 ERP、CRM、HR 等企业管理的各个方面——来管理奇瑞公司的全部业务流程。从一开始就采用业界最先进的集成管理信息系统，无疑可以少走弯路、少犯错误，而对这种事关企业立身之本的管理信息系统来说，任何弯路和错误都可能是致命的。

4. CRM 项目的快速成功实施

由 SAP 公司在无数次成功实施 SAP 系统的经验基础上总结出的 Accelerated SAP（ASAP）快速实施方法，提供了对奇瑞公司 CRM 项目从项目准备、业务蓝图、实现过程、最后准备，到启动与技术支持各个环节详细的实施指引。ASAP 这种成熟的实施方法能够对 CRM 项目的各个环节都了如指掌，帮助它们对 CRM 项目实施过程逐阶段进行控制，这让它们了解到规范化实施对于成功、快速实施大型企业管理信息系统是多么重要。

在 mySAP CRM 系统的帮助下，目前奇瑞公司客服中心的职员在 CRM 系统中对与客户沟通的全程进行管理的同时，可以随时查阅该客户的详细信息、历史记录，并在解决方案数据库的帮助下回答客户的问题，极大地提高了对客户问题的处理速度和处理质量。mySAP CRM 系统还改变了将客户问题转交其他相关售后服务部门处理的方式，由以前的客服人员人工联系相关部门变为相关部门直接在 CRM 系统中获得待处理任务并进行处理，客服人员也可以实时在 CRM 系统中得到处理结果，大大加快了客服部门对客户问题的处理速度，提高了客户满意度。据悉，奇瑞公司下一步正计划利用 mySAP CRM 系统中强大的渠道管理功能（Channel Management）加强对奇瑞公司的销售 / 服务渠道的管理——实现对渠道的销售、服务、库存及财务等业务信息的实时监控，同时将奇瑞公司的中央数据库的数据共享给具有相应权限的渠道商使用，帮助数百家经销商、服务站最大限度地提升它们的营销、销售及售后服务的水平。

奇瑞公司通过实施 mySAP CRM 系统，实现了信息共享，大大加快了对客户问题的处理速度，提高了客户满意度，这也为奇瑞公司在竞争激烈的汽车行业赢得了足够的优势。可见，企业实施和应用客户关系管理系统的重要性。

学习目标

1. 了解 CRM 软件系统的业务流程；
2. 熟悉 CRM 软件系统的核心模块；
3. 熟悉 CRM 软件系统各业务子系统功能；
4. 了解三种类型 CRM 软件的各自定位。

相关知识点

一、客户关系管理的体系结构

（一）CRM 的体系结构

CRM 应用信息技术来建立具有交叉功能的企业系统，实现诸多客户服务流程的集成化和自动化，如企业与客户进行交互的销售、营销和客户服务流程。CRM 系统还建立了一个数据库 IT 框架，该框架将上述流程与企业其他的业务运作流程整合到一起。如图 6-1 所示。

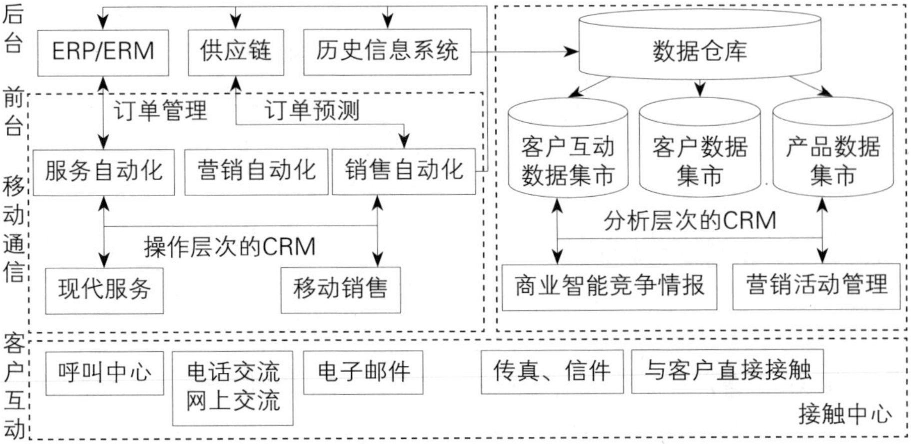

图6-1 CRM的体系结构

（二）客户关系管理的主要技术

CRM 的主要技术要求包括六个方面：分析信息的能力、对客户互动渠道进行集成的能力、支持网络应用的能力、建设集中的客户信息仓库的能力、对工作流进行分析集成的能力、与 ERP 进行无缝连接的能力。

1. 信息分析能力

尽管 CRM 的主要目标是提高同客户打交道的自动化程度，并改进与客户打交道的业务流程，但强有力的商业情报和分析能力对 CRM 也是很重要的。CRM 系统有大量关于客户和潜在客户的信息，企业应该充分地利用这些信息，对其进行分析，使得决策者所掌握的信息更完全，从而能及时地做出决策。良好的商业情报解决方案能使得 CRM 和 ERP 协同工作，企业就能将利润创造过程和费用联系起来。

2. 对客户互动渠道进行集成的能力

对多渠道进行集成与 CRM 的解决方案的功能部件的集成是同等重要的。不管客户是通过 Web 与企业联系，还是与携有 SFA（Sales-Force-Automation，销售业务自动化）功能的便携电脑的销售人员联系，或是与呼叫中心代理联系，与客户的互动都应该是无缝的、统一的、高效的。统一的渠道还能带来内外部效率的提高。

3. 支持网络应用的能力

在支持企业内外的互动和业务处理方面，Web 的作用越来越大，这使得 CRM 支持网络的能力是很重要的。一方面，网络作为电子商务渠道来说很重要，另一方面，从基础结构的角度来说，网络也很重要。为了使客户和企业的相关人员都能方便地应用 CRM，需要提供标准化的浏览器，使得用户只需很少的训练或不需训练就能使用系统。

另外，业务逻辑和数据维护是集中化的，这就减少了系统的配置、维持和更新的工作量。基于互联网的系统配置费用来说，也可以节省很多成本。

4. 建设集中的客户信息仓库的能力

CRM 解决方案应采取集中化的信息库，这样所有与客户接触的企业员工都可获得 CRM 解决方案、采用集中化的信息、实时的客户信息，而且使得各业务部门和功能模块间的信息能统一起来。

5. 对工作流进行分析集成的能力

工作流是指把相关文档和工作规则自动化地（不需人的干预）安排给负责特定业务流程中的特定步骤的人。CRM 解决方案应该能具有较强的功能，为跨部门的工作提供支持，使这些工作能动态、无缝地完成。

6. 与 ERP 进行无缝连接的能力

CRM 要与 ERP 在财务、制造、库存、分销、物流和人力资源等连接起来，从而提供一个闭环的客户互动循环。这种集成不但包括低水平的数据同步，而且还应包括业务流程的集成，这样才能在各系统间维持业务规则的完整性，工作流才能在系统间流动。这二者的集成还使得企业能在系统间收集商业情报。

（三）CRM 软件系统的核心模块

CRM 软件系统将先进的思想与最佳的实践具体化，通过使用多种先进的技术手段，最终帮助企业来实现以上目标。从总体上来看，CRM 软件系统由以下几个核心模块所组成。

1. 销售自动化

销售自动化（Sales Force Automation，SFA）是 CRM 软件系统中最基本的模块，在国外已经有了十几年的发展，近几年在国内也获得了长足的发展。SFA早期是针对客户的应用软件，但从20世纪90年代初开始，它的范围已经大大地扩展，包含一系列的功能，可以很好地提高销售人员的大部分活动的自动化程度，提高其工作效率。SFA的功能一般包括日历和日程安排、联系和客户管理、佣金管理、商业机会和传递渠道管理、销售预测、建议的产生和管理、定价、区域划分、费用报告等。

销售漏斗分析

销售漏斗是销售过程中重要的分析工具之一。通过自定义销售机会各个不同阶段，分析得出各阶段机会的具体数量，并指导销售人员如何改进销售过程，提高成交几率。这一分析完全可以通过销售自动化来实现。销售漏斗分析的过程如图6-2所示。

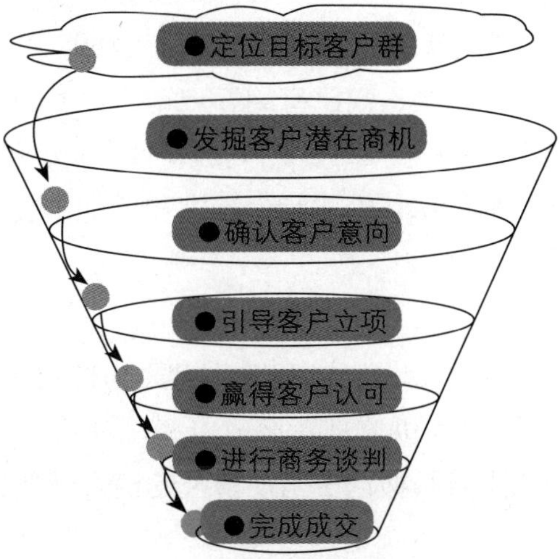

图6-2 销售漏斗分析

2. 营销自动化

营销自动化（Marketing Automation，MA）模块是CRM软件系统的最新成果，作为对SFA的补充，它为营销提供了独特的能力，如营销活动（包括网络营销活动和传统营销活动）计划的编制和执行、计划结果的分析；清单的产生和管理，预算和预测；营销资料管理；“营销百科全书”（关于产品、定价、竞争信息等的知识库）；对有需求的客户的跟踪、分销和管理。

MA 模块不局限于提高销售人员活动的自动化程度，其目标是为营销及其相关活动的设计、执行和评估提供详细的框架。在客户生命周期中，MA 模块与 SFA 模块具有不同的功能，但它们常常是互为补充的。例如，成功的营销活动可以很好地了解有需求的客户；为了使得营销活动真正有效，应该及时地将销售机会提供给执行的人，如销售专业人员。

3. 客户服务与支持

在很多情况下，保持客户和提高客户利润贡献度依赖于提供优质的服务，否则客户只需轻轻点鼠标或打一个电话就可以转向企业的竞争者。因此，客户服务和支持对企业来说是极为重要的。它可以帮助企业以更快的速度和更高的效率来满足客户的售后服务要求，以进一步保持和发展客户关系。

在 CRM 软件系统中，客户服务与支持主要是通过呼叫中心和互联网实现的。当把客户服务与支持功能同销售、营销功能比较好地结合起来时，就能为企业提供更多的机会，向已有的客户销售更多的产品。客户服务与支持的典型应用包括：客户关怀；纠纷处理；订货、订单跟踪；现场服务；问题及其解决方法的数据库；维修行为安排和调度；服务协议和合同；服务请求管理；等等。

4. 商务智能

在企业的信息技术基础设施中，以数据仓库为核心的商务智能（Business Intelligence，BI）可以将大量信息转换成可利用的数据，并允许决策者从企业过去的经验记录中查找适用于当前情况的模式，通过这一方法可使决策者更好地预测未来。

商务智能是指利用数据挖掘、知识发现等技术分析和挖掘结构化的、面向特定领域的、存储于数据仓库内的信息，它可以帮助用户认清发展趋势，识别数据模式，获取智能决策支持，得出结论。商务智能的范围包括客户、产品、服务和竞争者等。

在 CRM 软件系统中，商务智能主要是指客户智能。利用客户智能，企业可以收集和分析市场、销售、服务和企业的其他信息，对客户进行全方位的了解，从而理顺企业资源与客户需求之间的关系，提高客户的满意度和忠诚度，实现获取新客户、支持交叉销售、保持和挽留老客户、发现重点客户、支持面向客户的个性化服务等目标，增强企业的盈利能力。

二、CRM软件系统的组成部分

（一）CRM 软件系统中的接触活动

CRM 软件系统能使客户以各种方式与企业接触，典型的方式有呼叫中心、面对面的沟通、传真、移动销售、电子邮件、互联网以及其他营销渠道（如金融中介或经纪人等），不同层次的接触活动。企业必须协调这些沟通渠道，保证客户能够采取其方便或偏好的形式，随时与企业交流，并且保证来自不同渠道的信息完整、准确和一致。

在客户交互周期中的客户接触参与阶段，CRM 软件系统主要包含以下的内容。

1. 营销分析

营销分析包含市场调查、营销环境分析、制定营销计划以及各项具体活动计划，并提供市场洞察力和客户特征，使营销过程更具计划性，达到最佳化。

2. 营销活动管理

营销活动管理包括活动传送、计划、内容发展、客户界定、市场分工和联络。

3. 电话营销

电话营销包含呼入 / 呼出管理，名单目录管理，支持一个企业多个联系人。

4. 电子营销

电子营销保证了互联网上个性化的实时、大量的营销活动的实施和执行，选定确切、有吸引力的目标组，通过为顾客定制的内容和产品进行进一步互动。

5. 潜在客户管理

CRM 软件系统通过对潜在客户资格以及从销售机会到销售管理、跟踪和传递对潜在客户发展的管理。

（二）CRM 的各业务子系统

CRM 是集市场、销售、服务为一体的管理系统，通常可划为四个子系统：客户销售管理子系统、客户市场管理子系统、客户支持与服务管理子系统、数据库及支撑平台子系统。

1. 客户销售管理子系统

客户销售管理子系统是全面的销售自动化管理子系统，其目标是提高销售的有效性，保证客户销售数据的准确性、及时性和完整性，对客户销售进行有效的管理，提供决策支持所需的数据。引入网上商务后，还能够提供对网上商务的支持，进行网络销售。

2. 客户市场管理子系统

客户市场管理子系统使市场营销专业人员能够对直接市场营销活动和战役的有效性加以计划、执行、监视和分析。通过使用工作流技术，使一些共同的任务和商业流程自动化。此外，还可向市场营销专业人员提供分析其市场营销行动有效性的功能。

3. 客户支持与服务管理子系统

客户支持与服务管理子系统主要具有服务和支持两大功能。一方面，通过计算机电话集成技术（CTI）支持的呼叫中心，可以为客户提供每周 7×24 小时不间断的服务，并将客户的各种信息存入共享的数据库，以便及时满足客户需求；另一方面，技术人员对客户的使用情况，可以进行跟踪，以便为客户提供个性化服务，并对服务合同进行管理。

4. 数据库及支撑平台子系统

数据库及支撑平台子系统提供 CRM 的数据库解决方案以及网络环境下的系统运行平台，是整个 CRM 的基础。CRM 一般包括系统管理、客户信息管理、客户订单管理、销售过程管理（订单跟踪）、市场营销管理、客户服务管理、决策支持系统、市场分析预测等功能模块，并可以与电话中心应用软件、财务管理软件、MRPII、SCM 等有机连接。CRM 不但能有效、及时地掌握客户需求，而且能提供更好的客户服务。

希尔顿饭店集团的客户关系管理系统

希尔顿饭店集团具有强烈的客户关系管理意识。集团常常在内部培训中强调以下的事实：获得一个新客户比维持一个老客户的成本要高出 7 倍；满意的客户买得多并愿意支付更高的价格，使饭店获得更高的利润。而谈到客户关系管理时，他们认为，20% 客户的离开是因为价格，而 80% 客户的离开是因为服务质量低下、缺乏购买后的关系维持。

希尔顿饭店集团开发了一套名为“H honor” 的客户管理系统。这套客户管理系统的运营目标是：借助信息技术手段，与世界范围内的客户，包括旅游者、旅行社、会议组织者和旅游业协会保持联系。目前，希尔顿饭店集团通过 H honor 客户关系管理系统实现的客户接触总数约为 500 万人次 / 月，6000 万人次 / 年。

1. 客户资料收集

——鼓励浏览者在电子商务网站上注册，提供个人信息；

——为注册的潜在客户提供个性化的服务，包括发送符合顾客兴趣的新闻、每月活动信息和特色服务信息；

——记录个人或企业客户在网站上累计预订量；

——发现有价值的客户，区分其类型和价值程度。

2. 客户细分

——按客户类型细分：旅游者、常客、旅游批发商、代理商、会议组织者……

3. 与客户接触

——在网上建立“全体代理商交流中心”，进行知识交流；

——通过经常沟通增加代理商的主动性；

——H honor 客户服务中心：通过电话、电子邮件、信件等多种途径与客户联系。

4. 个性化客户服务

——对于重要客户免去订金；

——记录重要顾客的偏好和行为习惯，为他们提供更好的服务；

——为饭店集团“豪华度假（HGVC）”会员提供相互交流的机会；

——为预订饭店客房的会议组织者提供“会议策划津贴”；

——为长期合作的旅行商提供免费的“逍遥旅游”等。

三、CRM软件系统的三种类型

目前，在全球范围内，声称已开发出 CRM 软件系统的公司很多。这些 CRM 软件系统，功能特点和适用对象不同，模块多少和系统规模各异。后来，美国著名 IT 咨询公司 META Group 将 CRM 系统分为运营型、分析型和协作型三种类型。

（一）运营型 CRM 系统及其功能

1. 运营型 CRM 系统及其功能

运营 CRM 系统，也称前台 CRM 系统或操作型 CRM 系统，如营销自动化、销售自动化和客户服务管理等与客户直接发生接触的部分，其目的是为了确保企业与客户的交流，确保企业能够通过各种客户互动渠道收集到所需的客户信息，以便建立客户档案，并将各种相关客户数据存储在中央数据库中。运营型 CRM 系统，使得企业中直接面对客户的相关部门在日常工作中能够共享客户资源，减少信息滞留，从而以一种统一的视图面对客户。

运营型 CRM 系统包括与客户直接发生接触的各个“接触点”的整合，以及前台和后台运营之间相互的平滑连接。这里的“接触点”可以是输入接触（如打给公司客户热线的电话）；也可以是输出接触（如业务员的销售电话或者电子邮件促销）。

运营型 CRM 系统围绕客户信息协同工作，主要解决以下问题：如何收集客户信息？谁来收集客户信息？收集什么样的客户信息？与某个客户相关的所有信息是否是整合的？企业前台管理的每个部门是否都建立起“以客户为中心”的理念？针对不同的客户是否能够提供不同的服务？

运营型 CRM 系统的设计主要是基于以下两点而产生的：第一，在互联网时代，由于人们的联系越来越方便，客户的耐心指数大大下降。在与客户打交道时，无论电话、电子邮件还是其他方式，迟缓、拖拉的办事方式都会使企业很快发生客户流失；第二，由于信息的高度流畅，客户很容易从多种渠道获得多个产品的信息，对供应商的选择余地很大。对企业来说，保持老客户变得越来越难，为此必须加强与客户的多渠道信息沟通。

运营型 CRM 系统主要用于针对企业的销售、市场营销、客户服务和支持等与客户有关的部门，使企业业务处理流程的自动化程度和效率更高，从而提高企业同客户的交流能力。

2. 运营型 CRM 系统的应用目的

企业应用运营型 CRM 系统的主要目的是加强和客户之间的联系和交流，通过有效的运作，运营型 CRM 将来自销售部门、市场营销部门、客户服务部门、技术支持部门等多个部门的信息加以汇总加工，形成企业的客户信息中心。

运营型 CRM 系统为客户提供一个统一的客户接触平台，只要客户与企业发生联系，企业就可以借助这个平台实现该信息的内部共享，其中包括客户的个人信息、客户的通话状况、客户的缴费情况、与客户发生过的接触以及处理结果等。总之，企业内部任何一个部门如有需要，都可以迅速获得不同部门对同一客户要求的处理情况，使企业在与客户接触时，不会因不了解情况而引起客户的不满。运营型 CRM 系统提供给客户多种接触渠道，包括呼叫中心、多个分支机构、网络连接等，让客户能以最便捷的方式（电话、面谈或上网）获取企业信息，选择便捷的购买和交付方式，寻求技术支持和服务，反馈消息、意见和期望。国外有些厂商提供的这类系统还能跟踪销售活动过程中与客户的各种联系，根据事先安排的时间提醒应该进行的活动，提醒客户的生日或爱好，甚至跟踪与客户企业有关的新闻报道等。

3. 运营型 CRM 系统的主要功能

运营型 CRM 系统使企业在网络环境中能够以电子化的方式完成从市场、销售到服务的全部商务过程。它主要包括以下五个方面的应用功能。

（1）销售套件。它可以为企业管理销售业务的全过程提供丰富的、强大的功能，包括销售信息管理、销售过程定制、销售过程监控、销售预测、销售信息分析等。它将成为销售人员关注客户、把握机会、完成销售的有力工具，并可以帮助提高销售能力。它对企业的典型作用在于帮助企业管理跟踪从销售机会产生到结束各销售阶段的全程信息和动作。

（2）营销套件。它可以为企业自始至终掌握市场营销活动的运作提供便利，提供从市场营销活动信息管理、计划预算、项目追踪、成本明细、回应管理、效果评估等功能，帮助企业管理者清楚了解所有市场营销活动的成效与投资回报。

（3）服务套件。它可以帮助企业以最低的成本为客户提供周到、及时、准确的服务，提供包括服务请求及投诉的创建、分配、解决、跟踪、反馈、回访等相关服务环节的闭环处理模式，从而帮助企业留住老客户、发展新客户。

（4）电子商务套件。它可以让企业商务过程“E”化的前台（Front Office）。它可以帮助企业将门户站点、各种商务渠道集成在一起，开拓新的销售渠道及商务处理方式。

（5）商务平台套件。它可以实现产品基础数据维护、安全控制、动态配置与工作流定制等。

根据以上分析可看出，运营型 CRM 系统适用于制造业、零售业、保险业，这是因为这些行业的企业客户数据太多，而且分散在大量的业务员手中，没有办法进行系统管理。但解决好数据的共享是其应用的关键，随着移动通信技术的完善，以上应用前景被看好。

4. 运营型 CRM 系统的适用对象

运营型 CRM 系统是 CRM 软件中最基本的应用模块，它主要能为以下集中人员提供便利，从而大大提高企业效益。

（1）销售人员。销售自动化要求销售人员及时提供客户的详细信息，业务内容涉及订单管理、发票管理及销售机会管理等。

（2）营销人员。营销自动化是运营型 CRM 系统的主要模块。其中的促销活动管理工具可用于计划、设计并执行各种营销活动，寻找潜在客户并将他们自动集中到数据库中，通过自动派活功能分配给销售人员。

（3）现场服务人员。运营型 CRM 系统使服务自动化，包括自动派活工具、设备管理服务合同及保质期管理、维修管理等。

从以上的应用领域可以看出，运营型 CRM 系统的应用模块在功能上与 ERP 相似，如仓库管理、采购管理等，都是为了提高员工工作效率的一种应用工具。它与分析型 CRM 系统相比，虽然销售、服务和营销（促销）模块中具有一定的数据统计分析能力，但它是浅层次的，与以数据仓库、数据挖掘为基础的分析型 CRM 系统是有区别的。另外，运营型 CRM 系统不包含呼叫中心等员工同客户共同进行交互活动的应用，与协作型 CRM 系统也有一定的区别。

（二）分析型 CRM 系统及其功能

1. 分析型 CRM 系统的含义

分析型 CRM 系统，也称为后台 CRM 系统或战略 CRM 系统。它主要是通过分析运营型 CRM 系统中获得的各种数据，为企业的经营、决策提供可靠的量化依据。分析型 CRM 系统需要用到许多先进的数据管理和数据分析工具，如数据仓库、 OLAP 分析和数据挖掘等。

如果说运营型与协作型 CRM 系统是企业的臂膀，那么分析型 CRM 系统就是企业的大脑。企业通过前台销售自动化、 营销自动化及客户服务与支持协同运作积累了大量的客户信息资源。分析型 CRM 系统的作用就是让这些资源发挥作用，它从前台所产生的大量交易数据中提取有价值的各种信息，进行包括 80/20 分析、销售情况分析等，并对将来的趋势做出必要的预测， 是一种企业决策支持工具。 具备分析能力的数据仓库能够通过建立客户的全景观图，并与这些客户保持持续的沟通来帮助企业获得额外的市场竞争力，分析的目的在于得出结论。因此，分析型 CRM 系统的核心在于让企业真正地了解客户，挖掘出重要的决策信息。

2. 分析型 CRM 系统的目的

分析型 CRM 系统侧重在分析客户数据上，使企业更为清晰地了解自己客户的类型，把握不同类型客户的准确需求，从而发挥最大潜力挖掘客户和更好地服务于客户。建立良好的客户关系最理想的状况是集成覆盖整个企业的 CRM 系统，即运用运营型 CRM 系统提供多种接触手段，运用分析型 CRM 系统提供的数据深入了解客户，达到对不同客户区别对待的目的。而区别对待后的反馈数据又可以被运营型 CRM 系统再收集，从而循环往复，不断优化客户关系。

企业都希望将大容量的销售、服务、市场以及业务数据进行整合，将烦琐、多样的数据转化为有用、可靠的信息。再将信息转化为知识，进一步为整个企业提供战略上的商业决策，为客户服务和新产品的研发提供更准确的依据，提高企业的竞争力，使企业能够将有限的资源集中服务于所选择的有效益的客户群体，同这些客户保持长期和有效益的关系。分析型CRM 系统能使这一切成可能，它是一种处理大容量的客户数据的方法。

为了获得可靠的信息支持、策略和做出商业决策，为了给客户提供更好的服务，以赢得客户的忠诚，企业首先必须了解客户的贡献率。分析型CRM 系统能够通过客户的各种背景数据和其过去的交易行为数据，建立合适的客户终身价值模型，并按照客户的终身价值对客户进行分类，预测其未来的趋势，了解每类客户能为企业带来多少效益，从而为不同类型的客户提供他们最需要的产品和服务，使企业能够优化利用其有限的资源，集中服务于所挑选的客户群体。

“以客户为中心”策略的一个关键步骤是收集足够的客户背景信息和行为信息，并对客户进行细分。分析型 CRM 系统的销售、服务、市场、电子商务以及业务平台等功能可将客户的各种信息按照分析的要求有机地整合起来，为数据分析提供准确的数据源。企业可以将客户的背景数据、生活方式等方面的信息，与客户行为的信息相结合，通过建立合适的模型，对不同群体的客户采用针对性和有效的互动交流。市场将分析的结果信息反馈给销售系统，销售系统可通过呼叫中心对特定的客户进行特殊的服务或者提供交叉销售，以满足客户的需求。

3. 分析型 CRM 系统的技术功能

分析型 CRM 系统主要是分析所获得的各种数据，进而为企业的经营决策提供可靠的、量化的依据。具体来说，分析型 CRM 系统具备以下六大支柱性功能。

（1）客户分析。其功能旨在让营销人员完整、方便地浏览客户的基本信息，通过分析与查询，掌握特定细分市场的客户行为、购买模式、属性以及人口统计资料等信息，为营销活动的展开提供方向性的指导。此外，营销人员可以通过客户行为分析功能追踪营销活动的执行过程，通过轻松的鼠标点击即可锁定特定的客户群体，建立新的细分市场。例如，对于银行来说，有的客户突然提取大笔现金，可能会使银行处于高风险状态；有的客户虽然归还贷款比较迟缓，但基本上总能在一定的期限内归还，这就是银行最喜欢的客户，因为这样的客户总能为银行带来利息收入。银行的CRM系统对此要能够及时察觉。

（2）客户建模。客户建模功能主要依据客户的历史资料和交易模式等影响未来购买倾向的信息来构造预测模型。例如，根据客户的促销活动回应率、利润贡献度、流失可能性和风险值等信息，为每一位客户赋予适当的评分，进而根据评分结果构建一个完备的模型和规则库。例如，银行客户如果有大笔存款进入账户，则应考虑向其推荐股票或者基金等收益更高的投资项目。客户建模功能可以帮助企业建立成熟有效的统计模型，准确识别和预测有价值的客户沟通机会。一旦这种模型得以建立，企业就可以对每个客户进行价值评估，并在适当的时机以适当的方式与客户进行沟通，创造更多的盈利机会。

（3）客户沟通。客户分析的结果可以与客户建模形成的一系列适用规则相联系。当一个客户的某个行为触发了某个规则，企业就会得到提示，启动相应的沟通活动。客户沟通功能可以集成来自企业各个层次的各种信息，包括客户分析和客户建模的结果，针对不同部门的不同产品，帮助企业规划和实施高度整合的营销活动。客户沟通的另一大特色是帮助企业进行基于事件的营销。根据客户与企业之间发生的貌似偶然的交互活动，企业可以迅速发现客户的潜在需求，并作出适当的反应。客户沟通功能支持营销人员设计和实施潜在客户营销、单一步骤营销、多步骤营销和周期性营销四种不同类型的营销活动。

（4）个性化。个性化功能可以帮助企业根据不同客户的不同消费模型建立相应的沟通方式和促销内容，以非常低的成本实现真正的一对一营销。例如，营销人员可以用鼠标点击方式建立和编辑个性化的电子邮寄模板，以纯文本、HTML或其他适当的格式向客户发送促销信息。更重要的是，利用分析型CRM系统，营销人员还可以利用复杂的获利能力评估规则、条件与公式为不同的客户创建更具亲和力的沟通方式。

（5）数据优化。每个营销人员每天应当处理多少个目标客户？每隔多长时间应该对客户进行一次例行联络？各类营销方式对各类客户的有效程度如何？对于这些问题，分析型 CRM 系统的优化功能都可以提供答案，帮助企业建立最优的处理模式。优化功能还可以基于消息的优先级别和采取行动所需要资源的就绪状况来指导和帮助营销人员提高工作效率。

（6）接触管理。接触管理功能可以帮助企业有效地实现客户联络，并记录客户对促销活动的反应态度，将客户所发生的交易与互动时间转化为有意义、高获利的营销商机。例如，当接触管理模块检测到重大事件时，即刻启动特别设计的营销活动计划，针对该时间所涉及的客户提供适用的产品或服务，这种功能又被称作实时事件注入。

（三）协作型 CRM 系统及其功能

1. 协作型 CRM 系统的含义

协作型 CRM 系统是指企业直接与客户互动的一种状态，它能实现全方位地为客户交互服务和收集客户信息。协作型 CRM 系统强调的是交互性，它借助多元化、多渠道的沟通工具，让企业内部各部门同客户一起完成某项活动。协作的意思就是可以让两个以上的人员一起工作。协作型 CRM 系统的应用能够让企业客户服务人员同客户一起完成某项活动。例如，技术人员通过电话指导客户修理设备，因为这个修理的活动有员工和客户共同参与，他们是协作的，而前面的运营型和分析型 CRM 系统的应用都是企业员工自己单方面地进行某项活动，客户并没有一起参与。

协作型 CRM 系统将更大程度地实现全方位地为客户交互服务和收集客户信息，实现多种客户交流渠道，如将呼叫中心、互联网、Web、电子邮件、传真等集成起来，使各种渠道融会贯通，以保证企业和客户都能得到完整、准确和一致的信息。

显然，协作型 CRM 系统的应用设计有其本身的特点。由于员工和客户一起完成某种任务，就有一个尽量要快的时间特点，有时间紧迫感。员工和客户都希望快一点解决问题，这种速度需要就要求 CRM 系统的应用必须能够帮助员工快速、准确地记录客户的请求内容以及快速找到问题的答案。换句话说，CRM 系统必须具有知识量丰富和智能查询的特点；同时员工本身也必须经验丰富。如果问题无法在线解决，协作型 CRM 系统还必须由智能路由对请求进行升级处理，员工必须及时做出任务转换的决定。

2. 协作型 CRM 系统的组成

协作型 CRM 系统将呼叫中心、互联网、电子邮件、传真等多种渠道融为一体，同时采用先进的电子技术，并借助多渠道协作以及交互式语言应答（IVR）和计算机电话集成（CTI）等技术，使客户能在任何时间从任何地点通过自己方便的渠道了解相应的产品和服务。不仅如此，各机构还可以利用这种交互方式搜集客户和潜在客户的信息。

现在很多 CRM 软件公司都提供了协作型 CRM 系统的解决方案。一般由呼叫中心、客户多渠道联络中心、帮助台以及自动服务帮助导航、向员工解释特点网页的内容等组成。

协作型 CRM 系统的组成模型如图 6-3 所示。协作型 CRM 系统的功能由媒体连接器、路由与管理规则引擎和桌面应用组成，外在的表现形式是移动桌面、Web 接入和呼叫中心电话接入。协作型 CRM 系统的移动桌面是真正的移动桌面，它不需要网络的支持，只要有笔记本电脑，就可以帮助用户采集离线数据，在需要做数据同步时，则与企业的 CRM 数据库连接，实现数据装载或从系统获取数据。

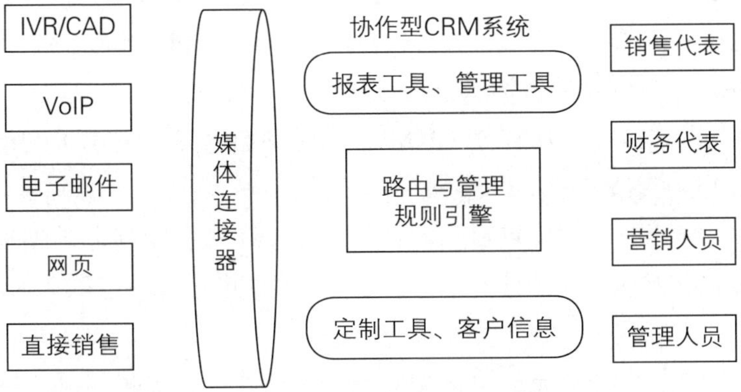

图6-3 协作型CRM的组成模型

协作型 CRM 系统的 Web 接入服务，使得企业可以将客户信息采集、客户自助服务和代理商管理等许多业务功能在互联网上实现。Web 上产生的数据都将被集成到企业的 CRM 数据库中。

另外，具有多媒体多渠道整合能力的客户联络中心是今后协作型CRM系统应用的发展趋势。

3. 协作型CRM系统的作用与功能

协作型CRM系统主要做协同工作，适用于那些侧重服务和与客户沟通频繁的企业。它不拘于行业，适合于任何需要通过多种渠道和客户接触、沟通的企业。协作型CRM系统强调的是交互性，它借助多元化、多渠道的沟通工具，让企业各部门同客户一起完成某项活动。

协作型CRM系统的主要作用是对各种沟通渠道的整合和协调各个部门之间的联系。其处理流程为：先利用CRM系统的运营功能从客户的各种“接触点”将客户的各种背景数据和行为数据收集并整合在一起。这些运营数据和外来的市场数据经过整合和变换，装载进数据仓库。然后，运用在线分析和数据挖掘等技术从数据中分析和提取相关规律、模式或趋势。最后，利用相应的动态报表系统和企业信息系统将有关客户的信息和知识在整个企业内得到有效的流转和共享。这些信息和知识将转化为企业的战略和战术行动，用于提高在所有渠道上同客户交互的有效性和针对性，将合适的产品和服务，通过合适的渠道，在适当的时候，提供给适当的客户。

协作型CRM系统能全方位地为客户交互服务和收集客户信息，并实现多种客户交流渠道的集成，以保证企业和客户都能得到完整、准确和一致的信息。其主要功能包括以下几点。

（1）电话接口。协作型CRM系统提供与世界先进水平的电话系统集成的接口，支持多种CTI中间件。

（2）电子邮件和传真接口。协作型CRM系统能与电子邮件和传真集成，接收和发送电子邮件和传真；能自动产生电子邮件以确认信息接收；等等。

（3）网上互动交流。协作型CRM系统进一步加强与网络服务器的集成，以支持互动浏览、个性化网页、站点调查等功能。

（4）呼出功能。协作型CRM系统支持电话销售、电话市场推广，如预知拨号、持续拨号、预先拨号等。

（四）三类系统的关系与定位

按照 CRM 系统的功能和应用，虽然将 CRM 系统分为以上三种类型，但它们之间具有一定的关系。在实际运用过程中，要将他们集成起来协同使用，并做好各自的职责定位。

1. 三类应用系统之间的关系

在 CRM 系统实际项目的运作中，运营型、分析型、协作型是相互补充的关系，如图 6-4 所示。如果把 CRM 系统比作一个完整的人，运营型 CRM 系统是 CRM 系统的四肢，分析型 CRM 系统则是 CRM 系统的大脑和心脏，而协作型 CRM 系统就是各个感觉器官。

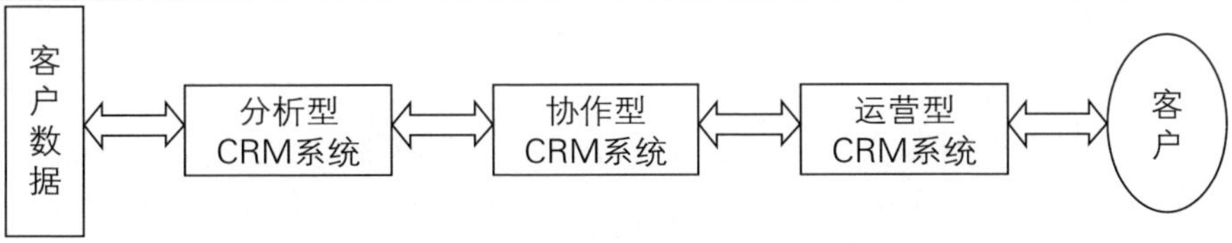

图6-4　三种CRM系统之间的关联关系

2. 三类应用系统的功能定位

三类 CRM 系统主要侧重于功能的分类。实际上，各种 CRM 软件产品没有严格区分为运营型、分析型、协作型，而是多种应用贯穿其中，三种应用系统的职责定位，如图 6-5 所示。

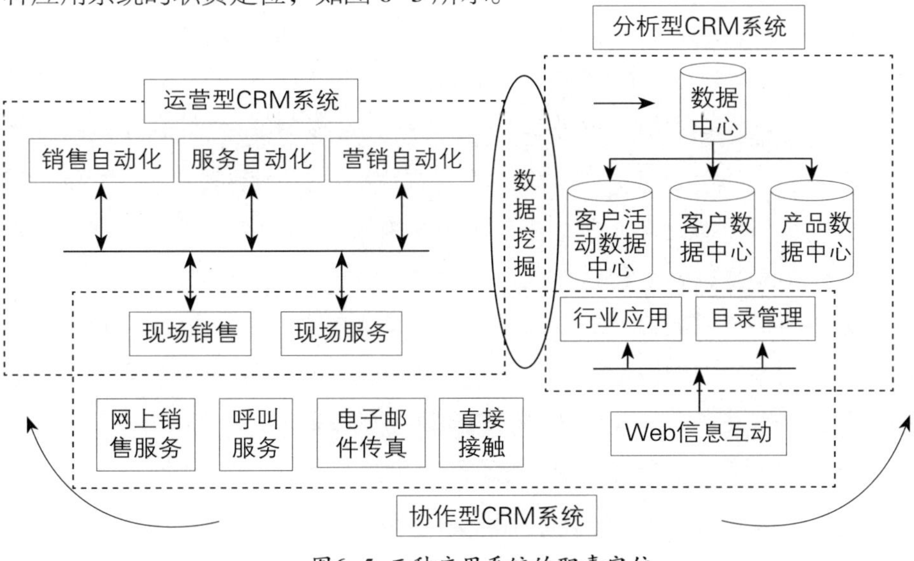

图6-5　三种应用系统的职责定位

客户与企业的互动，就需要将分析型 CRM 系统和运营型 CRM 系统结合在一起。例如，网站的客户先通过运营型 CRM 系统，客户要了解什么信息，运营型 CRM 系统就把客户的要求传递给数据仓库，分析型 CRM 系统通过数据仓库来取这些信息，然后返回客户界面。协作型 CRM 系统与客户交互共同完成任务，通过互联网、电话等交互渠道集成，为客户提供多渠道的交互方式，包括网站、电子邮件、电话、多媒体呼叫中心和无线接入，并且这些交互渠道是相互集成的，保证所有用户在不同的渠道上获得统一的服务和体验，也使企业的各种业务运作都可“随时随地”处理。

目前运营型 CRM 产品占据了 CRM 市场大部分份额，它能够基本解决企业业务流程的自动化、企业与客户之间的沟通与协作等问题。但随着客户信息的日趋复杂，它已难以满足企业进一步的需要，在现有 CRM 解决方案基础上扩展强大的业务智能和分析能力就显得尤为重要。因此，分析型 CRM 系统、协作型 CRM 系统毫无疑问地将被企业和市场所需要。

四、客户关系管理系统的应用举例

案例一　淄博爱信诺航天信息有限公司客户关系管理系统应用

（一）基本情况

客户关系管理系统是一个高度集成的客户信息处理系统，通过对客户的各种信息进行整合、处理、共享和分析，从而达到可以快速检索、实时更新、提高工作效率、降低管理成本的目的。

淄博爱信诺航天信息有限公司的客户关系管理系统于 2007 年下半年开始研发，最初主要是为了管理庞大的客户群和对公司员工进行考核，经过几年的更新完善，淄博爱信诺航天信息有限公司的客户关系管理系统逐渐与该公司的业务要求和战略规则相适应，主要功能是及时更新客户信息、掌握客户动态、把握客户需求、提供期望的客户价值、进行员工绩效管理等，其根本目的是实现较高的客户满意度，提升客户创造价值，并能与客户维持长期的合作关系，实现企业战略的双赢乃至多赢。

（二）淄博爱信诺航天信息有限公司客户关系管理系统的特点

淄博爱信诺航天信息有限公司所需要客户关系管理系统（CRM）的战

略目标在方向上与企业的“以客户为中心”的总体战略保持一致，考虑企业制定的未来中长期发展规划和公司所经营的业务范围。公司的客户关系管理系统（CRM）杜绝“大”和“全”，其功能模块符合其当前业务和未来发展转型的目标，界面友好、操作简单、功能完整，具有实用性和简易性。图6-6是淄博爱信诺航天信息有限公司客户关系管理系统的登录界面。

图6-6 淄博爱信诺航天信息有限公司客户关系管理系统的登录界面

（三）淄博爱信诺航天信息有限公司使用客户关系管理系统前后的对比

淄博爱信诺航天信息有限公司于2007年下半年开始研发适合自身的客户关系管理系统。在经过几年的实践探索之后，从刚开始的基本的客户信息管理和员工绩效管理到后来增加了销售管理、财务管理、库存管理，到目前集合了客户需求、客户分析、数据对比、客户价值创造提升等功能，开发出了一款适合自身特点和业务需求的综合客户关系管理系统。根据这十多年来的公司发展变化，对该公司使用客户关系管理系统之前的情况和当前的情况进行对比如下。

1. 客户管理方面的变化

公司成立之初，采用的是通过EXCEL表格和纸质档案相结合的方式对客户进行分类和管理。EXCEL表格对客户数据的管理虽然具有一定的优势性，但是对于这种庞大客户群的公司来说就显得相形见绌。客户的数据（包括基本数据、购买信息等）无法及时得到更新，EXCEL的局限性使其也无法对客户的需求、购买欲望、服务费到期时间等进行分析、筛选和提醒，造成了客户数据信息的极大浪费，只能被动地开展工作。

在采用了客户关系管理系统之后，公司依托于客户关系管理系统对客户信息进行精准分类、客户信息及时更新，并配有客户信息分析模块，对客户的潜在需求进行精准定位，对客户的需求及时发掘，对客户的服务费的到期时间进行提醒，避免了人工工作的盲目性和不准确性，减少了客户等待时间，提升了客户满意度和客户价值创造，对客户信息的分析也使得公司可以对其业务内容和工作流程进行微调和优化，从而更加适应客户的需求。

2. 员工管理方面的变化

由于公司成立之初员工人数仅为十余人，通过办公软件和纸质信息可以对员工的工作绩效进行管理，办公软件对于简单的员工出勤情况、销售情况、工资核算等可以进行管理和计算。但是随着公司规模的扩大、员工人数的增多、公司组织架构的复杂，普通的办公软件已经无法对员工的信息和绩效进行准确的管理。

在采用客户关系管理系统之后，公司对员工的各种信息（包括基本信息、销售信息、售后信息、奖励和惩罚、工资信息、绩效信息等）进行有效的管理，对员工转正情况、销售业绩、提拔任命、工资核算等都可以通过客户关系管理系统进行，极大地减少了工作量，提升了管理的精确度。

3. 业务管理方面的变化

成立之初，公司的业务仅有增值税开票系统、增值税认证系统、增值税远程抄报系统的安装和维护，业务单一，比较容易管理。后来开展了代理记账、计算机硬件销售（包含计算机、打印机、复印机等）、金蝶软件的销售与维护、网站设计、软件程序开发、信息技术及财税相关培训、手机支付等业务之后，这就要求要有一个客户关系管理系统对公司扩大的业务进行管理。

利用客户关系管理系统，可以对公司的复杂业务进行分类管理，分析各种业务销售的比重，各种业务利润的比重，各种业务的购买客户等，从而对业务进行优化，重点开展利润比重高的业务，对比重差的业务进行改良、优化或者放弃，利用最少的资源投入实现最大的利润，从而提升公司的利润水平。

4. 产品管理方面的变化

由于成立前期的公司业务内容单一，公司的产品也相应单一，主要是防伪税控的金税卡、读卡器、专用IS卡等，产品管理起来比较容易，不会出现库存过多，或者是无货的情况。但是随着公司业务的多元化，公司的产品也出现了多元化，除了防伪税控的金税卡、读卡器、专用IS卡之外，公司还有各种型号的计算机、各种型号的打印机、各种版本的金蝶软件、各种型号的扫描仪、各种内容的培训视频等。之前的产品管理模式已经无法满足当前的多样化的产品构成，库存过多或者是断货情况经常出现，增加了客户的等待时间，降低了资金的周转率，也降低了客户的满意度和忠诚度。

在通过客户关系管理系统进行产品管理之后，复杂的产品记录在客户关系管理系统之中，公司员工可以实时了解公司产品的库存情况，经理也可以对公司产品进行分析，对销售量大的产品进行大量进货，对销售量小的产品进行小量进货，对公司的销售情况进行分析，合理地进行产品的进货，从而在保证不断货的情况之下，减少库存，增加资金的使用效率，提高资金的周转率。

通过以上的客户管理方面的变化、员工管理方面的变化、业务管理方面的变化、产品管理方面的变化等四个方面的变化，我们可以看出，淄博爱信诺航天信息有限公司在采用客户关系管理系统之后，对于客户、员工、业务、产品的管理与之前有了较大的变化。信息化技术的应用，使得公司在经营时能够更加准确、更加及时，并通过客户关系管理系统的分析模块，精准定位客户、发现客户的潜在需求，从而进行业务和人员的调整和优化，极大地提高了工作效率，减少了统计和分析的时间，为公司的发展进一步提供了强力支持。

案例二　铁路物流客户关系管理系统

（一）铁路物流客户关系管理系统现状分析

在深化货运组织改革，推动铁路由传统运输企业向现代化物流企业转型的形势下，信息化的重要作用日益凸显，已成为促进业务质量和客户服务质量提升的重要手段。铁路物流客户关系管理系统是铁路物流中心信息化建设的重要组成部分。

推行客户关系管理，有助于企业深入挖掘客户资源，及时响应市场需求，优化业务流程，提高企业核心竞争力。铁路作为一个面向社会提供服务的综合服务性行业，在由传统运输企业向现代化物流企业转型的形势下，迫切需要将客户关系管理的理念纳入到铁路运输经营的实践活动中来。

2004 年起，铁道部开始实施大客户战略，组织实施了货运大客户管理信息系统，实现了 180 多家铁路大客户企业货运业务的网上受理。2009 年，铁道部在全路实施了集中受理、优化装车系统，对铁道部大客户以外的重点客户提供网上订单提报、请车提报等业务的接入服务。2011 年，全路成立客户服务中心，推广客服语音平台，实现货运业务电话咨询和客户建议、投诉受理功能。2012 年以来，全路陆续推行了货运电子商务系统、集装箱综合管理系统、零散货物快运系统和 95306 门户网站，为客户提供大宗货物、集装箱运输、零散货物快运等多种需求受理渠道，覆盖客户范围更广，客户服务质量进一步提高，铁路客户关系管理体系初见雏形。

目前，铁路物流客户关系管理系统的应用水平与实现全面客户关系管理的要求还存在较大差距，主要体现在以下几个方面。

1. 信息资源共享程度不高，信息孤岛现象严重

来自货运营销、客户服务、运输生产的信息分散在相关各个系统中，这些零散的信息使铁路部门无法对客户进行全面的了解。尚未建立企业级的客户关系管理平台，没有实现客户、运输生产、社会服务信息资源的整合和数据充分共享。

2. 系统设计多以生产为中心，缺乏对市场的细分和客户关怀管理

营销渠道单一、客户服务方式落后，尚未建立起铁路物流客户多渠道、全方位的客户服务体系，服务内容往往立足于某个运输环节，没有贯穿铁路物流运输全流程。

3. 缺乏对客户信息的综合分析和数据挖掘

铁路经过多年的信息化建设，已经积累了丰富的客户信息和运输生产信息。由于缺乏专业的数据分析手段，这些宝贵的信息并没有得到很好的利用，难以为运输生产活动提供决策支持。

（二）建立铁路物流客户关系管理系统的目标

铁路物流客户关系管理系统要结合铁路物流运输的特点和当前货运组织改革的方向，立足于将企业的管理模式从“以生产为中心”向“以客户为中心”进行转变。通过采用企业门户、呼叫中心、移动互联等多种交互方式，建设统一的客户服务管理平台，对外拓展信息交互渠道，对内提供统一集中入口，提升铁路客户服务水平；通过规范基础数据、整合业务数据，实现既有信息系统的互联互通，增强信息服务能力，构建铁路物流运输全流程客户服务信息链；通过分析市场信息、客户信息，对客户进行细分，挖掘赢利客户和潜在客户，实现铁路物流客户定制化、个性化服务，更好地为铁路物流运输企业提供决策支持。

（三）系统功能架构

铁路物流客户关系管理系统主要由客户服务管理平台、铁路物流运输生产平台、客户服务决策分析平台和基础数据服务平台构成。

1. 客户服务管理平台

通过门户网站、呼叫中心、移动互联等多种交互方式，对外提供客户服务，对内进行客户信息采集，提升企业和客户的交互能力和协作水平。

（1）门户网站。依托95306门户网站，将物流园区内部和外部相对独立的信息系统组成一个统一的整体，对外为客户提供统一渠道访问新闻资讯、物流服务、增值服务信息，自助货运业务办理；对内为铁路企业获取客户、订单，为客户关系管理奠定了基础。

（2）呼叫中心。客户服务中心主要利用语音、网页等方式接入，以人工、自动语音、在线客服等方式为客户提供建议投诉、业务咨询、货运营销、业务办理和增值服务等功能。

（3）移动互联。通过短信平台、移动应用、微信、微博等移动社交媒体，为客户提供多渠道的客户服务手段。

2. 铁路物流运输生产服务平台

通过采用完善既有铁路货运生产应用，新建紧缺应用和应用集成整合的方式，建设铁路物流运输生产服务平台，实现铁路物流运输、调度、跟踪、商务一体化管理。各应用系统进行集成整合，开放数据接口，为客户提供物流运输生产各环节、全流程信息服务支撑。

3. 客户服务决策分析平台

通过对客户信息和运输生产中各种生产信息进行综合数据分析，提炼有价值的信息，对铁路运输市场营销和客户服务进行辅助决策支持。

（1）客户特征分析。通过对客户基本信息、物流需求信息和运输收入等信息对客户进行特征分析，按不同主题对客户进行细分，有利于铁路物流运输精准营销，提供更有针对性的客户服务和产品。例如，按照客户主要发送品类、客户所在地理位置、运量、运输收入情况等对客户进行分类，具体分析不同类别的客户特征。

（2）满意度分析。通过客户意见分析、咨询分析、满意度评价等方式了解目前铁路客户服务、物流运输各环节存在的问题。如根据客户咨询的问题了解客户更关注哪方面的服务信息，根据客户意见的类型、产品、日期等了解一定时期内客户的意见，分析问题原因等。

（3）忠诚度分析。基于客户对铁路物流运输企业的运量、信任度、来往频率、服务效果等信息对客户忠诚度进行分析，对忠诚度高的重点客户进行数据挖掘。

（4）市场营销分析。汇总铁路物流运输企业经营项目、价格体系、客户营销等信息，通过对公路、水运等其他运输方式进行运价、市场占有率、营销信息进行对比，为铁路物流运输“一口价”、丰富铁路物流运输产品，精准营销提供决策支持。

4. 基础数据服务平台

建立统一的数据基础标准格式，形成结构化的事务处理或报文数据格式，为信息交换、资源共享提供基础性条件。通过统一通信协议和数据格式，提供标准化服务接口，构建铁路物流基础数据服务平台，为铁路物流运输各业务系统、客户服务系统提供信息服务，为政府、企业及其他合作单位提供数据交换奠定基础。

（四）系统主要研究内容和关键技术

1. 系统应用集成

（1）功能集成。在门户网站中，通常需要通过点击不同的菜单进入到不同的子系统中，可以基于轻量目录访问协议（LDAP）实现构建统一认证平台，实现单点登录（SSO），完成门户网站和不同应用系统之间的无缝对接。

（2）数据集成。客户信息、市场信息、行业信息、铁路物流运输生产信息和其他相关信息进行信息采集。依托统一的数据基础标准，对这些信息进行批量过滤、抽取、清洗、转换，形成统一、规范的基础数据信息。基础数据信息应当具有建立和划分面向业务的主题数据库的功能，实现统一数据安全控制、统一备份与恢复和历史数据回溯。

（3）服务集成。通过统一通信协议和报文格式，提供标准化服务协议和数据服务接口，对内为铁路内部各应用系统提供基础数据资源，利于系统之间的数据整合。对外为政府机构、客户企业、其他合作单位提供数据服务，利于数据交换。面向服务的体系结构（SOA）是一种组件模型可以将应用程序的不同功能单元通过服务间定义的标准接口连接起来，独立于操作系统、编程语言、硬件环境，为实现服务集成提供了依据。

2. 移动互联

移动互联网是一种通过智能移动终端，采用无线通信方式获取业务和服务的新兴技术，包含终端、软件和应用 3 个层面。随着宽带无线接入技术和移动终端技术的飞速发展，移动互联技术已经应用到诸如移动门户、上门营销、服务推送、移动支付等大量应用场景中。在铁路物流客户关系管理系统中充分应用移动互联技术是提高客户体验、扩展客户服务渠道的必然趋势。

3. 大数据分析

在客户关系管理中，不仅仅需要铁路部门掌握历史生产数据，还要整合市场信息、行业信息等其他领域涉及的客户相关信息。通过不同途径积累的海量客户数据中隐藏着的用户习惯、市场变化、运输趋势等有价值的信息，这些信息是进行客户关系管理和精准营销的关键。如何用大数据分析、挖掘客户的潜在需求，制定有针对性的营销方案和个性化客户服务项目，是大数据分析技术在铁路物流客户关系管理的重要方向。

铁路物流客户关系管理系统是铁路物流中心信息化建设的重要组成部

分，通过整合铁路物流信息资源，扩展营销渠道和服务手段，对于提高铁路物流客户服务水平、促使铁路物流企业从“以生产为中心”向“以客户为中心”转型、提高企业核心竞争力等方面都具有非常重要的意义。

小结

本模块主要介绍了客户关系管理系统的功能、构成；运营型、分析型和协作型等三种类型的 CRM 系统的特点、功能。

CRM 软件系统是实现客户关系管理的重要技术工具和实现手段。在企业管理信息化快速发展的今天，要想顺利实现客户关系管理，必须正确地选择、实施和应用 CRM 软件系统。

从总体上来看，CRM 软件系统由以下几个核心模块所组成，销售自动化、营销自动化、客户服务与支持、商务智能。

美国著名 IT 咨询公司 META Group 将 CRM 系统分为运营型、分析型和协作型等以下三种类型。

运营型 CRM 系统是为了确保企业与客户的交流，确保企业能够通过各种客户互动渠道收集到所需的客户信息，以便建立客户档案，并将各种相关客户数据存储在中央数据库中。

分析型 CRM 系统主要是通过分析运营型 CRM 系统中获得的各种数据，为企业的经营、决策提供可靠的量化依据。

协作型CRM系统强调的是交互性，它借助多元化、多渠道的沟通工具，让企业内部各部门同客户一起完成某项活动。

如果把 CRM 系统比作一个完整的人，运营型 CRM 系统是 CRM 系统的四肢，分析型 CRM 系统则是 CRM 系统的大脑和心脏，而协作型 CRM 系统就是各个感觉器官。

思考题

一、名词解释

销售自动化；营销自动化；运营型 CRM 系统；分析型 CRM 系统；协作型 CRM 系统

二、判断题

1. 营销自动化（MA）模块是 CRM 系统中最基本的模块。（　　）

2. 在 CRM 系统中，商务智能主要指客户智能。（　　）

3. 一定意义上来看，CRM 系统中的客户数据库比各种业务功能更重要。（　　）

4. 实施客户关系管理就是要购买一个 CRM 软件，并且在企业全面使用。（　　）

5. CRM 系统有大量有关客户和潜在客户的信息，企业应该充分地利用这些信息，对其进行分析，使得决策者所掌握的信息更完全，从而更及时地做出决策。（　　）

6. CRM 系统实现的第一步骤是拟定 CRM 战略目标。（　　）

三、简答题

1. CRM 系统主要包括哪些业务子系统？各具有什么功能？

2. CRM 系统都支持哪些客户接触活动？一般通过什么方式进行？

3. 运营型、协作型、分析型三种CRM系统之间具有什么样的关联关系？

四、案例分析题

联邦快递的客户关系管理体系

联邦快递的创始人佛莱德·史密斯有一句名言，“想称霸市场，首先要让客户的心跟着你走，然后让客户的腰包跟着你走”。由于竞争者很容易采用降价的策略参与竞争，联邦快递认为，提高服务水平才是长久维持客户关系的关键。

1. 联邦快递的全球运送服务

电子商务的兴起，为快递业者提供了良好的机遇。电子商务体系中，很多企业间可通过网络的连接，快速传递必要信息，但对一些企业来讲，运送实体的东西是一个难题。要成为企业运送货物的管家，联邦快递需要与客户建立良好的互动与信息流通模式，使得企业能掌握自己的货物配送流程与状态。在联邦快递，所有顾客可借助其网址（www.FedEx.com）同步追踪货物状况，还可以免费下载实用软件，进入联邦快递协助建立的亚太经济合作组织关税资料库。它的线上交易软件 Business Link 可协助客户整合线上交易的所有环节，从订货到收款、开发票、库存管理一直到将货物交到收货人手中。这个软件能使无店铺零售企业以较低成本比较迅速地在网络上进行销售。另外，联邦快递特别强调，要与顾客相配合，针对顾客的特定需求，如公司大小、生产线地点、业务办公室地点、客户群科技化程度、公司未来目标等，一起制定配送方案。

联邦快递还有一些高附加值的服务，主要是以下三个方面：

提供整合式维修运送服务——联邦快递提供货物的维修运送服务，如将已坏的电脑或电子产品，送修或退还所有者。

扮演客户的零件或备料银行——扮演零售商的角色，提供诸如接受订单与客户服务处理、仓储服务等功能。

协助顾客简化并合并行销业务——帮助顾客协调数个地点之间的产品组件运送流程。

过去这些作业是由顾客自已设法将零件由制造商送到终端顾客手中，现在的快递业者可完全代劳。

综上所述，联邦快递的服务特点在于，协助顾客节省了仓储费用，而且在交由联邦快递运送后，顾客仍然能准确掌握货物的行踪，可利用联邦快递的系统来管理货物订单。

2. 联邦快递的客户服务信息系统

联邦快递的客户服务信息系统主要有两个。

一是自动运送软件——为了协助顾客上网，联邦快递向顾客提供了自动运送软件，有三个版本：DS 版的 Power Ship、视窗版的 Power Ship 和网络版的 FedEx Internet Ship。利用这套系统，客户可以方便地安排取货日程、追踪和确认运送路线、列印条码、建立并维护寄送清单、追踪寄送记录。而联邦快递则通过这套系统了解顾客打算寄送的货物，预先得到的信息有助于运送流程的整合、货舱机位、航班的调派等。

二是客户服务线上作业系统（Customer Operations Service Master on-line System，CSS）——这个系统可追溯到20世纪60年代，当时航空业所用的电脑定位系统备受瞩目，联邦快递受到启发，从IBM、Avis租车公司和美国航空等处组织了专家，成立了自动化研发小组，建起了CSS。1980年，系统增加了主动跟踪、状态信息显示等重要功能。1997年，又推出了网络业务系统Virtual Order。联邦快递通过这些信息系统的运作，建立起全球的电子化服务网络。目前有三分之二的货物量是通过Power Ship、FedEx Ship和FedEx Internet Ship进行，主要利用它们的订单处理、包裹追踪、信息储存和账单寄送等功能。

3. 员工理念在客户关系中扮演的角色

我们都知道，良好的客户关系绝对不是单靠技术就能实现的，员工的主观能动性的重要性怎么强调也不过分。在对员工进行管理以提供顾客满意度方面，联邦快递采用了以下三种做法。

（1）建立呼叫中心，倾听顾客的声音

例如，联邦快递台湾分公司有700名员工，其中80人在呼叫中心工作，主要任务除了接听成千上万的电话外，还要主动打出电话与客户联系，搜集客户信息。

呼叫中心的员工是绝大多数顾客接触联邦快递的第一个媒介，因此他们的服务质量很重要。呼叫中心的员工要先经过一个月的课堂培训，然后接受两个月的操作训练，学习与顾客打交道的技巧，考核合格后，才能正式接听顾客来电。另外，联邦快递台湾分公司为了了解顾客需求，有效控制呼叫中心服务质量，每月都会从每个接听电话员工负责的顾客中抽取5人，打电话询问他们对服务品质的评价，了解其潜在的需求和建议。

（2）提高第一线员工的素质

为了使与顾客密切接触的运务员符合企业形象和服务要求，在招收新员工时，联邦快递是少数做心理和性格测验的公司。对新进员工的入门培训强调企业文化的灌输，先接受两周的课堂训练，接下来是服务站的训练，然后让正式的运务员带半个月，最后才能独立上岗作业。

（3）运用奖励制度

联邦快递最主要的管理理念是，只有善待员工，才能让员工热爱工作，不仅做好自己的工作，而且主动提供服务。例如，联邦快递台湾分公司每年会向员工提供平均 2500 美元的经费，让员工学习自己感兴趣的新事物，如语言、信息技术、演讲等，只要对工作有益即可。

另外，在联邦快递，当公司利润达到预定指标后，会加发红利，这笔钱甚至可达到年薪的 10%。值得注意的是，为避免各区域主管的本位主义，各区域主管不参加这种分红。各层主管的分红以整个集团是否达到预定计划为依据，以增强他们的全局观念。

（资料来源：https://wenku.baidu.com/view/b5a13a2fccbff121dd368316. html）

讨论题：

1. 联邦快递客户关系管理体系突出的特点是什么？

2. 联邦快递的客户服务信息系统有哪些内容？

五、实践题

以某 CRM 系统为例，说明 CRM 系统一般包括哪些模块？每个模块都能实现什么功能？要求：课后搜集资料，并以 PPT 的形式将上述内容进行展示汇报。

参考文献

1. 伍京华 . 客户关系管理 [M]. 北京：人民邮电出版社，2017

2. 李海芹、周寅 . 客户关系管理（第二版）[M]. 北京：北京大学出版社，2017

3. 刘丽英、李怀斌 . 客户关系管理（第二版）[M]. 大连：东北财经大学出版社，2017

4. 徐刚、饶欣等 . 客户关系管理理论与实务 [M]. 上海：上海财经大学出版社，2016

5. 皮骏 . 客户关系管理教程（第二版）[M]. 上海：复旦大学出版社，2016

6. 周浩 . 数据为王——企业大数据挖掘与分析 [M]. 北京：电子工业出版社，2016

7. 马智萍 . 大数据时代移动营销创新研究 [M]. 北京：中国轻工业出版社，2016

8. 苏朝晖 . 客户关系管理：理念、技术与策略 [M]. 北京：机械工业出版社，2015

9. 苏朝晖 . 客户关系管理——客户关系的建立与维护（第 3 版）[M]. 北京：清华大学出版社，2014

10. ［美］Gordon S. Linoff、Michael J. A. Berry. 数据挖掘技术（第 3 版）——应用于市场营销、销售与客户关系管理 [M]. 北京：清华大学出版社，2013

11. ［美］冯启思 . 数据统治世界 [M]. 曲玉彬译 . 北京：中国人民大学出版社，2013

12. 周贺来等 . 客户关系管理实用教程 [M]. 北京：机械工业出版社，2013

13. 吴宏晖 . 客户忠诚的秘密 [M]. 北京：北京大学出版社，2012

14. 陶峻、赵冰 . 客户关系管理实践教程 [M]. 北京：清华大学出版社，2012

15. 李文龙 . 客户关系管理实务 [M]. 北京：清华大学出版社，2010

16. 蔡瑞林、徐德力 . 客户关系管理实务 [M]. 北京：北京交通大学出版社，2009

17. 谷再秋、潘福林 . 客户关系管理 [M]. 北京：科学出版社，2009

18. 周贺来 . 客户关系管理实用教程 [M]. 北京：机械工业出版社，2009

19. 苏朝晖 . 客户关系管理——客户关系的建立与维护 [M]. 北京：清华大学出版社，2007

20. 劳动和社会保障部教材办公室组织编写 . 客户关系管理实训 [M]. 中国劳动社会保障出版社，2006

21. 王广宇 . 客户关系管理方法论 [M]. 北京：清华大学出版社，2004

22. 栾茂茹 . 翠微大厦的顾客管理与业绩提升 [J]. 信息与电脑，2006.5

23. 武峰 . 大数据 4V 特征与六大发展趋势 . 中国发展门户网，2015.11